迈向法治

从法律体系到法治体系

王利明 / 著

中国人民大学出版社

· 北京 ·

序　言

　　党的十八届四中全会以全面推进依法治国为主题，审议通过了《中共中央关于全面推进依法治国若干重大问题的决定》（以下简称四中全会决定），其中提出了建设中国特色社会主义法治体系和社会主义法治国家的战略目标，并对依法治国方略实施的具体步骤作了全面部署和顶层设计。在社会主义法律体系已经形成的背景下，四中全会提出了建设法治体系的目标，从法律体系迈向法治体系，这表明我国的法治建设已经进入新的历史阶段。如果说十一届三中全会拨乱反正，将"以阶级斗争为纲"转变为"以经济建设为中心"，是一个重要的历史转折，那么，十八届四中全会则是一个新的历史转折，经济建设和法治建设共同成为新时期党的工作的重心。在我们党九十多年的历史中，针对不同时期的历史任务，党的工作重点有过多次的转变。在中国经济社会建设取得伟大成就的今天，我们党将依法治国确定为新时期的工作重点，是着眼于国家长治久安和中华民族长远利益的、具有远见卓识的战略部署，开创了社会主义伟大事业的新篇章。

四中全会在国家法治建设的历史进程中具有里程碑意义，与四中全会相关的多个"第一"足以载入史册：

——中共中央第一次将中央全会的主题确定为"依法治国"，凝聚了全党的共识，反映了广大人民群众共同的心愿。这是党的历史上第一次以"法治"作为主要议题的全会。

——四中全会第一次就如何全面推进依法治国，加快社会主义法治国家建设进行顶层设计和战略部署，在决议中第一次提出建设"法治体系"和"法治国家"的总目标。

——四中全会第一次提出了"中国特色社会主义法治道路"。这条道路就是在党的领导下，以中国特色社会主义制度为基础，以社会主义法治理论为指导，以建设中国特色社会主义法治体系和社会主义法治国家为总目标，并以推进依法治国战略的各项任务为内容，形成了符合中国国情、独具中国特色的法治道路。

——四中全会第一次提出落实依法治国方略的"路线图"。包括形成完备的法律规范体系、高效的法治实施体系、严密的法治监督体系、有力的法治保障体系，形成完善的党内法规体系，坚持依法治国、依法执政、依法行政共同推进，坚持法治国家、法治政府、法治社会一体建设，实现科学立法、严格执法、公正司法、全民守法。

——四中全会第一次将对推进依法治国具有重要意义的改革举措分解为一百八十多项，并把这些举措"纳入改革任务总台账，一体部署、一体落实、一体督办"，形成了具体的操作方案，这也是绝无仅有的。

——四中全会第一次清晰表述了法治的内涵，即法治由良法与善治共同构成，并明确提出了"良法"与"善治"之间的关系，即"法律是治国之重器，良法是善治之前提"。

此外，四中全会还第一次提出了许多新概念、新理论，如"法治体系"、"法治保障体系"、"党内法规体系"、党的领导是法治的"题中应有之义"等。四中全会决定是对社会主义法治理论的重大创新，是对法治概念内涵的进一步发展，也为我国未来的法治建设指明了方向。在这一背景下，对该决定进行认真学习和解读，是法学理论工作者的重要任务。

建设中国特色社会主义法治体系和法治国家，对中国人来说，是一项前无古人的伟大事业。它体现了广大人民群众的共同意志，凝聚了广大人民的共识。在我国，法治既是一种伟大的社会实践，又是一种崇高的社会理想，它激励我们为实现法治社会而不断追求、努力。不积跬步，无以至千里。法治不能大跃进，不能脱离国家社会发展的实际水平。从法律体系迈向法治体系，四中全会的决定为中国未来的法治建设描绘了一幅宏伟的蓝图。这一蓝图不仅立意高远，而且附有明确的路线图，有很强的可操作性。不过，知易行难，我们能否将这一重要的历史机遇及时转化为法治中国的建设成就，取决于我们能否继续坚持不懈地追求法治梦。科技的发明和创新使人类学会了如何驾驭自然，而法律的创制和践行则使人类学会如何驾驭自己。

"敷政优优，百禄是遒（《诗经·商颂·长发》）。"全面依法治国是亿万人民的共同期盼，凝聚了全党和全国人民的共识。我们党带领中国人民走上法治的道路，也必将走出几千年循环往复、兴衰更替的"历史周期律"。法治之路就是一条通向全面建设小康社会的康庄大道，也是实现中国梦的重要保障。

我们正在走向一个崇尚法治、信守法治、厉行法治的新时代，道路漫漫，但目标已定，前途一片光明。

目　录

一、全面推进依法治国的总目标

　　四中全会就全面推进依法治国基本方略作出了总体部署，提出了全面推进依法治国的总目标，这就是建设社会主义法治体系，建设社会主义法治国家。这个总目标的提出，为依法治国指明了方向。四中全会决定已经向世人宣示，我们党已经对依法治国形成共识。在中国经济社会建设取得伟大成就的今天，党将依法治国确定为新时期工作的重点，是着眼于国家长治久安和中华民族长远利益的、具有远见卓识的战略部署，开创了伟大的社会主义事业的新篇章。

从法律体系迈向法治体系

　　法治，就是依据法律治国理政的方式和状态。社会主义法治

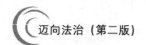

体系概念的提出，是党在法治理论上的一次重大飞跃。2011 年 3 月，吴邦国委员长宣布，中国特色社会主义法律体系已经形成，这标志着我国在立法方面取得了举世瞩目的成就，表明我国已经基本结束了无法可依的状况，我国依法治国方略已经取得了重大的阶段性成果。中国特色社会主义法律体系的形成为法治体系的实现提供了前提和基础，但这并不意味着我国已经全面建成了法治体系。

从法律体系迈向法治体系，必须要全面推进法律的实施。法律的生命力在于实施，法律的权威也在于实施。在社会主义法律体系形成之后，摆在我们面前的任务是如何使"纸上的法律"变为"行动中的法律"，如何最大限度地发挥现有法律的实际效果。四中全会之所以要求从法律体系迈向法治体系，是因为法律体系只是强调立法层面问题，并没有强调法律的实施及其实效，只有在法律体系得到有效实施之后，才能形成法治体系。因此，法治体系与法律体系相比，其内涵更为丰富，不仅包含立法，而且更强调执法、司法、守法、法律监督等动态的过程，包含"科学立法、严格执法、公正司法、全民守法"等内容。由此可见，"法治体系"与"法律体系"相比，虽然仅一字之差，但却彰显了我们党治国理政方式的重大转型，为依法治国方略提出了更新的目标和更高的要求，表明我国的依法治国蓝图已经进入新的阶段。因为全面推进依法治国涉及很多方面，必须有一个总览全局、牵引各方的"总抓手"，这就是建设中国特色社会主义法治体系。全面推进依法治国必须围绕这个总抓手来谋划、来推进。

为实现建设法治体系、建设法治中国的总目标，四中全会提出了具体的实施方案和路线图，强调"五大体系"的建设，即形成完备的法律规范体系、高效的法治实施体系、严密的法治监督体系、有力的法治保障体系以及完善的党内法规体系。为了实现建设法治体系和法治中国的总目标，四中全会提出了"五个坚持"，即坚持中国共产党的领导、坚持人民主体地位、坚持法律面前人人平等、坚持依法治国和以德治国相结合、坚持从中国实际出发。四中全会提出的总目标和"五大体系"、"五个坚持"是我们党依法治国理念在新时期的进一步深化和发展。为落实上述目标，四中全会提出了一百八十多项对依法治国具有重要意义的改革举措，纳入依法治国总台账，这不仅将法律的实施和执行摆在更加突出的位置，而且为全面推进法治中国建设、建立法治体系规定了更加清晰的目标和路线图，为我们党全面推进依法治国战略、走社会主义法治道路指明了前进的方向。

从法律体系迈向法治体系，必须明确党的领导、依法执政与社会主义法治之间的关系。党的领导是中国特色社会主义最本质的特征，是社会主义法治最根本的保证。四中全会将党的领导和法治的关系概括为"一体两面"的关系，强调党的领导与社会主义法治的一体性，社会主义法治必须坚持党的领导，党的领导必须依靠社会主义法治。坚持党的领导是我国社会主义法治道路的根本特征，也是与西方国家法治的区别所在。建设法治体系，关键在于坚持党的领导，在于党科学而有效地依法执政，从这一意义上说，法治体系建设的核心任务是依法执政。依法执政既要求党依据宪法和法律治国理政，也要求党依据党内法规管党、治党。党要领导立法、保证执法、支持司法、带头守法，才能确保法治体系建设有序推进。

从法律体系迈向法治体系，必须建立完备的法律规范体系，以良法保善治。法治不是简单的法条之治，而应当是良法之治。古人云："立善法于天下，则天下治；立善法于一国，则一国治。"① 因此，厉行法治，良法先行。"小智治事，中智治人，大智立法"②，法律是治国之重器，良法是善治之前提。良法善治符合法治的精髓。什么是良法？良法不是指法律在道德层面的善良，而是价值、内容、体系、功能等方面的优良，在内容上应当反映最广大人民群众的根本利益和切实需求，符合公平正义的要求，维护个人的基本权利，反映社会发展规律的法律。为此，需要加强重点领域立法（如加快编纂民法典），进一步推进法律体系的完善。需要通过科学立法、民主立法，不断提高立法质量。需要改进立法体制机制，健全立法机关主导、社会各方有序参与立法的途径和方式。要发挥立法的引领和推动作用，必须把每件法律都制作成精品，形成法律规范体系。大道至简，法贵简约，法律并非越多越好。《法国民法典》之父波塔利斯在两个世纪前就曾告诫后世的立法者："不可制定无用的法律，它们会损害那些真正有用的法律。"老子也曾言，"法令滋彰，盗贼多有"（《老子·道德经》），这说明立法并非多多益善，繁杂但又不实用的法律，不仅耗费大量的立法资源，也可能使有些法律形同虚设，影响法律的权威和人们对法律的信仰。四中全会所提出的形成完备的法律规范体系，重在立良法，求善治，这为法治体系的形成提

---

① 王安石：《周公》。
② 习近平同志在中共十八届四中全会第二次全体会议上的讲话，2014-10-23。

供了基础和前提。

从法律体系迈向法治体系，必须坚持依法治国、依法执政、依法行政共同推进，三者相互作用、相互促进。依法治国是治理国家的基本方略，依法执政是执政党的基本执政方式，依法行政是政府行政权运行的基本原则。依法治国，首先是依宪治国；依法执政，关键是依宪执政。宪法以国家根本法的形式，确立了党和国家的根本任务、基本原则、重大方针、重要政策。宪法确立了国家治理的基本结构和基本机制，是治国安邦的总章程，依宪治国是国家治理体系和治理能力现代化的根本保障。国家治理能力的现代化，首先要求国家治理的法治化。法治是规则之治、程序之治、控权治理、依法自治，而且有健全的维权机制，可以理顺各方面的利益关系，有效化解各方面的矛盾。而依法治理要求依照宪法和法律对国家权力进行合理配置，并通过制度设计实现各个国家机关之间的相互监督与制约，各个国家机关都必须依据宪法所赋予的职权来行使权力，并依据宪法的规定切实保障公民的合法权益。任何组织与个人都不能凌驾于宪法和法律之上；任何权力都要受到宪法和法律的约束，不能允许任何人以权代法、以权压法、以权废法。领导干部要运用法治思维和法治方式深化改革，推动发展，化解矛盾，维护稳定。

从法律体系迈向法治体系，必须坚持法治国家、法治政府、法治社会一体建设。建设法治国家是目标，建设法治政府是关键，建设法治社会是基础，三者相互关联，相互促进。一方面，为建设法治政府，四中全会提出了职权法定的原则，规范政府权力。按照四中全会报告，依法行政要依法全面履行政府职能，推进机构、职能、权限、程序、责任法定化，推行政府权力清单制度，这就是对政府职权法定的具体界定。法治政府，一定是有限政府。所谓有限，就是政府只能做法律允许和法律授权政府做的事情，而不能超越法律做事。建立法治政府，要求政府职能应当由法律来确定，"法无授权不可为"，"无法律则无行政"。另一方面，建设法治社会就是要全社会成员有序参与法治建设进程，要营造"全民信法、全民守法"的社会氛围，提升全体社会成员的法律信仰。四中全会提出，法律的权威源自人民的内心拥护和真诚信仰。人民权益要靠法律保障，法律权威要靠人民维护。美国法学家哈罗德·伯尔曼曾指出："法律必须被信仰，否则它便形同虚设。"只有把法律当做一种信仰，才能引导公民树立社会主义法治理念、养成遵纪守法和用法律途径来解决问题的良好习惯，真正使法治精神深入人心。

从法律体系迈向法治体系，必须正确处理改革与法治的相互关系。法律求稳，改革求变，在改革进入"深水区"和攻坚阶段后，我们党面对的改革、发展、稳定任务之重前所未有，矛盾、风险、挑战之多前所未有，依法治国在党和国家工作全局中的地位更加突出、作用更加重要。但各项全面深化改革措施的展开必须依法进行，以确保改革事业在法治轨道上推进。四中全会提出，实现立法和改革决策相衔接，做到重大改革于法有据，立法主动适应改革和经济社会发展需要。为此，应注重立法的顶层设计，使立法保持前瞻性，为改革预留空间。适应改革的需要，应当对立法进行适当修改、补充、完善。对不适应改革要求的法律、法规，要及时修改和废止。对改革的成果要通过立法予以确认和保障。在改革过程中，应当变"政策引领"为"立法引领"。全面深化改革需要法治保障，全面推进依法治国也需要深化改革。因为这一原因，三中全会和四中全会的决定形成了"姊妹篇"。

从法律体系迈向法治体系，必须完善司法管理体制和司法权力运行机制，规范司法行为，保障司法公正。司法是社会正义的最后一道防线，司法改革的目标就是要确保司法公正。四中全会提出，公正是法治的生命线。为了使人民群众在每一个司法案件中感受到公平正义，必须深化司法改革，切实保障司法机关依法独立、公正地行使审判权和检察权。四中全会提出，禁止领导干部干预案件，完善确保依法独立公正行使审判权和检察权的制度，建立领导干部干预司法活动、插手具体案件处理的记录、通报和责任追究制度。为了确保办案质量，建立实行办案质量终身负责制和错案责任倒查问责制，同时健全司法人员履行法定职责保护机制。近年来，我国跨区域经济交往活动日益频繁，但因地方保护主义而产生的司法不统一和司法不公正问题也日益成为关注的焦点。有鉴于此，四中全会提出要设立巡回法庭，探索设立跨行政区划的人民法院和人民检察院。这些都是保障司法公正的必要举措。

从法律体系迈向法治体系，还应当建立严密的法治监督体系。习近平指出，"没有监督的权力必然导致腐败，这是一条铁律"。我国已经建成了包括由权力机关、政党、司法机关、人民群众、社会舆论等所组成的一整套法律监督体系，共同起到对法律实施的监督作用，但现行监督体系仍有待于进一步完善。首先，要健全宪法实施的监督机制，完善全国人大及其常委会宪法监督制度，健全宪法解释程序机制。其次，要健全行政权力监督制度，为法治政府的建设奠定坚实基础。政府是执法主体，必须对行政执法行为进行严格监督。根据四中全会的要求，要进一步加强对依法履行职权的监督，贯彻落实行政权力清单制度，健全依法决策机制，保障行政决策的科学性和合规性。要完善纠错问责机制，加强对于违法行政行为的惩处力度。最后，为确保司法机关公正司法，独立行使审判权和监督权，还需要加强对司法活动的监督，完善检察机关行使监督权的法律制度。

从法律体系迈向法治体系，必须加强社会主义法治工作队伍，建立法律职业共同体。孟子说："徒法不足以自行。"最终应当依靠执法者的严格执法，才能使法律发挥实效。四中全会把法治队伍的建设提到了新的高度，提出必须建立一支忠于党、忠于国家、忠于人民、忠于法律的社会主义法治队伍，并要求推进法治专门队伍的正规化、专业化、职业化，这些都为建立一支高素质的法治队伍确立了明确的目标，也为法学教育的改革和发展指明了方向。近年来，我国高等法学教育快速发展，体系不断完善，为我国社会主义法治事业培养了一大批优秀合格的人才，但其还不能完全适应法治中国建设的需要，存在培养模式较为单一、学生实践能力欠缺、高层次法律人才缺乏等问题。高等法学教育应当按照四中全会所提出的要求，进一步推进改革，形成完善的中国特色社会主义法学理论体系、学科体系、课程体系，推动中国特色社会主义法治理念进教材、进课堂，把培养法治创新人才作为突破口，努力提高人才培养质量，实现法学教育与法律职业化和专门化建设的良性互动，培养、造就一大批坚持中国特色法治体系的法治人才和后备力量。

"天下之事，不难于立法，而难于法之必行。"① 法治建设是一个系统的工程，如果说建设法律体系只是法治工程的一个局部成就，那么法治体系的建构就是追求法治工程的全面实现。从法律体系迈向法治体系，表明在法治建设新的历史时期，我们党更加注重法律的实施和实施的效果，更加注重扎实地推进依法治国方略的实施。总之，从法律体系迈向法治体系，意味着在立法、执法、司法、守法、法治文化、法律教育等方面，形成一套完善的、有机的动态体系。党的十八届四中全会全面规划了依法治国方略的实现步骤和具体内容，必将有力地推进国家治理体系和治理能力的现代化，实现国家长治久安、社会和谐发展、人民生活幸福。

法治具有目的性

法治是依照法律进行治理的社会状态，是人类社会所追求的良好稳定的社会秩序。因此，法治本身就是目的，而不仅仅是手段。在中国几千年的文明史中，无论是法家传统还是儒家传统，都将法律视为实现特定目标的手段和工具，只不过法家强调法律具有的富国强兵的作用，而儒家则强调"礼法合一"，更加注重法律维护伦理秩序的功能。近代以来，尤其是自"五四"运动以来，"德先生"（民主）"赛先生"（科学）成为至高无上的目标，

---

① 张居正：《请稽查章奏随事考成以修实政疏》。

但法治并没有成为知识分子和社会大众所共同认同的理想和目标，就当时的情形而言，人们尽管都能接受法治的理念，但大多将其作为改变国家积贫积弱面貌，实现民主、富强、自由、平等等目标的工具，在强调民主正当性的观念之下，人民意志被赋予最高权威，而"正当性"普遍被"科学性"所替代，法律至上的观念难以确立，法治话语始终微弱。

新中国成立以来，我国的法制建设取得了巨大的成就，但也经历了艰难曲折的历程。十年"文化大革命"几乎将共和国法制的基础摧毁殆尽，无数的所谓"群众组织"可以随意抓人、抄家、审讯、拷打，"冤狱遍于全国，屠夫弹冠相庆"，人民蒙受了巨大的苦难。改革开放以来，法制建设迎来新的发展契机，基于对"文化大革命"惨痛教训的反思，党的十一届三中全会拨乱反正，提出为了保障人民民主，必须加强法治，使民主制度化、法律化。党的十五大把依法治国确定为党领导人民治理国家的基本方略，并取得了伟大的历史性成就。1999 年宪法修正时，明确规定"中华人民共和国实行依法治国，建立社会主义法治国家"，这实际上是将依法治国提升到了宪法原则和治国方略的高度。这种观念上的改变，表明"法治国家"已经被确立为国家建设的目标，而不只是将法治作为一种工具。

从十四大报告提出"建设小康社会"到十八大提出"全面建设小康社会"，这一变化本身就表明我国对民主法治建设的认识的深化。如果我们将"小康社会"仅仅理解为一种社会经济维度上的现代化，那么，"全面建设小康社会"就已经不再局限于经济层面的现代化，而是一种超越经济维度的多元化现代化建设，包括社会文化建设、民主法治建设等各类有利于增进人民幸福和福祉的目标。应当指出，小康社会实际上包含了社会稳定、秩序井然的内涵。"康，安也"（《爾雅·釋詁》），"是故谋闭而不兴，盗窃乱贼而不作，故外户而不闭，是谓大同"（《大道之行也》）。而"全面建设小康社会"的"全面"二字，充分说明了小康社会超越经济维度的内涵。"小康"不仅是指物质上的丰富、经济上的富裕，而且包含了社会治理井然有序、社会环境安定和睦、权利自由受到保障、社会正义充分实现等内涵，而这种目标显然是法治的目标。也就是说，法治并不只是建设小康社会的手段，其本身就是全面建设小康社会这一伟大目标的题中应有之义。

我们说法治是目的，就是要使法治成为良好的社会治理结果。法治的英文是"rule of law"，即强调依法治理的一种社会状态，强调法在社会治理中的核心地位。① "rule of law"不同于"rule by law"，后者是指用法治理，以法治理，将法作为一种社会治理工具，其强调的是人用法去治。德文中"法治国"（Rechtsstaat）、法语中的法治国（l'etat de droit）都强调国家与法秩序的一体性。西方语言中的法治都将法作为国家治理的核心，其既是社会治理的手段，又是社会治理的目的，最终目的是实现一种依法治理的理想社会状态。在汉语中，"治"与"乱"是相对应的概念，古人说，"治民无常，唯法为治"（《韩非子·心度》）。因此，在汉语中，"法治"也包含了实现天下大治的内涵，尤其是通过法治实现社会和谐有序、人民幸福安康的社会治理目标。

---

① 参见刘智峰：《国家治理论》，111 页，北京，中国社会科学出版社，2014。

可见，稳定良好的秩序是一切人类社会追求的共同目标，法治也因此是人类基于自身的安宁预期而必然会追求的目的。

我们说法治是目的，因为法治内含着国家和社会和谐稳定、治理有序、长治久安。法治建设对于国家和社会而言，是一种具有基础性意义的制度安排。人类历史经验表明，依法治国是人类社会进入现代文明的重要标志，也是国家治理体系和治理能力现代化的基本特征。一个国家要实现长治久安，必须厉行法治。苏联、东欧社会主义国家的失败教训警示我们，不实行法治，就很容易出现特权横行、个人崇拜现象，最终将使社会主义事业遭受重大挫折。没有法治就不可能有成功的社会主义，社会主义只有与法治结合，才能实现国家长治久安和人民生活幸福。市场经济本质上是法治经济，应当通过法治激发市场活力，营造安全、有序的营商环境，保障市场主体的合理预期，这也是市场经济健康发展的前提和基础。法治保障公权力有序运行，私人生活行止有序，人人敬畏法律，心有戒尺，社会和谐有序。

我们说法治是目的，因为法治内含着"规范公权，保障私权"的价值目标。首先，现代法治的核心内容之一是规范公权，公权力天然地具有扩张的本性，必须严格依法控制，因此，习近平同志提出，要将权力关进"制度的笼子"。对公权力而言，"法无明文规定不可为"，即公权力行使的权限和程序都必须基于法律规定，受到严格限制。只有保证公权力行使具有可预期性，人民的人身财产权益才能得到应有保障，人民才能享有充分的法治保障下的自由。其次，现代法治的另一项核心内容是保障私权。法律应当平等保护每个人的权利，保障个人的自由，维护个人的人格尊严。只有使个人获得充分的安全感，才能极大地激发个人的创新精神。保障私权不仅需要通过民法典等一系列法律规范全面确认个人所享有的各项人身权益和财产权益，而且应当系统规定私权的救济机制，全面保障私权。还应指出，保障私权意味着要尊重个人的"私法自治"，其本质上是尊重个人的自由和自主，即充分发挥个人在现代社会治理中的作用。与公权力"法无明文规定不可为"相反，私权的行使是"法无禁止即可为"，即只要是法律没有明文规定禁止个人进入的领域，按照私法自治原则，个人均有权进入。这既有利于节约国家治理成本，而且有利于增强社会活力，激发主体的创造力。

我们说法治是目的，因为法治内含着人类追求公平正义的诉求。古罗马人说："法乃公平正义之术。"事实上，缺乏法治的保障，公平正义是无法实现的。公平正义与法治具有内在的一致性，因此，对公平正义的追求必然指向对法治的追求。虽然在法律工具主义者看来，法律不过是服务于多种目的的手段，但事实上，只有致力于实现正义目标，才能实现法治应有的目的。有法并不等于有法治，历史上也存在过依法的专制。法可以服务于正义的目的，也可以服务于非正义的目的。如果法服务于非正义的目的，就从根本上背离了法治的内涵。① 因此，法律工具主义实

---

① 例如，中国古代有法家主张，"生杀，法也。循度以断，天之节也。"（《鹖冠子》天则第四）"骨肉可刑，亲戚可灭，至法不可阙也。"（《慎子》）法由此就成了杀人工具。这并不完全符合法维护公平正义的本质。美国学者博登海默曾经指出，在古罗马后期，法律以一切手段干预私人活动，服务于专制的目的，所以，法的工具性理论表明，法可以服务于不同的目的，这就是说，法始终存在被滥用的危险。参见［美］博登海默：《法理学：法律哲学与法律方法》，邓正来译，422页，北京，中国政法大学出版社，2004。

际上是忽略了法治的目的性。正义是一种特殊的价值追求，其既不完全是物质的，也不完全是精神的，而是一种社会的价值理念和理想状态。良法以正义为指导，并以追求正义为目标。追求公平正义，就要通过依法治理，使人民的权利、义务得到合理分配，各得其所，对公权予以规范和监督，对弱者予以特殊关爱，对个人的人身和财产权利进行充分保障，对遭受侵害的权利给予充分救济，使一切涉诉纠纷都能够通过公正、高效的法律程序得到解决。法治真正的精髓在于追求正义的实现。正如亚里士多德所指出的："法律的实际意义却应该是促成全邦人民都能进于正义和善德的〔永久〕制度。"① 因此，要建立一个正义的社会，法治就是当然的追求目标。

我们说法治是目的，因为法治是一种指向人类福祉的生活方式。法治是一种社会生活方式，关系到人民的福祉和广大人民群众的根本利益，不应简单地被视为一种工具。改革开放以来，在短短三十多年内，我们已使 6.7 亿人脱贫，脱贫人口占全球同期90％以上。我国人民的生活水平已经得到极大的提高，但幸福的生活来源于很多方面，物质、健康、教育、安全和秩序都是生活幸福的源泉。在基本的衣食保障满足之后，还需要形成安定、有序、公正的社会生活秩序。幸福与安康是联系在一起的，物质上的丰富并不能完全实现人民的安康。幸福安康的生活需要安全的环境、自由的空气、和谐的秩序，使每个人都有尊严地生活。因为即便人们生活富足，但如果黑恶势力猖獗，公权力被滥用，人

---

① 〔古希腊〕亚里士多德：《政治学》，吴寿彭译，138 页，北京，商务印书馆，1965。

民的生命财产时常受到侵害，正义得不到彰显，又何谈幸福安康呢？所以，亚里士多德指出，法律是人类理性的体现，按照法律生活是获得幸福的根本保障。① 阿奎那也指出，人类不能离开规则而生活，但是有规则的生活并不意味着美好幸福的生活，美好幸福的生活在很大程度上取决于规则本身；法的正当性在于它谋求公共幸福，法律"不外乎是对于种种有关公共幸福的事项的合理安排"②。

我们说法治是目的，因为只有将目标确定了，才会有行动的指南和方向，才能够为了这个目标而努力前行。正如在茫茫大海中的航行一样，其必须有目的地的明确指引，否则就只是漫无目的的漂流。法治也是如此，如果把法治简单地视为一种实现其他社会发展目标的工具，法治建设可能会趋向于追逐短期目标，社会发展也就迷失了前进方向。事实上，在全面推进依法治国的国家战略中，有的地方党政官员一方面认识到法治的重要性，特别是法治在保障社会经济发展过程中的重要性，但另一方面却将法治简单地等同于一种普通的社会治理工具，将其仅仅视为实现社会经济发展的一种手段，对经济发展只是起到保驾护航的作用。在他们看来，如果不利于当地的发展，法律就要靠边站，需要的时候，就把法律高捧在手；而不需要的时候，就把法律搁在一边，甚至抛之脑后。这种做法显然只是把法治作为一种社会治理的手段和工具，而没有深刻认识到法治本身是社会发展的目标和

① 参见［古希腊］亚里士多德：《政治学》，吴寿彭译，348 页，北京，商务印书馆，1965。

② ［意］阿奎那：《阿奎那政治著作选》，马清槐译，109 页，北京，商务印书馆，1997。

价值追求。实践中的野蛮拆迁、暴力执法、环境污染、生态破坏等问题，都反映了为了发展，为了 GDP，可以不顾法治，漠视规则，遇到问题时，就随意"撕政策口子""闯法律红灯"，或者"见着红灯绕着走"，在这种认识下，法治只是一种工具和口号，其真正目标会与我们渐行渐远。正如习近平同志所指出的："如果在抓法治建设上喊口号、练虚功、摆花架，只是叶公好龙，并不真抓实干，短时间内可能看不出什么大的危害，一旦问题到了积重难返的地步，后果就是灾难性的。"[①]

我们说法治是目的，是因为法治是我们的理想和追求，把法治简单地视为一种实现其他社会发展目标的工具，则很可能让我们的未来失去奋斗的方向。世界上有些国家虽然一度实现快速发展，但并没有顺利迈进现代化国家行列，而落入中等收入陷阱，这很大程度上与其法治不彰有密切关联。"不谋万世者不足谋一时"，在我国，2020 年实现小康社会的目标和 2049 年实现"中国梦"的目标距离我们并不十分遥远。在达到这些目标之后，我们仍然需要继续前进。在《人类简史》一书中，尤瓦尔·赫拉利对人类社会的发展作出了如下总结：人类社会从来没有终点，是一场永远的革命，总是在不停地变动和发展。[②] 因此，我们总能不断地发现和追求新的目标，改变人类的社会生活。即便到了后小康时代，我们仍需要深刻地认识到，还有很多美好的社会生活目标等着我们不断地去发掘和追求。追求法治就是要不懈地追求社会公平正义，维护个人的基本权益，进一步提升人格、尊严和幸

---

① 习近平：《加快建设社会主义法治国家》，载《求是》，2015（1）。
② 参见［以色列］尤瓦尔·赫拉利：《人类简史》，林俊宏译，北京，中信出版社，2014。

福。人类对安全、正义、自由的追求是永恒的，法治也将永远是人类社会不懈追求的目标。

应当说，法治的最终目的是实现人民的福祉，实现个人的幸福安宁。"人民的福祉是最高的法律"，在此意义上，法治也有其工具性的一面。按照康德的说法，人是目的而不是手段，而法治当然具有保障人的目的性的工具作用。但这样说，只是从辩证的视角来认识法治与人民福祉、法治与人的关系，强调法治服从于人民福祉这一终极目的。其实，从没有法治就不可能实现人民福祉的角度来看，人民的福祉这一终极目的也就当然包含了法治的目标。党的十八届四中全会提出了全面依法治国的战略方针，并将建设法治体系和法治国家作为法治建设的总目标，并设计了实现这一目标的路线图。这实际上是从根本上否定了法律工具主义，从国家建设的角度重申了法治的目的性。我们应当树立法治具有目的性的观念，坚持社会主义法治的基本原则，为全面推进依法治国、全面建设社会主义法治国家不懈努力。

迈向法治中国的新征途

法治中国是法治国家、法治政府、法治社会的上位概念，是这三个概念的综合运用。法治中国是依法治国的"升级版"，这一概念将依法治国从治国方略提升到了国家战略的高度，标志着我国迈向法治中国建设的新征途。习近平同志提出了"法治中国"的治国目标，并将其定位为"中国梦"宏伟蓝图的重要内容。党的十八届四中全会提出了建设法治中国的总目标，这是党对治国理政规律认识的重大飞跃，是对依法治国方略的超越与升华。法治中国是建设中国特色社会主义的必由之路，是实现"中国梦"的根基和保障。法治中国是对宪法所确立的"实行依法治国，建设社会主义法治国家"方略的高度概括。较之于法治国家的概念，法治中国的内涵更为丰富。它以法治国家、法治政府、法治社会"三位一体"建设为内容，不仅要推进依法治国，还要推进依法执政、依法行政，建设法治社会；不仅包括有形的制度建设，还包括法治文化等"软实力"建设。当然，法治中国要以法治的基本价值为基础，以坚持中国特色社会主义道路为前提，坚持党的领导、人民当家做主与依法治国的有机统一。建设法治中国本身也表明，法治是符合中国国情的道路选择，是中国的历史发展和社会经济发展的必然要求，是新时期实现社会主义现代化的必由之路。

迄今为止，人类历史经验表明，法治建设是最为成功的治国理政方式。依法治国是人类社会进入现代文明的重要标志，也是国家治理体系和治理能力现代化的基本特征。苏联、东欧社会主义国家的失败教训警示我们，不厉行法治，就很容易出现特权横行、个人崇拜现象，最后导致社会主义事业的重大挫折。没有法治就不可能有成功的社会主义。社会主义只有与法治结合，才能实现国家长治久安和人民生活幸福。如何确保实现全面建设小康社会的目标？全面建成小康之后的路该怎么走？如何跳出历史周期律，实现党和国家的长治久安？答案是只有选择法治的道路。西方资本主义国家有着比较深厚的法治传统，建成了健全的法治体系，资本主义与法治的结合，让资本主义保持了相当的生机和活力，这是过去几百年的历史事实，也为我们的社会主义法治建设提供了不少经验。但是，资本主义国家所面对的法治问题与社会主义中国所面对的法治问题存在重大差别，中国必须走自己的法治道路，而绝不能照搬照抄某一个国家或地区的既有模式。

法治中国建设也是我们党对历史上治国理政经验的深刻总结。自中华人民共和国成立以来，我国的法制建设经历了一段曲折的路程。十年"文化大革命"使民主和法制遭到严重践踏，人民生命财产的安全失去保障，大批干部和群众遭受残酷迫害，国民经济陷入崩溃边缘。党的十一届三中全会总结了我国社会主义法制建设的成功经验和深刻教训，拨乱反正，提出为了保障人民民主，必须加强法治，使民主制度化、法律化。党的十五大把依法治国确定为党领导人民治理国家的基本方略，并取得了伟大的历史性成就。正是在法治的坚强保障下，中国的改革开放和市场经济建设取得了举世瞩目的成就。

十八大以来，新一代领导集体高度重视法治建设，我国的法治建设进程大大提速。从立法来看，社会主义法律体系正在不断走向完善。党的十八届三中全会决议全面部署了司法改革的总体目标和具体措施，各项改革措施正在逐步推行。与此同时，从严管党、从严治党，将权力关进制度的笼子，也成为依法执政的重要内容。依法行政，建设法治政府，已经成为"三位一体"建设中的重要一环。简政放权、转变政府职能等诸多措施的施行，为建设高效廉洁的服务型政府奠定了良好的基础。尤其是自十八大以来，党在反腐行动中"打老虎"和"拍苍蝇"并举，取得了丰硕的成果，得到了社会的广泛好评。从已经披露的反腐案件来看，被抓出来的腐败分子级别、地位越来越高，影响力越来越大，打破了以前"级别越高越安全"、"刑不上大夫"的错误观念，真正做到了"反腐无禁区"，对腐败"零容忍"。这表明我国不存在特殊公民，我党不存在特殊党员，真正落实了法律面前人人平等。这些措施深受人民群众的拥护，得到了国内外舆论的高度赞扬，表明法治中国建设取得了明显成效。

"法治中国"是"依法治国，建设社会主义法治国家"的集中概括。2013年，习近平同志在十八届三中全会中提出，建设法治中国，必须坚持依法治国、依法执政、依法行政共同推进，坚持法治国家、法治政府、法治社会一体建设。四中全会就如何全面推进依法治国，加快社会主义法治国家建设进行了顶层设计和战略部署，提出全面推进依法治国的总目标是建设中国特色社会主义法治体系，建设社会主义法治国家。法治体系和法治中国的建设是对依法治国方略的高度概括，为全面推进依法治国方略进行了具体的指引，也为今后推进依法治国提出了具体的任务，开启了中国法治新时代。四中全会第一次提出了建设中国特色的社会主义法治体系的新目标，将依法治国推上新的高度。法治中国和法治体系虽然都是全面推进依法治国的总目标，但二者是从不同的层面对依法治国战略目标的概括。法治体系的形成与有效运行既是法治现代化的重要标志，也是国家治理现代化的重要标志，是适应我国现阶段改革开放和社会主义现代化建设需要而提出的战略目标，从这个意义上说，加快形成中国特色社会主义法治体系就是现阶段法治中国建设的重要内容。也就是说，建成中国特色社会主义法治体系的根本目标是更好地建设法治中国，实现中华民族伟大复兴的中国梦。

世界潮流，浩浩荡荡，顺之者昌，逆之者亡。法治是迄今为止人类能够认识到的最佳的社会治理方式，崇尚法治和实现公平正义也是人类的永恒追求。建设中国特色社会主义法治体系和法治国家，对中国人来说，是一项前无古人的伟大事业。它体现了广大人民群众的共同意志，凝聚了广大人民的共识。在我国，法治既是一种伟大的社会实践，又是一种崇高的社会理想，它激励我们为实现法治社会而不断追求、努力。每一个平凡的中国人都有一个共同的中国梦，这就是建设法治中国，实现国家富强、人民幸福、政治进步、法治昌明。十八届四中全会提出建设法治中国，是在新时期书写新的历史，为我们迈向法治中国新征途指明了方向。

全面推进"五大体系"建设

建设社会主义法治体系和法治国家，是党的十八届四中全会设定的总目标。为了有序而稳步地向这个总目标推进，一份明确的路线图不可或缺，这就是十八届四中全会所强调的"五大体系"建设，即建立完备的法律规范体系、高效的法治实施体系、严密的法治监督体系、有力的法治保障体系以及完善的党内法规体系。为了深刻领会这份路线图，有必要对它们的内涵分别加以阐述。

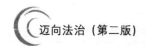

1. 建立完备的法律规范体系

法治不是简单的法条之治，而应是良法之治。一方面，法治要做到有法可依，即法律规范体系健全完备；另一方面，法治本质上是良法之治，所需的法律规范不仅要内容齐备，且品质良善，也即通常所谓的良法美制。如果说法律是治国之重器，那么，良法就是善治之前提。对此，古人早有认识："立善法于天下，则天下治；立善法于一国，则一国治"①。一言以蔽之，厉行法治，良法先行。十八届四中全会也提出必须建立完备的法律规范体系，以良法保善治。截至 2016 年 6 月，我国已制定宪法和有效法律 250 部，社会生活的基本方面已经实现了有法可依。中国特色社会主义法律体系已基本形成，宪法、民商法、刑法、行政法、社会法、诉讼法、国际法等七个法律部门和三个层次的法律基本齐备，能够涵盖社会生活的主要方面，基本上解决了有法可依的问题。但是，随着改革的不断深化和市场经济的发展，法律规则体系需要与时俱进。有的法律、法规未能全面反映客观规律和人民意愿，针对性、可操作性并不强，立法工作中呈现的部门化倾向、争权诿责现象较为突出。此外，我国一些重要的基本法律还不健全，也需要予以补足和完善。例如，民法典迄今为止尚未出台，民事立法尚未实现体系化。

建立完备的法律规范体系，必须加强立法。一是完善人民代表大会制度，推进民主法治建设，要完善宪法监督制度，健全宪法解释程序机制，加快制定有关宪法解释的程序，不断完善县乡

① 王安石：《周公》。

人大组织制度和工作制度、代表选举和代表工作等相关法律制度。二是加强公民权利保障方面的立法，增强全社会尊重和保障人权的意识，健全公民权利救济渠道和方式，切实保障公民的人身权、财产权等各项权利不受侵害。为此需要尽快制定民法典，全面确认和保障公民的民事权利。三是要加强民生方面的立法，加快社会立法。目前我国社会法方面的法律只有23件，在整个法律体系中的比例较小，许多重要的有关社会保障方面的事务仍然无法可依，如养老保险、医疗保险等立法，这些关系到基本民生的立法需要加强，努力使社会发展成果更好地惠及全体人民。四是要加快生态文明法律制度建设。党的十八届四中全会决定提出要用最严格的法律保护生态环境，通过法律制度约束不当的开发行为，促进绿色发展、循环发展、低碳发展，强化生产者保护环境的法律责任，提高违法成本。应当不断健全自然资源产权制度，明确所有者的环境保护责任，并明确具体的法律责任认定、承担机制。① 五是适应互联网、高科技的发展需要，加强互联网领域立法，完善网络信息服务、网络安全保护、网络社会管理等方面的法律法规，依法规范网络行为。

建立完备的法律规范体系，关键要提高立法质量，真正使每一部法律成为良法，成为管用之法。提高立法质量，一是要从理念上恪守以民为本、立法为民的理念。民之所欲，法之所系，法律起草要从全社会利益出发，最大限度地反映人民群众的意志和利益，使每一项立法都符合宪法精神、反映人民意志、得到人民拥护。二是

---

① 参见李适时等：《完善中国特色社会主义法律体系问题研究》，46页，北京，中国民主法制出版社，2015。

始终以公正、自由、平等等社会主义核心价值观为指导。尽量减少对人们行为自由的不合理约束，拓宽人们自主决策和生活的空间。三是改进立法体制，健全立法机关主导、社会各方有序参与立法的途径和方式。特别是立法过程应当去部门化和地方化，法律草案由立法机关负责起草，从而跨越部门立法的狭隘界限。对部门间争议较大的重要立法事项，由决策机关引入第三方评估，充分听取各方意见，从而使立法更好地体现广大人民的利益和社会公平正义。四是坚持科学立法、民主立法的方式，邀请专家学者参与立法过程，广泛征求民意、汇集民智，凝聚共识，使法律真正体现人民群众的根本利益，回应人民群众的基本要求，实现法律的先进性、有效性和实用性。五是要在立法过程中完善立法项目征集和论证制度，准确反映社会发展的规律和法律发展的趋势，立足于中国实践，同时借鉴国外先进的立法经验。

2. 建立高效的法治实施体系

法律的生命力在于实施，法律的权威也在于实施。在党的十一届三中全会公报提出的"十六字方针"中，除了"有法可依"以外，"有法必依""执法必严""违法必究"均涉及法律的实施，这已经非常准确地触及了法治的精神内核。此后，1997年党的十五大提出了依法治国的方略，1999年3月的第四次修宪正式将依法治国确立为宪法的基本原则，表明我国从"法制"转变为"法治"，而要落实这一转变，最重要的工作就是认真贯彻法律，强化法律的实施。正是基于法治建设的经验，十八届四中全会把"严格执法、公正司法"的法治实施体系作为了依法治国的核心议题。正如习近平同志所指出的，如果有了法律而不实施、束之高阁，或者实施不力、做表面文章，那制定再多法律也无济于事。因此，全面推进依法治国的重点应该是保证法律严格实施。

按照十八届四中全会精神，要建立高效的法治实施体系，需要强化如下工作：一是要加强宪法实施。《宪法》序言规定，全国各族人民、一切国家机关和武装力量、各政党和各社会团体、各企业事业组织，都必须以宪法为根本的活动准则，并且负有维护宪法尊严、保证宪法实施的职责。《宪法》第5条也规定，一切违反宪法和法律的行为，必须予以追究。然而，由于各种因素的影响，《宪法》三十多年来一直未能完全有效地发挥作用，这已经无法适应我国法治建设的要求，因此，十八届四中全会决定提出了"坚持依法治国首先要坚持依宪治国，坚持依法执政首先要坚持依宪执政"的响亮口号，提出要健全宪法实施和监督制度。通过宪法的有效实施，可以实现国家权力更替的制度化、法律化，并可以形成对公权力的有效控制，避免权力成为脱缰之马，损害私权。二是加强严格执法。政府是执法主体，对执法领域存在的有法不依、执法不严、违法不究甚至以权压法、权钱交易、徇私枉法等突出问题，老百姓深恶痛绝，必须下大气力解决。因此，十八届四中全会要求各级政府必须在法治轨道上开展工作，创新执法体制，完善执法程序，推进综合执法，严格执法责任，建立权责统一、权威高效的依法行政体制，加快建设职能科学、权责法定、执法严明、公开公正、廉洁高效、守法诚信的法治政府，总之，要严格执法，做到"法立，有犯而必施；令出，唯行而不返"①。三是实现公正司法。法律能否真正地发挥功效，很大

---

① 王勃：《上刘左相书》。

程度上取决于司法的独立性、权威性和公正性。司法机构是社会纷争的最终解决机构，是维护社会正义的最后一道防线，因此，在法治实施体系中，司法处于重要地位。为此，要进一步推进司法改革，提高司法效率，保障司法公正。

3. 建立严密的法治监督体系

我国已经建成了包括由权力机关、政党、司法机关、人民群众、社会舆论等所组成的一套法律监督体系，共同起到法治监督的作用，但由于种种原因，现行的监督机制还有不到位之处，以至于腐败现象频频发生。据最高人民检察院于 2014 年 10 月 31 日召开的新闻发布会通报，职务犯罪的案件数量日益增加，涉案金额越来越大，查办案件人数进一步上升，其中原国家能源局煤炭司副司长魏鹏远家中经搜查发现现金折合人民币两亿余元，成为新中国成立以来检察机关一次起获赃款现金数额最大的案件。该事例表明，权力越是缺乏监督，就越容易发生腐败。就此而言，我国法治监督体系有待于进一步完善。

一是要健全宪法的实施和监督机制，完善全国人大及其常委会的宪法监督制度，健全宪法解释程序机制。在我国，宪法尚不具有直接的司法适用性，法院不得在案件裁判中直接援引宪法条文来裁判案件。宪法的功能主要体现为一种指导性作用，规范其他法律、法规的制定和适用。因此，为充分发挥宪法的指导作用和监督作用，进一步完善法治监督体系，应当完善宪法的解释制度，完善全国人大及其常委会的宪法监督制度，切实健全宪法解释的程序机制。为此需要加强备案审查制度，把所有规范性文件纳入全国人大常委会的备案审查范围，使行政法规、规章、地方性法规等规范性文件真正体现宪法精神，对于违反宪法的规范性文件应予以撤销和变更。

二是要健全行政权力监督制度，为法治政府的建设奠定坚实基础。孟德斯鸠指出："有权力的人们使用权力一直到遇到有界线的地方才休止…… 从事物的性质来说，要防止滥用权力，就必须以权力约束权力。"① 因此，法治的一项重要功能就在于建立一套控权机制，加强对权力的监督，防止权力的滥用。根据十八届四中全会的要求，要进一步加强对依法履行职权的监督，贯彻落实行政权力清单制度，建立并完善公众参与、专家咨询和政府决定相结合的决策机制，进一步加强对政府决策合法性的审查，保障行政决策的科学性和合规性。要对重大决策终身追责和责任倒查，完善纠错问责机制，政府行使公权力要以公开为原则，以不公开为例外，自觉接受人民群众的监督。通过法治对公权进行控制要求我们必须进行制度设计，对政府部门的职能分工进行明确安排，建立完善的行政职权配置、行政活动过程、行政责任承担的具体法律制度。一旦公权力机关逾越法定的权限范围，或者违反了法定程序，则应当依法承担相应的责任。

三是加强司法监督，保障司法机关独立行使审判权和监督权，公正是司法的生命线，而法官依法、独立裁判则是司法公正的重要体现，因此，有必要通过完善检察机关行使监督权的法律制度，以及法院内部的行政管理制度等，减少外部因素对法官依法、独立裁判的不当影响，以保障司法机关依法独立行使审判权和检察权，使人民群众从每一个个案中感受到司法的公平正义，

---

① ［法］孟德斯鸠：《论法的精神》，张雁深译，154 页，北京，商务印书馆，1961。

不断提高司法的权威性与公信力。

4. 建立有力的法治保障体系

建立有力的法治保障体系是一个系统工程，需要在制度、组织、经费、人员等各个方面整体推进，才能对法治起到切实的保障作用。徒法不足以自行，法律最终还是要靠人来实施，因此，必须要有一支德才兼备的高素质法治队伍，为法治中国建设提供坚实的人才储备和人才保障，才能实现法治中国的伟大目标。四中全会把法治队伍的建设提到了新的高度，提出必须建立一支忠于党、忠于国家、忠于人民、忠于法律的社会主义法治队伍，并要求推进法治专门队伍的正规化、专业化、职业化，这些都为建立一支高素质的法治队伍确立了明确的目标，回应了长期以来法律界争论的关于法官应当职业化或平民化的争议。四中全会提出的目标，无疑是符合司法规律和法治建设规律的。随着法治建设的推进，对法治队伍的业务水平、专业化要求越来越高，应当建立专业化的司法队伍，各个法治发达国家和地区无不如此。

培养专门化的法治人才，法学教育具有先导性和基础性作用。近年来，我国高等法学教育快速发展，体系不断完善，为我国社会主义法治事业培养了一大批优秀合格的人才，但其还不能完全适应法治中国建设的需要，存在培养模式较为单一、学生实践能力欠缺、高层次法治创新人才缺乏等问题。因此，高等法学教育应当按照四中全会所提出的要求，进一步推进改革，形成完善的中国特色社会主义法学理论体系、学科体系、课程体系，推动中国特色社会主义法治理念进教材、进课堂，把培养法治创新人才作为突破口，努力提高人才培养质量，实现法学教育与法律职业化和专门化建设的良性互动，培养、造就一大批法治人才，为建立有力的法治保障体系提供人才队伍基础。

5. 建立完善的党内法规体系

四中全会提出要建立党内法规体系。所谓党内法规，是指中国共产党的中央组织以及中央纪律检查委员会、中央各部门和省、自治区、直辖市党委制定的规范党组织的工作、活动和党员行为的党内规章制度的总称。① 党内法规体系与法律体系一样，既是人民意志的反映，也是我们党依法执政的制度性基础，并成为国家治理能力现代化的必备要素。

国有国法，党有党规。依法治国、依法执政，既要求党依据宪法、法律治国理政，也要求党依据党内法规管党治党。但党内法规体系不同于法律规范体系，党内法规与法律的主要区别在于：一是制定主体不同。法律是由立法机关制定的，而党内法规则是由党组织制定的。二是适用范围不同。党内法规主要适用于党员和党的组织的活动，一般不适用于全体公民，而法律则适用于全体公民。三是效力不同。党内法规的效力不同于法律，法律以国家强制力保障实施，违反法律应当承担法律责任，而违反党内法规，则可能需要接受党组织的制裁和处理。当然，严重违反党内法规的行为也可能同时违反法律规定，此时，当事人也可能需要承担法律责任。四是执行主体不同。法律由司法机关和执法机关依据法定的程序执行，而党内法规则由党的纪律检查部门执行。

---

① 参见王振民、施新州等：《中国共产党党内法规研究》，1～2页，北京，人民出版社，2016。

五是严格程度不同。党内法规是对全体党员和党的组织的行为标准的要求，而法律则是对全体社会成员的行为标准要求，党内法规所要求的行为标准要严于法律。当然，党内法规对党员的处分惩罚不能超越法律规定的底线。[①]

四中全会决定提出建立完善的党内法规体系，并将其作为"五大体系"的内容之一，这对于全面推进依法治国具有重要意义。一方面，完善的党内法规体系，对管好党、治好党起到基本规范作用。治国必先治党，治党务必从严。依法依规治党，必须要全面建成内容科学、程序严密、配套完备、运行有效的党内法规制度体系。宪法、法律是保证党依法执政的依据，党内法规则是管党、治党的依据。党要长期执政、有效执政，就必须提高执政能力。党要领导人民从事各项建设，需要党员干部运用法治理念和法治思维去深化改革、推动发展、化解矛盾和维护稳定，需要党员干部成为全面推进依法治国的重要组织者、推动者、实践者，需要党员干部率先守法、以身作则、以上率下。为此，就需要通过建立完备的党内法规体系，有效约束各个党员的行为，使党员干部遵纪守法，在法律的范围内活动，这对于管好党、治好党发挥着根本的规范作用。另一方面，完善的党内法规体系，有利于与法律规范体系有效衔接，形成国家法律法规和党内法规制度相辅相成、相互促进、相互保障的格局。因为党内法规确保党的领导干部带头守法，进而对公权力形成严格约束，能有效防止任何党员以权代法、以权压法、以权废法，保证法律面前人人平

---

① 参见王振民、施新州等：《中国共产党党内法规研究》，13页，北京，人民出版社，2016。

等。如果党内法规能够得到有效执行，则能够保障法律法规的全面实施，法治建设也就能顺利推进。完善的党内法规体系，有助于弥补法律规定的不足。法律是对公民的基本要求，是基本的行为规则，而党内法规是针对党员所提出的特殊要求，我们党是先锋队，对党员的要求应当更为严格，因此，党内法规可能要严于国家法律，这也可以在一定程度上弥补法律规定的不足。

"法令行则国治，法令弛则国乱。"① 十八届四中全会提出的上述"五大体系"，既是我国法治建设体系的路线图，也是法治建设的具体任务。通过建设"五大体系"，有利于形成一种可以操作、可以评价的法治建设的具体方案，故而，全面推进依法治国，关键是要从这五个方面着手，切实落实四中全会提出的总目标，从而推动我国法治建设稳步前进。

大力推进两个"三位一体"建设

（一）为什么要推进两个"三位一体"建设？

两个"三位一体"建设是十八大以来我们党对法治建设所提出的新目标和新任务。党的十八大提出，法治是治国理政的基本方式，要加快建设社会主义法治国家，全面推进依法治国。2012

---

① 王符：《潜夫论·述赦》。

年 12 月 4 日，习近平同志在纪念现行宪法公布施行 30 周年大会上首次提出，要坚持依法治国、依法执政、依法行政共同推进，坚持法治国家、法治政府、法治社会一体建设。十八届三中全会《关于全面深化改革若干重大问题的决定》进一步明确了两个"三位一体"建设。四中全会决定以依法治国为主题，对全面推进依法治国方略作出了周密部署，围绕建设社会主义法治体系和法治国家的总目标，强调坚持两个"三位一体"建设，即坚持依法治国、依法执政、依法行政共同推进，坚持法治国家、法治政府、法治社会一体建设。两个"三位一体"建设的提出，表明我们党对治国理政的规律有了更为深刻的认识。

两个"三位一体"建设的提出，对依法治国进行整体规划、系统安排，符合全面推进依法治国方略的思想。法治本身就具有系统性，法治建设也是一个系统工程。两个"三位一体"建设从多个维度对法治中国建设进行了目标设计和路径安排，作出了科学合理的整体规划。两个"三位一体"建设，意味着法治建设不能仅从某一层面或者某一角度实施，而应当整体推进，这也是我国改革开放以来法治建设经验的总结。改革开放三十多年来，我国的法治建设取得了重大成就，法律体系已经形成，依法行政逐步落实，司法改革稳步推进，人权保障不断进步，但是由于法治建设各个层次的协同不足，缺乏整体性的顶层设计以及系统全面的部署，法治建设在一定程度上缺乏有效整合，这也影响了法治建设的整体效果。例如，早在 1993 年，党的十四届三中全会通过的《中共中央关于建立社会主义市场经济体制若干问题的决定》提出："各级政府都要依法行政，依法办事。"这是党的正式文件中第一次提出"依法行政",自此开始推进法治政府建设,但法治社会的概念直到近期才被明确提出,导致实践中法治社会建设明显不足。尽管我国很早就确立了市场经济体制,但相应的法治保障不足,市场仍然无法真正在资源配置中发挥基础性作用。事实上,缺乏法治的市场经济,不是完善的市场经济。此外,法治社会建设与法治政府、法治国家建设之间并没有形成良好的互动机制,这也影响了法治政府、法治国家建设的进程。

两个"三位一体"建设是国家治理理念的重要转变,是建设中国特色社会主义法治体系和法治国家、全面推进依法治国的根本途径。新时期,改革进入"深水区",面临重大任务攻坚,社会矛盾多发叠加,国际形势纷繁复杂,法治建设所面临的情况更为复杂、任务更为艰巨,如果不在法治建设总体思路上作出调整和创新,就将无法实现法治建设的预定目标。因此,我们党因应形势的变化,及时调整方针战略,提出要通过两个"三位一体"建设全面推进法治建设,为新时期法治建设确立了总体框架和指导思想。两个"三位一体"建设是党治国理政经验的总结,是我国法治建设进入精细化、规范化、民主化发展阶段的时代任务,是深化改革、促进国家治理体系和治理能力现代化的必然要求。

两个"三位一体"建设是也对人类社会法治建设经验、教训的理论总结。人类社会的经验表明,凡是成功的法治建设,莫不强调法治与本国或本地区的经济、社会现实和历史发展阶段的结合,并注重整体性、系统性安排,将法治建设放到国家和社会发展的大局中谋划。某些国家和地区虽然也启动了法治改革,但主要是机械仿照西方的法治模式,并没有使法治结合本国的社会实际，不是从整体推进，从而不能使法治在本国内落地生根。在这些国家和地区，部族势力、无政府主义、黑社会、极端宗教势力等不断干扰法治进程。造成这一后果的重要原因在于，其只是从形式层面或者制度层面借鉴西方的法治经验，而没有从国家、政府、社会的总体层面推进法治建设，因此，法治建设进程经常因受到来自国家、政府以及社会层面的影响而停滞。有的国家落入这样或那样的陷阱，根本原因还是法治不健全。所以，我们党提出两个"三位一体"建设，是对人类社会法治建设的经验和教训两个方面的深刻总结，是对法治建设规律的准确把握。

（二）法治国家、法治政府、法治社会的"三位一体"关系

法治国家、法治政府、法治社会的"三位一体"，首先意味着三者是一个统一体。所谓统一，首先是领导力量的统一，也就是要将法治国家、法治政府、法治社会建设统一到党的领导下来。其次是目标的统一，也就是将两个"三位一体"建设统一到全面推进依法治国方略上来，统一到建设社会主义法治体系和法治国家的总目标上来。大力推进两个"三位一体"建设，是实现总目标的具体任务。"坚持依法治国、依法执政、依法行政共同推进"是从治理层面对建设法治体系和法治中国所进行的概括，而"坚持法治国家、法治政府、法治社会一体建设"则更多的是从治理的效果或者状态的层面，对建设法治体系和法治中国这一总目标所进行的概括。最后是步骤和作用的统一。法治国家、法治政府、法治社会"三位一体"建设，意味着三者之间不存在主次关系，应当协调推进，全面落实。既不能把国家和社会对立，

也不能把政府和社会对立，而应当从三个不同的维度共同推进。三者之间应是相互支持、互相补充的关系。单个层面的推进，都不能达到整体建设的目标，都会留下覆盖领域的死角，只有不同层面作用的协同，才能使国家、政府、社会各个方面的治理都走向法治化。

（三）如何有效推进两个"三位一体"建设

一是要处理好党的领导和法治建设之间的关系。党和法治的关系是法治建设的核心问题。四中全会提出，党的领导是全面推进依法治国的题中应有之义；党的领导和社会主义法治是一致的，社会主义法治必须坚持党的领导，党的领导必须依靠社会主义法治。为了处理好党的领导和法治建设之间的关系，全会提出"三统一"、"四善于"，并作出了系统部署。在依法治国、依法执政、依法行政"三位一体"建设中，依法执政是关键，依法执政就意味着执政党要将其一切活动纳入法治的轨道，各级党组织和党员干部要按照法定程序、在法定范围内活动，并接受法律的监督。为此，要处理好党和政府之间的关系。中国共产党作为执政党，党的政策、方针必须通过政府来落实和实现，但这不意味着要党政不分、以党代政。因此，如何有效厘清党和政府之间的关系，实现党和政府关系的法治化，也是全面推进法治建设能否成功的关键。

二是要处理好政府和社会之间的关系。长期以来，我们在社会治理方面采取的是传统的管理模式，此种模式强调政府对社会的管理，这种管理一般是单向的、强制性的，社会本身成为被管理的对象，缺乏政府和社会之间的良性沟通和互动，社会自治空间不足，国家主义观念盛行，"强政府、弱社会"的现象十分明显，这不利于发挥社会主体在社会治理中的作用。实践中，环境污染、食品安全等领域问题频发，国家权力应接不暇，社会主体无法有效参与，各种力量缺乏有效协同，治理效果不尽如人意。要从根本上改变这一状况，必须从管理向治理转化，强调政府和社会的互动、合作和协调，培育民间力量参与社会治理，在治理方式上要注重治理主体之间的平等交流和协商对话，从而形成社会共治的良性机制。

处理好政府和社会之间关系的另一个重要层面是处理好政府和市场之间的关系。当前，计划经济时代遗留的陈旧思维观念还没有被完全消除，政府随意过度干预市场、不信任市场调节手段、过度依赖行政手段的情况依然存在。十八届三中全会决议已经指出，要实行统一的市场准入制度，在制定负面清单基础上，各类市场主体可依法平等进入清单之外领域。据此，我国在市场主体的准入方面，将以实行负面清单管理制度作为改革的突破口，并以此作为深化改革的重要内容。在负面清单模式下，对市场主体而言，"法不禁止即自由"，而对政府而言，则实行"法无授权不可为"、"法无授权即禁止"。这必将充分释放市场活力，培育经济领域的社会自治，形成自生的良好的市场运行机制。但是，仅在市场经济领域确立负面清单模式还是不够的，必须从"将公权力关进制度的笼子"的指导思想出发，明确政府职权法定原则，确立政府权力清单、责任清单，明确政府和市场之间的功能边界，形成政府和社会之间的良性互动。

三是处理好公权力和私权之间的关系。法治国家、法治政府、法治社会一体建设，其中的核心就是要稳妥处理好公权与私权之间的关系。例如，实践中出现的"维稳"和"维权"之间的矛盾，反映了一些地方政府和官员缺乏保障公民权利的主动意识，将"维稳"和"维权"对立起来的思维惯性。某些地方简单地采用高压维稳方式，漠视民众依法维权的正当性，造成了"越维越不稳"的结果。习近平同志指出，"维权是维稳的基础，维稳的实质是维权"，这实际上准确阐释了公权和私权之间的关系，维权就是维稳，维权才能维稳。十八大强调，要"坚持人民的主体地位"，人民的合法权利的落实，是法治建设的重要目标，不能充分保障人民权利的法治，不是合格的法治。在维稳中，应该正确面对人民的权利诉求，不要把正当的权利主张看做不稳定因素，而是要依法正确引导权利的表达和权利的落实。维稳是手段或任务，维权是根本或目标。"家和万事兴"，人民权利得到充分保障，社会自然安定繁荣。因此，有效推进两个"三位一体"建设，强调从整体上推进依法治国方略，应当妥当处理好公权与私权之间的关系。

有效推进两个"三位一体"建设，不仅需要靠政府有效的组织和自上而下的推动，而且需要培育法治的社会基础，形成法治的良好氛围和社会根基。《慎子》有云："法者，非从天下，非从地出，发乎人间，合乎人心而已。"法治建设必须扎根于社会生活，法治建设必须培育良好的社会基础。这也要求重视自下而上的法治生成机制，尊重社会的自我管理、自我调节、自我完善的规律，将社会的自身秩序予以法治化，形成两个"三位一体"建

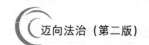

设的有效互动，全面推进依法治国战略部署的实现。

依法治国与国家治理体系现代化

十八届三中全会决议将"完善和发展中国特色社会主义制度，推进国家治理体系和治理能力现代化"作为全面深化改革的总目标，这标志着我国治国理政理念的重大转变，凸显了依法治国在国家治理体系中的重要作用。十八届四中全会以"依法治国"为主题，将建设社会主义法治体系和法治国家、推进"五大体系"建设和两个"三位一体"建设作为实现科学立法、严格执法、公正司法、全民守法、促进国家治理体系和治理能力现代化的具体途径。习近平同志指出，建设中国特色社会主义法治体系、建设社会主义法治国家是实现国家治理体系和治理能力现代化的必然要求，也是全面深化改革的必然要求，有利于在法治轨道上推进国家治理体系和治理能力现代化，有利于在全面深化改革总体框架内全面推进依法治国各项工作，并在法治轨道上不断深化改革。这进一步深化了国家治理体系现代化的内涵，是我国治国理政理念的进一步深化和发展。

依法治国是国家治理体系现代化的重要标志。国家治理体系是在党领导下管理国家的制度体系，包括经济、政治、文化、社会、生态文明和党的建设等各领域的体制、法律法规安排，也就是一整套紧密相连、相互协调的国家制度。当今社会治理的发展趋势正从单纯的政府管理走向依法治理，这个过程实际上是从单纯的国家主导纵向规制的方式转化为多元互动、横向参与、国家与社会合力互动的治理方式①，其重要表现是以法治为基础建立的规范体系和权力运行体系。习近平总书记指出，国家治理体系和治理能力是一个国家制度和制度执行能力的集中体现。依法治国是人类社会进入现代文明的重要标志，有没有实现法治，是否通过法律调整和规范社会生活，是一个国家治理体系是否实现现代化最为重要的标志。

法治是民主的重要保障。国家治理是以人民为主体的治理，是党领导人民依照法律规定，通过各种途径和形式，管理国家事务，管理经济和文化事业，管理社会事务。国家治理体系的现代化就是要通过法律充分保障人民所享有的选举权、知情权、参与权、表达权、监督权，最广泛地动员和组织人民依法通过各种途径和形式管理国家和社会事务、管理经济和文化事业，通过法治推进民主，通过法治保障民主；需要健全民主决策机制和程序，建立问责和纠错制度，从根本上保障权力行使符合人民群众的根本利益。离开法治谈民主，必然导致社会的混乱无序，也无法真正实现国家治理体系的现代化。

法治是国家治理能力现代化的具体体现。联合国全球治理委员会对"治理"作了如下界定，即"治理是各种公共的或私人的个人和就够管理其共同事务的诸多方式和总和。它是使相互冲突或不同的利益得以调和并采取联合行动的持续的过程"。国家治理能力是运用国家制度管理社会各方面事务的能力，包括改革发

---

① 参见俞可平主编：《国家底线》，147 页，北京，中央编译出版社，2014。

展稳定、内政外交国防、治党治国治军等各个方面。习近平同志强调，治理与管理仅一字之差，体现的是系统治理、依法治理、源头治理、综合施策。从管理向治理转化，标志着政府的角色由过去单纯的管理者转化为了治理的参与者。政府管理的方式方法也发生了不同程度的变化，它不再是一种自上而下的行政命令式的管理，而是一种依靠多种治理方式，全方位的综合治理。

随着人类社会的发展，人的自主性和个体性也日益增强，价值判断日趋多元，利益关系日益复杂，交易方式多样化，各种纷繁复杂的社会现象层出不穷，如人口的大量、急剧流动使得社会治理较之以往更加困难，原来的人治社会的管理模式与这些需求难以相容，法治应当成为现代社会的基本治理模式。法治是国家治理体系和治理能力现代化的重要标志和重要体现，原因在于：

第一，法治是规则之治。法律调整其实就是规则调整，规则具有明确性、可预期性、普遍适用性、公开性、非人格性等特点，规则之治有利于祛除个人好恶，不因个人的意志包括领导人的意志而改变。因为法律的形成与颁布是众人参与的结果，立法的过程可以说是集众人之长。正如亚里士多德所说，一个人可能犯错误，但众人不可能同时犯错误，一个人可能腐败，但众人不可能同时腐败。所以，相对于一人之治，规则之治更为科学。法治社会是规则之治，"普施明法，经纬天下"（《史记·秦始皇本纪》）通过公开法律规则的方法，可以使个人形成稳定的行为预期，使其明确其行为的法律后果，从而可以对其行为进行一种事先安排。"作为最低标准，法治要求建立一个使政府和人民都平等地受到法律的有效约束的体制。在这种体制中，法律是根据预先确定的制度制定的并且是普遍的和公开的。"① 同时，由于法律规则相对稳定，其起草、制定的过程比较严格，不会轻易发生变动，这也有利于形成稳定的秩序。可见，规则之治具有人治不可比拟的优点。没有法治，社会将难以正常运转，更谈不上治理体系的现代化。

第二，法治是控权治理。在法治社会中，最高的和最终的支配力量不是政府的权力而是法律②，政府因此也必须依法行政。由于政府所享有的行政权具有强制性、单方性、主动性、扩张性等特点，一旦失去了约束，将严重威胁处于弱势一方的公民合法权益。因而，应当通过法律手段调整政府和公民的关系，要求行政权在法律的授权范围内、依据法定程序行使。在相对人受到公权力的侵害之后，其可以获得相应的救济③，这正体现了法治国家的本质，即国家和人民的关系是以法的形式来界定的。④ 同时，公权力依法行使也有利于保证公权力自身的廉洁和高效率，减少社会资源的浪费。因为一旦公权力失去制约，其不仅会侵犯公民个人的合法权益，也会侵犯公共资源和公共利益，而且对这些公共资源破坏的危害可能远远大于对个别公民权益的损害。制约权力最为有效的方法就是通过规则控权，把公权力关进制度的笼子

---

① ［澳］切丽尔·桑德斯：《普遍性和法治：全球化的挑战》，毕小青译，载夏勇等主编：《法治与 21 世纪》，273 页，北京，社会科学文献出版社，2004。
② 参见郑成良：《论法治理念与法律思维》，载《吉林大学社会科学学报》，2000（4）。
③ 参见宋功德：《建设法治政府的理论基础与制度安排》，5 页，北京，国家行政学院出版社，2008。
④ 参见陈新民：《德国公法学基础理论》上册，81 页，济南，山东人民出版社，2001。

中。在法治社会，任何政府的权力都必须要由法律所规定，法无明文允许即为禁止，公权力的内容、行使等必须都纳入法治的轨道。对公权进行控制主要应当包含如下内容：一是公权的范围法定。权力的产生来源于法律，公权力产生的基础和依据来源于宪法和行政法的授权，公权力不是没有边界的，界定公权力的边界也就是确定公权力的范围。二是公权力的行使合法，公权力介入社会生活的范围和强度也应当受到限制。三是公权力受到制衡和监督。习近平指出，"没有监督的权力必然导致腐败，这是一条铁律"。因此，全面推进依法治国，必须以规范和约束公权力为重点。通过法治规范行政权行使、防止行政权扩张、转变政府职能，使权力的运行公开化、透明化、合法化。国家治理的一个重点在于建设法治政府，只有政府带头依法行政，才能有效地带动全社会依法行事，从而使国家能够依照法律进行治理，实现治理手段的法治化、现代化。

第三，法治有健全的维权机制。"保障私权"是现代法治的核心内容之一，权利和法本身具有天然的联系，罗马法的"Jus"以及德语的"Recht"、法语的"Droit"，既可以翻译为"法"，也可以称为"权利"。权利和法往往被认为是同一事物的两个方面，如同镜子的两面一样，法律的主要功能在于确认权利、分配权利、保障权利、救济权利。法律规定了权利的范围，权利实现本身也是法律实现的重要体现。马克思说，"法典就是人民自由的圣经"，"不是人为法律而存在，而是法律为人而存在"[①]。因此，

---

① 《马克思恩格斯全集》，第1卷，71、281页，北京，人民出版社，1956。

健全的维权机制也是法治的重要内容。一方面，法律全面确认了公民的各项权利，这就界定了公民自由和利益的边界，同时也确定了公民权利行使的规则，保障公民的权利其实就是保障公民在法律规定下的自由，权利越能够充分实现，也就越能够彰显个人的自由。通过保障个人的权利和自由，也就实现了法律保障个人安全的价值，从而能够激活主体的活力，形成人们创造社会财富源源不断的动力。例如，正是通过《物权法》充分保护个人的物权，才能形成"恒产"，并使人们具有创造财富的"恒心"。另一方面，法律有健全的权利保障机制，能够使公民对抗来自其他人包括来自公权力机关的不法侵害。权利不仅是个人向他人主张的一种利益，而且是国家机关和国家一切权力运作必须遵守的界限。法谚有云，"救济走在权利的前面"，在公民的权利受到不法侵害时，法律应能够提供有效的救济。健全的维权机制有利于激励公民积极参与社会治理。尤其应当指出，充分保障个人权利，实际上就是维护了最广大人民的利益。健全的维权机制有利于最大限度地保障公民权利，从而更好地实现国家治理的目的。

第四，法治包含社会自治的内涵。社会自治是人民群众对一些公共事务的自我管理、自我约束，它也是基层民主的重要体现。例如，业主通过业主大会和业主委员会对各类业主事务的管理。社会自治与政府管理都属于社会治理的基本形式，二者相辅相成。法治应当妥当处理社会自治与政府管理之间的关系，不应当过度强调政府管理而忽视社会自治。当然，法治背景下的社会自治应当是依法自治，即相关的社会组织和民间组织应当按照法律的规定管理相关的公共事务，决定相关法律关系的发生。依法自治最为典型地体现为民法所贯彻的意思自治理念，通过合同、章程等方式治理，充分尊重个人的自主自愿，尊重个人依法对其私人生活的自主决定和自我安排。依法自治有利于最大限度地尊重个人的意愿和主体地位，激发社会活力，有效地弥补政府管理的不足。

第五，法治是程序治理。法治也是程序之治。一方面，任何权利只有通过法律程序保障，才具有意义，否则将很难真正实现。在权利受到侵害以后，一旦当事人将争议提交法院，意味着人们在通过一种合法的途径寻求实现正义。因为存在独立、公正的第三者裁判，在很大程度上，司法机关是维护社会正义的最后一道防线。另一方面，程序本身具有公正、正义的价值。正当程序（如由独立第三者裁判、回避程序、听证程序、辩论程序等）可以使当事人能够充分、理性地表达诉求，给了每个当事人辩护的机会，进而有助于最大程度地澄清是非曲直，从而达到更接近客观事实的目的。正所谓"真理越辩越明"，正当程序能够广泛地凝聚共识，避免偏听偏信，也给参与程序的当事人充分表达意见的机会。"任何人在受到不利影响之前都要被听取意见"是自然正义的根本要求，其目的在于保障案件当事人参与裁判过程、表达自身意志的权利。这也有利于保障个人对其行为的合理预期，而尽量避免决策的非理性和情感化[①]，实现社会安定有序。还要看到，通过司法程序解决纠纷，可以尽量消除前述个人决策解决纠纷过程中的信息不对称、理性有限、避免个人恣意等弊端。在司法程序运行过程中，法官应当认真听取双方的

---

① 参见季卫东：《法律程序的意义——对中国法制建设的另一种思考》，载《中国社会科学》，1993（1）。

意见。这就使得法官能够尽可能多地了解与案件事实相关的各种信息，避免法官任意性裁判的发生。程序的公开也会避免暗箱操作，防止对任何一方当事人有所偏袒。一旦法官与其中一方当事人存在利害关系，则应当按照法定程序进行回避，这就保证了司法裁判的独立性与公正性。正当程序还可以有效降低双方当事人寻求救济的成本，为当事人寻求救济提供有效的技术性保障。此外，正当程序还有利于各方当事人有效地表达诉求，寻求救济。依据司法程序寻求正义是实现法治的必然途径。

第六，法治注重软法治理。在现代社会中，法律的内涵越来越宽泛，不限于硬法，还包括软法。按照学者的观点，软法是指"以文件形式确定的不具有法律约束力的、但是可能具有某些间接法律影响的行为规则，这些规则以产生实际的效果为目标或者可能产生实际的效果"[1]。例如乡规民约、业主规约、行业协会的规则、学者拟订的一些示范法（最典型的是罗马统一私法协会制定的《国际商事合同通则》等）。软法具有多样性、灵活性以及不断变动性等特征，这有利于克服硬法的滞后性等不足；而且软法具有开放性、参与性、灵活性等特征，这也有利于减少谈判和协商的障碍[2]，降低国家治理成本，提高治理效率，从整体上提高国家治理体系的科学性和正当性。此外，软法治理也有利于市民社会的培育，实现国家治理和行业自治的良性互动，从而不断推进国家治理的现代化。从实践层面来看，纠纷解决规范具有多

---

① Linda Senden, Soft Law, Self-Regulation and Co-Regulation in European Law: Where Do They Meet?, Vol. 9 *Electronic Journal of Comparative Law*, January 2005. 转引自罗豪才、毕洪海：《通过软法的治理》，载《法学家》，2006（1）。

② 参见罗豪才、毕洪海：《通过软法的治理》，载《法学家》，2006（1）。

层次性，在社会治理中应当鼓励社会自治，即鼓励公民或社会组织以行业协会规则、乡规民约以及业主规约等方式，实现社会的多层次治理。例如，在互联网治理中，应当充分发挥行业自治的作用，通过制定行业规则、行业章程等方式，充分发挥互联网行业的技术优势、管理优势等。

人民的福祉是最高的法律，一个国家的治理体系是否成功，关键看其能否保障社会公平正义，增进人民福祉。在我国，实现党的领导、人民当家做主和依法治国三者的有效统一，促进法治国家、法治政府、法治社会"三位一体"建设，都是为了实现国家富强、民族振兴、人民幸福。法治是社会长治久安的根本保障。法治本质上具有稳定性和长期性，有利于提高人们行为的可预期性，可以有效构建稳定的社会秩序，促进人际关系的和谐，保障社会发展的稳定性和有序性。法律不会因人而异，因人而废。历史经验证明，只有实行法治，才能保障国家稳定、社会长治久安。

二、何为法治

党的十八届四中全会决定提出了全面推进依法治国的总目标和具体任务。该报告提出"法律是治国之重器，良法是善治之前提"。其中关于良法、善治的概念，表达了法治的核心含义。

什么是法治

要准确全面地回答"中国为什么要建设法治体系和法治中国"这一重大问题，首先应确定法治的内涵，因为这是一个多义的概念，语义取舍不当将直接导致方向性的错误。从历史上看，法治"Rule of Law"一词形成于 13 世纪的英国，在著名法官柯克与国王查理二世的争论中，柯克提出"法律是国王"的论断，这在实质上触及了现代法治的基本内涵，即法律至上。"法治"

一词在其他西方国家表达中有所不同，如在德国、法国均表述为
"法治国"（德语 Rechtsstaat；法语 Etat de droit），其与法治意蕴
大致相当。与此相比，尽管中国古代也有"以法治国"、"使法择
人"、"使法量功""任法而治"、"唯法而治"等表述，但正如沈
家本先生在其《新译法规大全序》中所指出的，这种法制与现代
法治只是形式相似，无法掩盖二者在"宗旨"即精神内核方面的
区别。法家所说的法制，其实是专制主义统治的工具，正如黄宗
羲所说："然则其所谓法者，一家之法，而非天下之法也。"[①] 因
此其与现代意义上的法治存在本质区别，故而，严格地说，现代
法治理念主要还是来源于西方[②]，虽如此，在中国语境下法治又
必须符合中国的国情和现实需要。

　　法治是指法的统治，它是依据法律治理国家和社会的方略和
状态。一方面，法治是一种治国方略，上自国家事务，下至私人
生活，都应当以法律为准绳；另一方面，法治是一种国家治理的
目标，即依法治理的良好状态和结果。古人所说的"天下大治"，
"法者，治之端也"（《荀子·君道篇第十二》），也表明了"治"
包含社会状态层面的含义。此处的"治"强调法治的目的和意
义，即建成法治国家、法治政府、法治社会，实现国家长治久
安、社会稳定有序、人民生活幸福。"法治"与"人治"不同。法
治的本质是依法治理，其在形式上要求具备"依法办事"的制度
安排及相关的运行机制，在实现途径上，要求"有法可依，有法

---

　　① 黄宗羲：《明夷待访录》。
　　② 根据学者考证，"法治国家"一词是清末时从日文翻译而来，例如，1906 年，朱少濂
就翻译了木喜德郎（讲述）的《法治国主义》。参见韩大元：《中国宪法文本中"法治国家"
规范分析》，载《吉林大学社会科学学报》，2014（3）。

必依，执法必严，违法必究"，其内涵主要包括"良法"与"善治"，其在价值层面上则体现为法律至上、制约权力、保障权利、程序公正、良法之治等法律精神和价值原则。

笔者认为，从价值层面看，法治的基本内涵主要包括如下几个方面：

一是法律至上。法律至上就是要将法律树立为社会生活的最高行为准则，任何个人和组织都不能享有超越法律之上的特权。这正如托马斯·富勒所言："你从不那么崇高，法律在你之上。"[①]在现代民主法治国家，法律在总体上反映了人民群众的根本利益，我国实行人民主权原则，坚持法律至上就是坚持人民意志至上、人民利益至上。反之，如果缺乏法律至上的观念，个人或组织可以随意地在法律之外决策和行动，则从根本上违背了人民的意志和利益。

二是良法之治。古希腊哲学家亚里士多德指出，"法治应当包含两重意义：已成立的法律获得普遍的服从，而大家所服从的法律又应该本身是制定得良好的法律"[②]。这是探讨法律在价值上的正当性的最早主张。尽管学理上也曾有"遵守法律，即使恶法亦然"的说法[③]，但其主要强调法律的权威性及其普遍适用性对于法律实施的意义，并没有否定良法的重要性。既然法治是依法治理，那么，只有良法才能最大限度地得到民众的认同，最大程度地发挥法治的效力。良法应当反映最广大人民群众的意志和利

[①] ［英］汤姆·宾汉姆：《法治》，毛国权译，5 页，北京，中国政法大学出版社，2012。
[②] ［古希腊］亚里士多德：《政治学》，吴寿彭译，202 页，北京，商务印书馆，1965。
[③] 参见［葡］孟狄士：《法律研究概述》，黄显辉译，147 页，澳门，澳门大学法学院，1998。

益，符合公平正义要求，维护个人的基本权利，反映社会的发展规律。良法应尽量减少对人们行为自由的不合理约束，拓宽人们自主决策和生活的空间。法律是治国之重器，良法是善治之前提，法治本质上就要求良法之治。"良"不仅是道德层面的善良，而且是价值、功能层面的优良。只有良法才能最大限度地得到民众的认同，并得到切实的遵从。

三是人权保障。人权是指人之所以为人所必须享有的权利，其反映了人在社会和国家中的基本地位。按照马克思主义的观点，人的本质"在其现实性上"是"一切社会关系的总和"[①]，其中包括经济关系、政治关系、文化关系及其他社会关系，因此，人权是人在一切社会关系和社会领域中地位和权利的"总和"，其中包括社会权利、经济权利、文化权利、政治权利以及人身权利。[②] 人权保障是法治在内容上判断法律是否是良法的标准，也是法治最基本的价值目标。如果法律缺乏人权保障的内容，即便有法，也可能是恶法之治。在我国，人权作为人最基本的权利集合，体现了人民群众的根本利益和意愿。因此，促进和保障人权也是我国社会主义制度的根本任务。构建法治社会的终极目的是实现个人的福祉，因而法治也必然要以保护人权作为其重要内容。保障人权既能维护个人自由和尊严，又能有效地防止政府的侵害，从而规范公权，这也是法治的内在含义。我国《宪法》将尊重和保障人权作为一项基本原则加以确认，也充分体现了现代法治的精神。

---

① 《马克思恩格斯选集》，3 版，第 1 卷，135 页，北京，人民出版社，2012。
② 参见董云虎等：《世界人权总览》，30 页，成都，四川人民出版社，1991。

　　四是依法行政。在法治社会中，最高的和最终的支配力量不是政府的权力而是法律，政府因此也必须依法行政。一个成熟的法治社会，不仅要通过法律约束老百姓，更要约束官员，并有效制衡公权力。政府的公权力，特别是行政权，直接针对具体的社会生活，与人民群众的利益具有最密切的联系。而政府所享有的行政权具有强制性、单方性、主动性、扩张性等特点，一旦失去了约束，将严重威胁甚至损害处于弱势一方的公民合法权益，妨碍社会的和谐有序。依法行政要求政府依法履行职责，最终就是为了将公权力关进制度的笼子里，让人民有效地监督政府，最大限度地防止或减少公权力运行的副作用，使公权力的行使最终造福于国家与人民。

　　五是司法公正。古人说："徒法不足以自行"，法律必须在实践中得到严格的适用才能发挥其效力，否则再好的法律也只能形同具文，这就要将"纸面上的法"（Law in Book）转化为"行动中的法"（Law in Action）。而法律要准确适用，离不开司法公正。在现代市场经济中，平等主体之间的纠纷有多重的解决机制，如协商、调解、谈判、仲裁等，但从纠纷解决的权威性和终局性来看，由独立、中立、享有公共权力的司法机构来解决纠纷无疑是最佳选择，而这个机构就是法院。申言之，法治不仅意味着法律的至高无上和依靠良法治理，还应经由公正的司法活动来贯彻实施。公正的司法，不仅在于惩恶扬善，弘扬法治，同时也是对民众遵纪守法的法治观念的教化，是对经济活动当事人高效、有序地从事合法交易的规制。司法公正固然需要有司法的独立和权威的保障，需要体现实体上的公正，还需要实现程序公正，即司法必须在法律程序内运作，必须有一套法定、公开、公正的解决社会各种利益冲突的程序。

还应指出的是，按照一些西方学者的观点，法治有形式意义和实质意义之分，或者称为"薄维度"（Thin）和"厚维度"（Thick）之分，前者体现了富勒所说的法律的一般性、公开性、预见性、明确性、一致性、可适用性、稳定性和强制性，后者则强调法律的价值和实体性正义，尤其是强调与政治民主制度之间的联系。[①] 一些研究中国问题的外国学者认为，中国的法治是一种"薄维度"的法治。[②] 笔者认为此种观点不当。一方面，我国的法治不是对西方法治的简单复制，而是以社会主义基本经济制度和政治制度为基础，坚持中国共产党的领导，坚持社会主义政治制度的特点和优势，符合我国国情和当前基本经济与社会状况的需要，因而不能完全用西方的标准来判断我国法治实践成功与否。另一方面，我国实行的社会主义制度和实现法治国目标是一致的，社会主义制度就是要充分保障人民的民主权利，维护其参与国家政治和制定法律的权利，并在得到全体公民认可的法律下依法治理国家，规范国家公权力，保障人民利益，这和法治的内涵是完全一致的。因此，我国政治语境下的法治并非是"薄维度"的法治。当然，中国的法治有待进一步的发展和完善，这也是我们法律人未来的共同奋斗目标。

"奉法者强则国强"（《韩非子·有度》），厉行法治体现了广

---

① See Lon L. Fuller, *The Morality of Law*, New Heaven: Yale University Press, 1976, Chapter 3.

② See Randall Peerenboom, *China's Long March Towards Rule of Law*, Cambridge University Press, 2002, pp. 2 - 6.

大人民群众的共同意志，凝聚了广大人民的共识。在我国，法治既是一种伟大的社会实践，又是一种崇高的社会理想，它激励我们为实现法治社会而不断追求、努力。在相当长的时期内，法律作为社会治理的基本模式并未完全取得"至上"的地位，这也导致社会生活中一些无序现象的产生。由"人治"向"法治"转型，是中国历史发展进步的必然趋势，也是实现国家长治久安、人民生活幸福的根本保障。

法治：良法与善治

"法治"的理念可追溯至古希腊哲学家亚里士多德，在其著作中曾提到过作为多数人的统治方式，"法治应当优于一人之治"①。在我国，法治一词最早出现在《礼记·乐记》，"然则先王之为乐也，以法治也。"千百年来，人们对"法治"一词有许多种解读，诸如"条文之治"、"规则之治"、"良法之治"等，但笔者个人更倾向于将其解读为"良法善治"。正如亚里士多德所指出的："法治应当包含两重意义：已成立的法律获得普遍的服从，而大家所服从的法律本身又应该是制定得良好的法律。"② 当前，这种含义的法治已被广泛接受。从这一概念出发，法治的内容主要可以概括为两个方面，一是良法，二是善治。

---

① ［古希腊］亚里士多德：《政治学》，吴寿彭译，171 页，北京，商务印书馆，1965。
② ［古希腊］亚里士多德：《政治学》，吴寿彭译，202 页，北京，商务印书馆，1965。

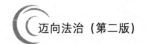
（一）良法（Good Law）是法治之前提

"立善法于天下，则天下治；立善法于一国，则一国治。"①法治本身不仅是规则之治，而且必须是良法之治，"良"不仅是道德层面的善良，而且是价值、功能层面的优良。关于何为良法，众说纷纭。形式法治派认为只要是按照民主程序得到全体国民一致同意的法律就是良法；而实质法治派则认为，只有体现了民主精神、公平正义，维护了人的尊严，才是良法，那些反人类、反人道、反民意的法不能叫做良法。这两种看法都不无道理，但是判断一个法律是否为良法，主要应从内容的角度进行判断。尽管学理上也曾有"遵守法律，即使恶法亦然"的说法，但其主要强调法律的权威性及普遍适用性，而没有否定良法的重要性。例如，纳粹政府在统治期间颁布的法律，许多都具有反人类的特点，这些恶法并非法律，纳粹战犯不能以其行为属于依法执行法律作为抗辩。

法治的精神不仅在于依"法"而治，而在于依"良法"而治。法治发展的历史经验表明，单纯依"法"而治是无法实现"善治"的。正如习近平同志所指出的：不是什么法都能治国，不是什么法都能治好国。要实现"善治"，除了具备规则、逻辑体系的一致性、完整性的"形"之外，法律的价值基础还应当具有正当性、合理性的"神"，因而，"神"、"形"兼具的法才是良法，才能真正实现善治。

---

① 王安石：《周公》。

在法治体系建设中，首先应当强调以良法为基础和前提。诚然，法治首先要做到有法可依，建设中国特色社会主义法治体系，必须坚持立法先行，发挥立法的引领和推动作用。但是，有法可依也并非是对立法速度和规模的要求，而更重要的是对立法质量的要求。在全面推进依法治国方略的过程中，有一种观点认为，立法多多益善，只有事无巨细均纳入法律治理，才能实现依法治国。其实，立法并非是多多益善的，繁杂但又不实用的法律，不仅会耗费大量的立法成本，也会使有些法律形同虚设，影响法律的权威和民众对法律的信仰。古人云："法令滋彰，盗贼多有"（《老子·道德经》），正是反映了这一道理。现在，西方学者已经开始反思社会的"过度法律化"问题，哈贝马斯称其为法律"对于人类生活世界的殖民化"①。过多的法律可能会使得人们在规范选择面前变得无所适从，法官的法律适用也变得困难。所以，法律不在多，关键在于制定良法。

什么是良法？按照亚里士多德的观点，不是根据全国的利益，而只是根据部分人的利益制定的法律不是真正的法律。② 也就是说，良法应当是符合正义和善德的法律。在这一点上，亚里士多德和柏拉图的思想基本是一致的，即强调法律应当符合道德准则。古典自然法学派认为，良法是符合自然法的法律，法律的效力来自其合道德性。古罗马法学家认为，自然法具有先验性，其主要反映一种自然的规律。自然法是实定法的准则和依据。如

---

① Habermas, "Jürgen (1987a) The Theory of Communicative Action", Volume 2, *System and Life world: A Critique of Functionalist Reason*, Boston, MA: Beacon Press.

② 参见石茂生：《论法治概念的实质要素——评亚里士多德的法治思想》，载《法学杂志》，2008（1）。

果实定法不符合自然法，那么它就不是真正的法律，"不公正的法律就不属于法律"（lex iniusta non est lex）。与自然法相冲突的法律实际上失去了道德的拘束力。从这一意义上说，自然法实际上起到了检验实定法正当性的作用。然而，以奥斯丁、凯尔森、哈特、边沁等为代表的分析法学派虽然也从伦理道德角度观察法律，但其认为，法律的本质不在于它符合某种普遍性的道德价值，而在于它是由社会权威机关制定或认可的。因此，主张"恶法亦法"。这就形成了形式法治观和实质法治观的区别。

按照十八届四中全会决定，良法"要恪守以民为本、立法为民理念，贯彻社会主义核心价值观"，要"符合宪法精神、反映人民意志、得到人民拥护"。所谓良法，是符合法律的内容、形式和价值的内在性质、特点和规律性的法律。良法的标准表现为三个方面：在法的内容方面，必须合乎调整对象自身的规律；在法的价值方面，必须符合正义并促进社会成员的公共利益；在法的形式方面，必须具有形式科学性。[①] 笔者认为，良法应当反映最广大人民群众的意志和利益，符合公平正义要求，维护个人的基本权利，反映社会的发展规律。良法要符合公正、平等、自由、民主等社会主义核心价值观的要求。在立法过程中，要坚持以民为本、立法为民，努力反映社会发展的客观规律，最大限度地反映人民群众的意志和利益。具体而言，良法至少应当符合以下标准：

一是反映人民的意志和根本利益。良法应当是最广大人民群

---

① 参见李桂林：《论良法的标准》，载《法学评论》，2000（2）。

众利益和意愿的反映，而不是地方利益、某一部门甚至是某一利益集团的产物。民之所欲，法之所系。要使每一项立法都反映人民意志、保障人民权利、得到人民拥护，努力避免立法的部门化和地方保护主义法律化倾向。在法律的制定过程中，各种利益诉求的争执与博弈必不可少，立法者应对此进行有序引导，按照一定的程序真正把最广大人民群众的意志和意愿反映在立法中。为了实现这一目的，在立法程序中，不仅要做到民主立法，也要"开门立法"，要把公正、公平、公开原则贯穿立法全过程，尽力扩大民众参与，充分听取各方面意见，广泛汇集民众的意见和智慧。要完善体现权利公平、机会公平、规则公平的法律制度，保障公民人身权、财产权、基本政治权利等各项权利不受侵犯，保障公民经济、文化、社会等各方面权利得到落实，实现公民权利保障的法治化。

二是反映公平、正义等价值追求。真正的良法应当有坚实的价值根基。完备的法律规范体系应当统一地贯彻社会主义法治的基本价值，其中，最关键的是在法律中充分贯彻公平、正义的价值理念。这就是说，在立法中要恪守以民为本、立法为民的理念，贯彻社会主义核心价值观，每一部单行法律、每一个条文都应当体现公平正义的要求。"法乃公平正义之术"，正义首先是一个法律范畴，也是法律的基本价值，没有正义就没有法律。在西方语言中，正义常常与法律是同一个词。许多西方思想家认为，正义是法的实质和宗旨，法只能在正义中发现其适当和具体的内容。在这点上，东西方的看法是一致的。中国古代"法平如水"、"法不阿贵"等，都表达了同样的思想，即法律应当以公平、正义等价值基础为其正当性的来源，并且以实现公平正义为其主要目标。所以良法首先要以正义为价值核心。

三是符合社会发展规律。法律本身是一种社会现象，应当能够起到维护社会秩序、保障社会安定有序的功能，其必须有效反映社会发展、演进的规律，并通过完善的立法技术将这些规律整合为法律规则，并最终促进社会发展。为此，必须强调科学立法。立法本身是一门科学，要求立法者能够按照科学的要求，准确把握社会经济的规律，对未来的发展作出一定前瞻性的预见，并且能够引导市场秩序朝着一个正确的方向发展，而不是盲目地交给市场这个无形的手去控制。同时，要做到重大改革于法有据，发挥立法对改革和经济社会发展的引领和推动作用。在改革过程中，立法应当具有一定的前瞻性，成为引领改革的推动力，要变"政策引领"为"立法引领"，而不只是事后确认改革成果。这就要求立法必须做好顶层设计和总体规划，做好立法规划和立法决策。此外，立法还应当为未来的改革预留空间，避免对未来的改革设置过多的障碍。立法既要保持其适度抽象性，又要保持其可操作性。

四是要反映国情、社情、民情。"法非从天下，非从地出，发于人间，合乎人心而已"（《慎子·逸文》）。孟德斯鸠在《论法的精神》一书中认为：法的精神是支配人的规律，国家的自然状况、气候、生活方式、人口、风俗、习惯等都是决定法律的制约条件。所以，法律应当反映社会生活习惯，立法要成为管用之法，必须立足于中国大地，立足中国国情，解决中国的现实问题。同时，立法也要符合社情民意，法为人而定，非人为法而生。每一个制度和体系安排，都要反映本国的历史文化传统，符合社会的实际需要。法律作为一种社会生活规范，其本身就是要追求良好有序的社会效果。要充分发挥法律调整社会生活的效果，必须要密切联系实际，解决现实存在的问题。自改革开放以来，我国的经济发展取得了巨大的成就，但也因此产生了贫富不均、社会冲突加剧、环境恶化等问题。这要求我们要根据现实问题加强立法，以适应社会发展的需要；要根据国情、社情与民情的发展变化而不断修改和完善法律；要根据社会的变化坚持立、改、废、释并举，以增强法律、法规的及时性、系统性、针对性、有效性。

五是具备科学、合理的体系。法律只有实现外在规则体系的一致性、内在价值体系的一致性、逻辑上的自足性以及内容上的全面性，才能够发挥法律应有的调整社会生活的作用，其各部分内容应当相互协调、相互配合，而不能相互冲突。良法要求基本覆盖社会生活的基本方面，实现社会的规则治理，同时实现法律与道德、习惯以及社会自治规则等方面的分工与协调，形成完备、融贯、科学的规则系统。大道至简，法贵简约，法律在表述上也应当具有明确性、准确性、简洁性。

六是符合法定程序，具有程序正当性。法律是全民意志的反映，其必须具有程序正当性。即便法律的内容属于良法，但如果在创制程序上有瑕疵，也不符合良法的标准。

"法令者，民之命也，为治之本也"（《商君书·修权》）。良法要求法律规则的制定应当从广大人民群众的根本意志和利益出发，法律规则的设计应当科学、合理，符合国情、社情、民情，最根本的是要符合公平正义的价值理念。立法贵在精益求精，良

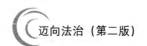
法要求把每一部法律真正打造成能够在社会生活中发挥重要调整作用的精品。

（二）善治（Good Governance）是法治之目标

"治民无常，唯法为治"（《韩非子·心度》）。法治追求的目标并非仅仅是获得良法，而关键是通过良法之治实现"善治"。中国几千年的历史中，有的阶段政通人和、百业兴旺、路不拾遗、夜不闭户，被称为"盛世"。一般认为，这已经是善治。《史记·商君列传》描述商鞅变法之后的秦国社会形态："道不拾遗，山无盗贼，家给人足……乡邑大治。"这其实也是当时善治的理想状态。盛唐时期，民富国强，"牛马遍野，百姓丰衣足食"，四海升平，八方宁靖，经常被史学家称为"大治"。实际上，社会发展到今天，善治的标准并不完全一样。我国历史上出现过"文景之治"、"贞观之治"、"开元盛世"、"康乾盛世"等，表明与同时代其他地区或者与此前的社会发展相比，当时的社会经济发展水平达到了较高的程度，这在社会治理层面无疑是成功的，也使得中华文明曾经在世界上长期处于领先地位。今天我们要实现中华民族的伟大复兴，毫无疑问要从古代的治国理政中吸取经验，承继古代善治的思想，但同时也要关注现代社会经济发展和民主法治发展的趋势，深化善治的内涵。

何为善治？联合国亚太经济社会委员会在其发布的《什么是善治》中，对于善治提出了八项标准，分别为共同参与（Participation）、厉行法治（Rule of Law）、决策透明（Transparency）、及时回应（Responsiveness）、达成共识（Consensus Oriented）、平等和包容（Equity and Inclusiveness）、实效和效率（Effectiveness and Efficiency）、问责（Accountability）。① 笔者认为，"善治"中的"治"包含以下双重含义：一是指一种治理的方式和模式。作为一种治理模式，善治本身是良法之治。其核心内容就是要全面推进依法治国的方略，把法治真正作为治国理政的基本方式，真正实现国家治理的现代化。二是指一种秩序、一种状态、一种结果。所谓"天下大治"指的就是"善治"，其最终目的是实现人民生活幸福、社会和谐有序以及国家长治久安。建设一个政治开明、经济发达、人民幸福、国泰民安的法治国家就是现代社会对善治的定义。作为一种治国理政的方略，善治应当包括如下几个方面的内容：

——善治是民主治理。善治的关键是实现全体公民共同参与国家和社会的治理，而在现实社会中，民主是此种参与的最佳方式。民主治理正是我们所说的"善治"与封建社会善治的根本区别所在。1945 年，毛泽东同志在回答黄炎培先生关于如何使国家政权跳出历史周期律的提问时，明确指出："只有让人民来监督政府，政府才不敢松懈。只有人人起来负责，才不会人亡政息。"我国是社会主义国家，国家和社会的治理本质上应当是人民群众当家做主，依法管理国家、管理社会。只有最广大人民群众参与国家治理，才能在最广泛的范围内汇集民众智慧，提高国家和社会治理的科学性，并使此种治理符合最广大人民群众的根本利益。我国《宪法》第 2 条规定："中华人民共和国的一切权力属于

① See United Nations Economic and Social Commission for Asia and the Pacific, *What is Good Governance*? see http：//www. unescap. org/resources/what-good-governance.

人民。"民主需要一定的制度保障，这就要求将民主法治化。在中国共产党的领导下，全国人民通过人民代表大会，将自己的意志转化为国家的法律，并通过法律切实保障人民群众依据宪法和法律所享有的治理国家的权力。所以，依法治国与人民当家做主密不可分。一方面，法治以民主为前提，依法治国要坚持人民的主体地位，在民主基础上的法治才是真正的人民的法治，否则就只是所谓少数人的"法治"。所以，民主是依法治国必备的政治基础。另一方面，民主又必须依靠法律保障。人民群众管理国家和社会都是通过宪法和法律规定的权限与程序进行的。民主的完善必须要通过法律使其制度化和程序化，并由法律提供充分的制度保障。① 总之，离开民主搞法治，会使法治丧失根基，无法真正建立法治国家；而离开法治搞民主，必然会导致社会混乱无序，甚至出现无政府的混乱状况，也无法真正实现民主。所以，推进依法治国的战略方针必须与社会主义民主政治的建设相配合、相协调。

——善治是依法治理。德国著名法哲学家拉德布鲁赫有句名言："民主的确是一种值得赞美之善，而法治国家则更像是每日之食、渴饮之水和呼吸之气。"② 这就是说，仅仅强调民主并不能自然实现法治。要实现社会有效治理，需要在民主的基础上全面推进法治。依法治理的内涵非常丰富，一是全面推进法治国家、法治政府、法治社会的建设。只有通过法律对公权力进行规范和

① 参见李林：《当代中国语境下的民主与法治》，载《法学研究》，2007（5）。
② ［德］拉德布鲁赫：《法律智慧警句集》，舒国滢译，49 页，北京，中国法制出版社，2001。

约束，才能真正保障私权利。在此意义上，法治要从根本上约束和限制公权力，为公权力套上"紧箍咒"。一个成熟的法治社会，不仅要通过法律约束老百姓，更要约束官吏，并有效制衡公权力，在私权受到公权力的侵害之后，法律应当对其提供充分的救济。① 总之，只有建立法治政府，才能真正将权力关进制度的笼子中，也才能切实保障公民的合法权益不受侵害。二是要利用法治有效化解社会矛盾，维护社会安定有序、长治久安。要实现社会的和谐稳定，需要通过法治解决纠纷，化解矛盾，平衡利益冲突。现阶段社会贫富之间的矛盾、官民之间的矛盾，以及各种社会纠纷，并非不可调和的冲突，应当通过法治的手段加以解决。法治的优点在于，它通过规则之治，使人们通过具有平等性、交涉性、公开性和可预期性的程序规则解决矛盾和冲突，法治就是现代社会化解矛盾、解决冲突最有效的方式。三是要依法保障人权，保障民生，维护全体社会成员的基本权利。人民生活幸福，不仅意味着人民安居乐业，物质生活幸福，还包括使个人生活在自由、平等、安全的法治环境中，人人活得有尊严。因此，保障人权和全体社会成员的其他基本权利、保障民生也是善治的基本内容。

——善治是贤能治理。所谓贤能之治，是指注重选择贤能参与国家和社会治理。我国古代的善治主要是贤能治理，即主要强调选举贤能的人来治理国家。儒家学说的核心即在于"举贤才"（《论语·子路》），即选贤任能、贤人治理。贤能一般是指有德有

---

① 参见宋功德：《建设法治政府的理论基础与制度安排》，5 页，北京，国家行政学院出版社，2008。

才、德才兼备的"君子"。孔子说："君子尊贤而容众，嘉善而矜不能"（《论语·子张》）。孟子则强调"尊贤使能，俊杰在位"（《孟子·公孙丑上》）。在西方，柏拉图将"哲学王"治理尊为最理想的治理选择，他认为："除非哲学家成为我们这些国家的国王，或者我们目前称之为国王和统治者的那些人物，能严肃认真地追求智慧……"① 这种观点与我国古代的贤能之治异曲同工。笔者认为，古代的贤能之治在本质上属于人治而非法治，不能将此种善治等同于当今法治时代的善治，但这不意味着我们要将贤能之治排除在外。事实上，贤能之治也是现代法治社会中善治的一部分内容，因为善治的主体仍然是人，这些人应当真正具有治理国家的能力、较好的道德品行和较高的素质。要实行贤能之治，就必须真正施行科教兴国、人才兴国战略，开启民智，培育人才，并完善人才评价、选拔和任用机制，真正使个人学有所用，人才各得其所、人尽其用、人尽其才。个人才能得到充分施展，个人智慧得到充分发挥，个性得到全面发展。

——善治是社会共治。当今社会，因全球化的推进和社会经济生活的发展变化，国家治理和社会管理的理念也在发生深刻的变化，主要体现为从传统上单纯的统治（Government）理念转向治理（Governance）理念，从单纯依赖政府的管理转向多种社会治理方式的结合。② 国富民强、社会长治久安需要各种社会治理方式和治理机制的有效衔接与配合。为此，社会共治强调实现社

---

① ［古希腊］柏拉图：《理想国》，郭斌和、张竹明译，214～215 页，北京，商务印书馆，1986。

② 参见俞可平：《全球治理引论》，载《马克思主义与现实》，2002 (1)。

会自治与社会管理的有序衔接。在我国社会转型中出现的食品安全、环境污染、诚信缺失等问题，都是复杂的、综合性的社会问题，需要通过社会共治才能解决。习近平强调，治理与管理虽然仅一字之差，但其体现的是系统治理、依法治理、源头治理、综合施策。治理与管理存在本质区别，表现在：一方面，在管理模式下，主要强调政府的行政强制，而在治理模式下，要发挥全社会的力量，形成民众对社会治理的广泛参与，充分发挥私法自治的功能，激发社会的活力，推进社会组织的健康发展，实现政府治理与行业治理、居民自治的良性互动，形成国家治理与个人权利行使、保护之间的有序衔接。另一方面，管理具有单方性，是从政府的角度去对社会进行管理；而治理模式则具有多面性的特征，政府依法有权行使公权力，但需要运用协商和沟通的机制，充分反映协商民主的精髓，尊重民意、听取民声、反映民愿、吸纳民智，注重吸纳公众的广泛参与。总之，社会治理是综合了法治与其他治理机制的制度安排，是信息机制、决策机制、评价机制以及监督机制等各种机制的有机整体，按照此种社会共治的形式进行社会治理，是善治的基本方式。

——善治是礼法合治。中国传统社会的治国经验就是"礼法合治"、"德主刑辅"①。"礼"在我国有几千年的历史，对人们的行为有潜移默化的影响，其内化于心，外化于行，是我国古代治国理政的重要经验。在社会主义法治建设中，也应当注重发挥"礼"对人们行为的调整作用，以促进法律的有效实施，从而实

①　段秋关：《中国传统法律文化的形成与演变》，载《法律科学》，1991（4）。

现良好的社会治理效果。四中全会决定指出，坚持依法治国和以德治国相结合。一方面，要在全面推进依法治国的方略中充分发挥道德的教化作用。法律是最低限度的道德规则，其调整范围是十分有限的，大量的生活领域还主要依靠道德规则进行调整。国无德不兴，人无德不立。司马迁在《史记·太史公自序》也言："夫礼禁未然之前"而"法施已然之后"。这就是说，道德规矩重在对个人的行为进行事先的教化，重在对相关违法行为进行预防；而法律规则则主要是对违法行为进行制裁，主要是一种事后的预防。从今天来看，法律也要积极发挥预防和引导的功能，但社会的道德教化是法律能够有效实施的前提，法治本身就是一种规则之治，只有全社会人人诚实守信，崇尚道德，遵守规矩，才能奠定良好的法治基础。另一方面，需要充分发挥法律和道德的互动作用，以法治体现道德理念、强化法律对道德建设的促进作用，以道德滋养法治精神、强化道德对法治文化的支撑作用，使法律和道德相辅相成，法治和德治相得益彰。

（三）法治是良法与善治的有机结合

四中全会报告指出，良法是善治之前提，这就深刻地阐述了良法和善治的相互关系。从根本上说，法治就是良法和善治的有机结合。十八届三中全会提出，要推进国家治理体系和治理能力现代化。国家治理现代化的目标是治理的良善化，而治理的良善化依赖于治理的法治化。法治是一种与人治相对立的治国方略，法治是现代国家的重要标志，法治能力是最重要的国家治理能力。法治化既是国家治理现代化的重要标志，也是国家治理现代化的核心内容。在实现国家治理体系和治理能力现代化这一目标下，全面深化改革的重点之一，就是推进依法治国方略的具体落实。正是在这一背景下，党中央首次将依法治国确立为党的十八届四中全会的主题，而全会通过的关于"全面推进依法治国的决定"就与三中全会"推进全面深化改革的决定"形成了姊妹篇。全面深化改革的核心是全面推进依法治国，从而推进国家治理的现代化，实现善治的目标。法治是经人类社会历史证明最为有效的社会治理方式，要避免有法无治，应当将良法与善治结合起来。

首先，要以良法促善治、保善治。在中国古代社会，凡是所谓"盛世"时期，虽然主要是人治，但也有自成体系的法律制度。例如汉唐盛世期间，就形成了比较完备的法典。今天，我们要实现善治，必须充分发挥立法的引导作用。一方面，只有良法才能出善治。因为良法能够最大限度地得到民众的认同和遵守，从而最大限度地发挥法治的功效。需要通过立法规定相关的程序、制定行为规则、划定行为自由的界限等方式，达到合理配置社会资源、合理分配权利义务、明确权力与责任等目的。只有制定了良法，治理才有充分的依据。善治本身是规则之治，没有良好的规则，规则缺乏或者规则相互冲突均不能实现善治。另一方面，只有良法才能保善治。善治的应有之义就是厉行良法，善治的各项治理方式都必须靠良法来确认。良法所蕴含的公平正义等价值要靠善治而实现。"法立而能守，则德可久，业可大。"[1] 也

---

[1] 朱熹：《论语集注》。

就是说，只有确立法度并且严格坚守，事业才有可能壮大。法治所蕴含的良法价值追求与治理相得益彰。基于对"良法是善治之前提"的深刻认识，我们党提出，建设中国特色社会主义法治体系，必须坚持立法先行，发挥立法的引领和推动作用，抓住提高立法质量这个关键。善治就是要实现良法的价值，建立一个公平、公正的有序社会。

其次，善治以贯彻实施良法为核心。必须认识到，仅仅只有良法，不能当然实现善治，也不能实现法治。虽然我国法律体系已经形成，但法律体系只是强调立法层面问题，并没有强调法律的实施及其实效，只有在法律体系得到有效实施之后，才能形成法治体系。因此，四中全会提出建设法治体系的目标，强调如何将已制定出来的良法真正转化为行动中的法。"法令行则国治，法令弛则国乱"[①]，建设法治体系不仅要"形成完备的法律规范体系"，还要形成"高效的法治实施体系"、"严密的法治监督体系"和"有力的法治保障体系"。从法律体系迈向法治体系，实质上就是要实现善治。可见四中全会对依法治国方略提出更新的目标和更高的要求，彰显了我们党治国理政方式的重大转型，表明我国的依法治国蓝图已经进入了新的阶段。

最后，良法和善治必须有机结合，才能体现法治的基本内涵。良法之治也是善治要追求的目标。法治所蕴含的良法价值追求与善治相得益彰。推进治理能力的现代化、法治化，关键是实行良法善治，把法治理念、法治精神贯穿到政治、经济、文化、

---

① 王符：《潜夫论·述赦》。

社会和生态建设之中。要达到建设法治中国的目的，需要把"法治"作为是一种与人治相对立的治国方略，强调依法治理，其不仅要求具备"依法办事"的制度安排及运行机制，而且强调法律至上、制约权力、保障权利、程序公正、良法之治等精神和价值。依法治国、依法执政、依法行政应当共同推进。法治的精神最终都指向善治。今天，无论是化解经济发展过程中产生的利益冲突，突破改革中所遇到的阻力和障碍，还是解决因社会贫富分化所引发的不公平现象，摆脱权力失控所带来的腐败困扰，都需要法治在全社会落地生根。

良法和善治必将形成良好的秩序和状态。古人所说的"天下大治"，也表明了"治"包含社会状态层面的含义。此处的"治"强调其目的意义，这种状态的具体体现就是政治清明、社会公正、国泰民安、长治久安。建设法治国家，推进法治昌明，是党和政府的奋斗目标，是亿万人民的美好期盼，是实现中华民族伟大复兴"中国梦"的必然选择。四中全会描绘了法治建设的新蓝图，提出建设中国特色社会主义法治体系和社会主义法治国家的战略目标，并对依法治国方略实施的具体步骤作了全面部署和顶层设计，表明我国的法治建设已经进入新的历史阶段。

法治与法制

讨论法的概念，学界多年对于"水"治还是"刀"治，也就是要采用法治还是法制的概念，争议不休。在实践中，"法制"与"法治"这两个术语常常被交替使用。但党的十五大报告提出"依法治国"口号之后，"依法治国，建设社会主义法治国家"被写入宪法，上升为宪法确立的基本原则，"法治"的概念被宪法正式确认。四中全会提出了建设法治体系和法治中国的总目标之后，法治已成为正式的法律术语。

从字面含义上看，"法制"是法律制度的简称，属于制度的范畴，侧重描述一个国家或地区各项具体的法律制度，通常指代一个国家或地区现行法律规范的总和。法制主要从法律规则的层面强调法律体系的完整性，关注法的规范性和有效性。从历史发展来看，"法制"从法律出现伊始就存在了。其伴随着人类社会中国家的出现而产生，在奴隶社会国家治理中就已经存在。传说皋陶造狱、"画地为牢"时，法律就已产生；此后，法家主张"严刑峻法"、"执法公正"、"使法择人"、"使法量功"，即以法为最高准则，提倡"官不私亲，法不遗爱，上下无事，唯法所在"（《慎到·君臣》）。其实，中国古代也具有深厚的法制积淀，韩非子甚至提出"治民无常，唯法为治"（《韩非子·心度》），但却始终没有形成"法治"。其根本原因在于皇权至上，可以凌驾于既有法律之上；皇帝口含天宪，言出法随。故宫养心殿有一副对联："唯以一人治天下，岂为天下奉一人。"这也说明了，在封建帝王眼中，法律仍然不过是专制的手段和工具，国家处于虽有"法制"，但无"法治"的状态。

从思想发展史上看，"法治"的理念可追溯至亚里士多德，在其著作中曾提到过作为多数人的统治方式，"法治应当优于一人之治"。但亚里士多德并没有系统地提出法治的理论。严格地说，法治是资产阶级革命的产物，是资本主义时代才产生和确立的，所以，讨论法治一般都从近代西方资本主义法律中去寻找来源，尤其是从英国普通法能够约束王权等历史中探寻源头。从历史上看，法治"Rule of Law"一词形成于 13 世纪的英国，在著名法官柯克与国王查理二世的争论中，柯克提出"法律是国王"、"王在法下"的论断，这在实质上提出了现代法治的基本内涵，即法律至上。但学界一般认为，现代意义上的"法治"一词是由英国学者戴西（A. V. Dicey）所创。他在 1885 年出版的《英国宪法导论》一书中，多次提到"法治"一词，并对其进行了深刻阐述。按照戴西的观点，法治包含三层含义：一是对任何人的惩罚必须遵守法定程序；二是任何人平等地受到法律的约束，任何人无权超越法律；三是"法律至上"，这也是法治的核心特征。[①] 在欧洲其他国家，法治的概念采用了不同的文字表述，如在德国对应的是"Rechtsstaat"一词，在法国对应的是"Etat de droit"一词，意思是指"法治国"。这些概念与形成于普通法国家的"法治"概念并无二致，体现了相似的权力约束观念。

近现代以来，法治之所以被采纳为国家、社会治理的主要方式，是因为这种国家治理方式具有明显的优势。一方面，法治作为一种国家治理能力现代化的工具，是国家治理、社会治理的最佳方式。另一方面，法治也是现代社会治理国家的首选方式，因为其强调法律至上，进而使社会行为规则具有稳定性和可预期

---

① 参见［意］布鲁诺·莱奥尼：《自由与法治》，冯辉译，载《律师文摘》，2011（1）。

性，因为追求制约公共权力而充分保证公民的私权和自由，因为强调程序之治而能更好地保证实质正义的实现。

在我国，法治就是指依法治理。它是一种与人治相对立的治国方略或良好法律秩序，其形式上要求具备"依法办事"的制度安排及运行体制机制，实质上则强调法律至上、制约权力、保障权利、程序公正、良法之治的法律精神和价值原则。法治既是一种治国方略，又是一种国家治理的目标和所追求的价值。从广义上说，法治可以涵盖法制的概念。法治本身不仅要求良法之治，而且还要求法律制度的完备性和体系性。从这一意义上说，法制是法治在法律体系层面的基本要求。没有相对稳定的法律制度，也就无所谓依法而治了。但有了法制并不一定就实现了法治。后者作为一种国家治理和社会生活方式，有赖于人们对法律制度的普遍信仰和遵守。作为两个被翻译过来的概念，法制与法治的英文原词也反映了这样的区别：法制的英文为"Legal System"；而法治则是"Rule of Law"。更具体地说，法制和法治的区别主要体现在如下几个方面：

第一，对法律功能的认识不同。法制是一个国家或地区法律制度的总称，主要从法律规则的层面强调法律体系的完整性。法制将法律作为社会治理的一种工具，法律的地位并不是至高无上的，统治者可能基于不同的需要而对法律的功能进行调整，法律的地位也可能因此发生变化。而对法治而言，法律则具有至高无上的地位。

第二，所包含的价值不同。法制主要强调有法必依、执法必严、违法必究，强调规则必须遵守，而法治作为一种社会治理模式，则包含了约束所有公权力的内涵，这就意味着要运用法律约束国家、政府的权力，实现立法者在利益分配上的平衡。法治的固有含义，是以规范公权、保障私权为目的的。一是规范公权。法治主要是治官而不是治民，法治是一种控权的工具，而不是简单的管理老百姓的工具。二是保障私权。法治以保护老百姓的权益为其基本宗旨。当然，法治的内涵和价值是多元的，其应当遵循的准则也是多样的。例如，法律面前人人平等、良法之治、无法律则无行政、无罪推定、司法公正等。

第三，与民主制度的关系不同。法制自古有之，与民主之间并不存在必然联系，而法治则是近代社会发展的产物。法治以民主为基础，只有在民主的基础上，人民才能自主选择治理国家的模式，真正实现法治。法治是现代社会治理的主要方式。它体现的是按照大多数人民意愿治理国家，而不是按照单个人的意愿进行治理。这样一种治理模式能够避免个人的专断、臆断和武断。在我国，依法治国的主体是人民，人民才是治国安邦的决定力量和主体，人民当家做主的基本内容是人民有权管理国家事务，管理经济文化事业和社会事务，但人民管理这些事务都必须依法进行，所以依法治国的目标就是为了保障人民民主实现。按照法律办事，就是按照最大多数人的意愿来办事。

第四，是否属于治理的目标不同。法治不仅是一种社会治理方式，还有另外一层含义即意味着良好的治理状态和结果。从这个意义上说，法治也是社会治理所追求的目标。法治也体现为一种理想的状态，它是我们社会治理过程中不断追求实现的一种动态秩序，古人所说的"天下大治"，也表明了"治"包含社会状

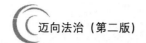

态层面的含义。所以，法治的"治"还具有目标价值，即建成法治国家、法治政府、法治社会，实现国家长治久安、社会稳定有序、人民生活幸福。相比而言，法制则是一种静态秩序，其可以为法治的含义所包含。

需要指出的是，我国社会主义法治不是对西方法治的简单复制，而是以社会主义基本经济制度和政治制度为基础，实行党的领导、人民当家做主和依法治国的统一。我国实行人民代表大会这一根本政治制度，不实行西方社会的"三权分立"模式。我国的法治建设始终立足于中国国情，走具有中国特色的社会主义法治道路。

总体上，我们之所以要区分法治和法制，就是要看到，现代社会所理解的法治是"以民主为基础和前提的法制"，有法制并不一定就意味着法治，而法治则需要具备健全法制的要素。应当说，我国正处于"法治"观念的塑造过程中。实践中也提出了许多口号，如依法治山、依法治水、依法治农、依法治省、依法治市等，毫无疑问，这都是推进法治的重要步骤。但这并不意味着我们实现了法治，依法而治与法治之间并不能完全等同，法治的内涵更为宽泛。因此，我们应当坚持《宪法》所确立的法治的概念，并按照四中全会所提出的建设法治体系和法治中国的目标，全面推进依法治国的基本方略。

法治与人治

人治主要是指以统治者的主观意愿来管理社会事务的治理模

式。人治本身是一种管理模式，实际上是指"一人之治"，个人可以凌驾于法律之上。古希腊思想家曾经就人治和法治展开过争论，柏拉图在《理想国》中认为，除非有哲学家成为国王，否则人类将永无宁日，不应该将法律条文强加于"优秀的人"①。"对于优秀的，把这么多的法律条文强加给他们，是不恰当的。需要什么规则，大多数他们自己会容易发现的。"② 柏拉图反对法治，他认为，人类的个性不同，行为也纷繁复杂，而法律无法规定出适合每一种特殊情况的规则，因此，法律就像一个"愚蠢的医生"③。而柏拉图的学生亚里士多德则认为，法治应当优先于一人之治，因为人都是自私的，即使再聪敏睿智，也难免失去理智而感情用事，因而把国家管理的希望寄托在个人身上，无异于"在政治中混入了兽性的因素。常人既不能完全消除兽欲，虽最好的人们（贤良）也未免有热忱，这就往往在执政的时候引起偏向"④，而"凡是不凭感情因素治事的统治者总比感情用事的人们较为优良，法律恰正是没有感情的；人类的本性（灵魂）便谁都难免有感情"⑤。法治可以秉公，而人治则容易偏私。因此，法律是最优良的统治者。法律是理性的体现，代表着正义，人们遵守法律实际上就是坚持理性和正义原则。柏拉图虽主张人治，但在其晚年，因其颠沛流离的经历，以及苏格拉底的死亡，使其丧失了对雅典和民主制度的信心，因而也开始重新思考人治，在其晚年创作的《法律篇》中，提出了一系列重要的法治思想。

①② ［古希腊］柏拉图：《理想国》，郭斌和张竹明译，141 页，北京，商务印书馆，1986。
③ ［古希腊］柏拉图：《政治家篇》，294 页，北京，中国政法大学出版社，2003。
④ ［古希腊］亚里士多德：《政治学》，吴寿彭译，172 页，北京，商务印书馆，1965。
⑤ ［古希腊］亚里士多德：《政治学》，吴寿彭译，166 页，北京，商务印书馆，1965。

我国春秋战国时期曾经发生了"儒法之争"，其争议的一个重要内容就是，国家治理主要应当依靠法律还是道德教化和自身修为。儒家认为，治理国家主要应当依靠道德教化，法律只是起辅助作用，儒家主张维护"礼治"，提倡"德治"，重视"人治"。所以，孔子主张："道之以政，齐之以刑，民免而无耻；道之以德，齐之以礼，有耻且格"（《论语》）。"为政以德，譬如北辰（北极星），居其所而众星拱（环绕）之。""子为政，焉用杀，子欲善而民善矣。"因此，要用道德感召力来教化民众。儒家兴教化、施仁政，核心是以德治国。而法家则主张，以法治国，"不务德而务法"（《韩非子·显学》），"不别亲疏，不殊贵贱，一断于法"。法家重视法律，而反对儒家的"礼"。法家认为，法律可以"定分止争""兴功惧暴"，富国强兵，保持国家稳定。正如韩非子所指出的，"任法而治"要排除一切人为的因素，以免"人存政举，人亡政息"。正所谓"废常上贤则乱，舍法任智则危。故曰：上法而不上贤"（《韩非子·忠孝》）。任人而治，则"千世乱而一治"，而任法而治，则"千世治而一乱"（《韩非子·难势》）。在人治下，"释法制而妄怒，虽杀戮而奸人不恐"；而依法而治，则"赏罚而无喜怒"，"有刑法而死无螫"（《韩非子·用人》）。

我国有几千年的人治历史，其中出现过许多盛世时期，如文景之治、贞观之治、康乾盛世等，并创造过灿烂的文化，在世界上产生了深远的影响。从历史发展的惯性规律上来讲，这种社会治理模式中有不少可援用的经验。基辛格在其新出版的《论中国》一书中提到，中国注重采用传统社会中的治国经验和智慧，这是一项可行的经验。但是，人类社会已经进入了现代化时期，过去的一些做法在今天显然已经不合时宜。比如，在封建社会，一个县官可以仅带着一两个随从去治理有着十余万人的大县。这与当时的农业社会"超稳定结构"、无讼的乡土观念以及农业社会的自治结构等是相适应的，但在现代社会显然是不可能做到的。从社会发展状况来看，在我国逐渐摆脱农业社会，进入工业社会乃至所谓后工业社会后，社会关系的性质与状况发生了重大的变迁，日益从原来的"熟人社会"演变为"陌生人社会"。在这一背景下，我们的现代化进程遇到了一些前所未有的矛盾和挑战，传统的农业社会和计划经济时代的治理结构很难适应和应对这些新生的矛盾，以法治为中心的"规则之治"对于社会的治理和发展便至关重要。

应当说，人治社会并不绝对排斥法律的作用，中国历史上也不乏"君臣上下贵贱皆从法"、"王子犯法与庶民同罪"等思想，礼法合治、德主刑辅的治理方式十分流行。但法治和人治的最根本区别何在？通过对法治与人治的对比分析，不难看出法治在社会治理功能方面有不同于人治的以下特性：

第一，法治具有明确性。法律的规定通过成文法或者判例的形式表现出来，其条文或者内容具有明确性，使人们清晰地知晓自己行为的后果，实现社会的规范和有序，这诚如荀子所云"君法明，论有常，表仪既设民知方"（《荀子·成相》），即规章制度设立后，人民了解，则方向明确。而人治是"一人之治"，即完全根据特定个人的判断、选择与决定来进行治理，往往由个人的言语发布命令、指令，其最大特点在于个人的随意性和内容的模糊性。而且，人治的决策过程不公开，在决策程序上就难以保证最终决策结果是科学合理的。

第二，法治具有可预期性。按照施米特的观点，所谓法治国，就是国家的全部活动都必须纳入一系列严格限定的权限，使得国家权力的一切表现都具有一般的可预测性，这种可预测性原则就包含着对权利的分配和区分，而只有实现了可预测性才能为权力的监督创造条件。① 在法治社会中，法律一经公布就昭示天下，成为人们的行为规则，每个人都可以按照法律的规定去从事各种行为，而不必担心出现难以预见的后果，因为每个人行为的后果在法律上都已经作出了规定。如此就可以为人们的行为提供长久的预期，使市场交易得以有序进行，减少社会中交往的成本，提高整个社会的效率，人们可以安居乐业。而人治则容易朝令夕改，命令的颁布和废止、更替甚至取决于当权者个人的喜怒哀乐和情绪变化，因此人治之下的规则不具有长远的可预期性。

第三，法治具有科学性。在法治社会，法律的形成与颁布是众人参与的结果，立法的过程可以说是集众人智慧，司法的过程也是职业化、专业化的法官对法律进行适用的过程。而在人治社会，命令的颁布往往是个别当权者的决定。从概率上看，个人的决定不如多数人商议而作出的决定科学，而世界上并不存在柏拉图所期待的"哲学王"（Philosophy-king），人的理性是有限制的，这一固有缺陷决定了完全依靠个人能力来治理社会具有巨大的风

---

① 参见［德］卡尔·施米特：《宪法学说》，刘锋译，143 页，上海，上海人民出版社，2005。

险。而法治本身可以形成一种纠错机制，正如亚里士多德所说，一个人可能因感情冲动而做错事情，但所有的人不可能因感情冲动而做错事情。小河容易干涸腐烂，而巨川难以干涸。法治体现的是众人智慧，而人治是个人智慧，众人智慧显然胜于个人智慧。①

第四，法治具有稳定性。法治社会形成完整的秩序，这种秩序是通过法律而公布的，具有长久的稳定性，其秩序的变动必须经过法律上的修法、立法等活动才可以产生，所以其具有程序上的严谨性，不因个人的变动而变更，也不因领导人意志的改变而改变。历史经验证明，制度更带有根本性、全局性、稳定性、长期性的特征，只有实行法治，才能保障国家稳定、社会昌明。但在人治社会中，其虽然也具有一定的秩序，但是这种秩序是难以长期维系的，不具有长久的稳定性。从中国历史上来看，朝代的更替是非常频繁的，大多数朝代的历史都在一百年左右，超过二百年的很少，强大的秦王朝也不过二世便亡。但相比之下，英国从 1689 年君主立宪到现在已经 327 年了，美国从 1776 年建国到现在也有 240 年的历史。社会治理如果被某个人能力所直接决定，就会导致所谓"人存政举，人亡政息"。人治社会中缺乏对统治者的监督和制约，容易导致个人的专断和权力的过分集中，这对于现代社会的发展和稳定是有害的。

第五，法治具有社会凝聚力。在法治社会，法治一则要求全民参与，制定良法，凝聚社会共识；二则要求法律至上，法律面

---

① 参见［古希腊］亚里士多德：《政治学》，吴寿彭译，163～164 页，北京，商务印书馆，1965。

前人人平等；三则法律将自由、平等、人权等作为其价值观念予以贯彻，强化对公民的人权和自由的保障。通过这几个方面可以实现社会公众意愿的有效表达，形成一种社会共识，并对于法律执行的效果在心理上能够予以接受。在人治社会，如果遇到贤明的君主、清廉而又富有能力的官吏也可能形成一定的凝聚力，但这种人治社会不可能从根本上反映最广大人民群众的利益，因而这种凝聚力是有限的。

第六，法治具有规则的统一性和普遍适用性。在法治社会，法律是至高无上的，法律具有最高的地位，法治中包含法律面前人人平等，其规则具有普遍适用性。中国古代法家把法比喻为尺寸、绳墨、规矩、衡石、斗斛、角量等，其实是要强调法律的统一性、公平性和普遍适用性。而在人治社会，尽管也强调法律的作用（例如，法家主张奉法者强则国强），但是在人治模式下法律只是一种统治工具，其并不具有至上地位。在人治社会中，权力的地位常常高于法律，法律必须服从于权力。故宫养心殿对联"唯以一人治天下，岂为天下奉一人"，就表明人治治理模式中居于至高地位的仍然是统治者的个人意志。

正是因为法治有异于人治的上述功能、特性差异，法治也成为迎合现代社会特点的基本治理模式，一方面，现代社会是以大工业生产、大分工、商品和服务高度流通为特点的陌生人社会，古代熟人社会中的人治模式，在现代社会中难以再发挥有效的作用；另一方面，历经三十多年市场化的改革，我国经济迅速发展，人民生活水平也得到了极大提高，人的自主性和个体性也日益增强，价值判断日趋多元，利益关系日益复杂，交易方式多样化，各种纷繁复杂的社会现象层出不穷，如人口的大量、急剧流动使得社会的控制较之以往更加困难，这无疑加剧了社会治理的难度。市场经济就是法治经济，原来适用于人治社会和计划经济时代的管理模式已经难以再维系下去，只能采用法治的方式管理国家和社会。

尽管法治与人治存在质的差异，但它们均是组织社会管理的途径，且都要求有高素质的人来进行社会管理，这一点在人治社会表现得更为充分。无论是中国古代的"圣王"理念，还是柏拉图的"哲学王"思想，均为适例。亚里士多德也认为："主张法治的人并不想抹杀人们的智虑，他们就认为这种审议与其寄托一人，毋宁交给众人。"① 在中国古代虽然是人治社会，但历代思想家都强调人的作用。墨子曾经提出"尚贤"的思想，韩愈在《原道》中也提出，没有贤人的作为，人类将不可能存活。他们都是主张要有贤人治理国家。唐代白居易说："虽有贞观之法，苟无贞观之吏，欲其行善，不亦难乎？"宋代王安石也说："守天下之法者，莫如吏。"其实，法治社会也不完全排斥这一点，在一些实现法治的国家（如新加坡），就特别强调推行精英政治，把各界精英都吸收到政府担任高级领导人，从社会招揽人才。即使是在法治社会，如果吏治腐败，也可能会遇到比人治更糟糕的问题。再好的法律都需要靠人来执行，古人讲"徒法不足以自行"，就是这一道理。所以即使在法治国家，也要特别注重建设一支公正廉洁的公务员队伍来保障法律的正确实施。如果吏治腐败，选

---

① ［古希腊］亚里士多德：《政治学》，吴寿彭译，174 页，北京，商务印书馆，1965。

人不当，卖官鬻爵，即使是再好的法律制度，也难以发挥良好治理的效果。

此外，还应当看到，法治也不是万能的，法律调整方式具有刚性和非人格化的特点，立法也具有一定的滞后性。因此，法律调整方式可能在追求普遍公正的同时未必能保证个案处理的公正，所以，现代法治在坚持法律权威的同时，往往赋予执法者或司法者一定程度的自由裁量权，这也吸收了人治的一些合理因素。

尽管人治与法治相比较具有更悠久的历史，所积累的经验也更为丰富。但是，既往的社会治理经验已经使人们形成共识，即法治具有人治所不具有的优越性。邓小平同志曾经说过：还是法律靠得住。这就是对这种共识的形象概括。

法治应该成为一种生活方式①

据《新京报》报道，联合国首次发布"全球幸福指数"报告，比较全球 156 个国家和地区人民的幸福程度，丹麦成为全球最幸福国度，于 10 分满分中获近 8 分，其他北欧国家亦高踞前列。中国香港特区排名 67，得分约 5.5，中国内地则排名 112，处于中等偏后的位置。在各种幸福指数的衡量指标中，除了个人的收入等因素以外，社会因素也很重要，影响幸福指数的社会因

① 原载《北京日报》，2012－02－27。

素包括安全感、社交网络、贪腐等因素。这些因素其实都和法治有着密切的联系，因为这些问题涉及收入分配的公正、社会秩序的稳定、国家机关及其工作人员的廉洁公正高效、对个人权利的充分保护、社会保障机制的健全，等等。这些问题的彻底解决都有赖于法治的健全和良好运转。

因此，提升国人的幸福指数，一个重要的内容就是要厉行法治。在法治社会，国家机器本身也要受法的统治，人民乃是法治的最高主体。依法治国是促进我国市场经济的发展，保证国家稳定，实现社会长治久安的关键，也是促进社会精神文明建设和文化进步的客观需要。在现代西方发达国家，法治首先在政治生活中得以充分表现，同时也是商业、家庭生活、宗教事务等活动的重要组织工具，可以说是无处不在。在法治社会，充分保障公民的人身权、财产权、基本政治权利等各项权利不受侵犯，保证公民的经济、文化、社会等各方面权利得到落实，如此才能实现人民群众对美好生活的向往和追求。所以，法治不仅保障了国家的长治久安，而且保障了人民的幸福生活。因此，法治不仅应该成为一种治国方略，更应该成为一种生活方式。

任何社会治理模式是否成功，归根结底还是要看是否能够给社会成员带来福祉。人类总是渴望生活在一种有序、稳定的环境之中。人们都有追求幸福美好生活的愿望和权利，而法治则是这种幸福美好生活的重要保障和实现手段。法治是以规则治理为主要特点的治理模式，而法律最大的特点就是明确并且公开，在当今绝大多数现代国家中，法律的制定必须经过社会成员整体的充分讨论，在很大程度上能够反映社会多数成员的利益需求，遵守法律也就是实现大多数人的意志。英国学者 Wilkinson 等研究发现，在注重平等的国家，无论是经济增长质量、社会稳定、居民幸福指数、犯罪率等都优于贫富差异过大的国家。① 因此，法治不仅应该成为一种治国方略，更应该成为一种生活方式。

法治是人们幸福生活的保障。幸福是什么？对此问题，千百年来人们作出过各种回答。法国的启蒙思想家、哲学家卢梭说过，人类活动的唯一动机就是追求自身的幸福。人类有追求幸福快乐生活的本性，但幸福快乐的生活有赖于法治的保障。早在两千多年前，古希腊哲学家就看到了法治在实现人类幸福生活方面的重要性。例如，德谟克里特认为，个人的幸福要取决于国家，国家治理得好，个人也就幸福；法律是节制人们的行乐和协调社会生活的重要手段，"法律的目的是使人们生活得好"②。亚里士多德指出，法律是人类理性的体现，按照法律生活是获得幸福的根本保障。③ "优良的立法家们对于任何城邦或种族或社会所当为之操心的真正目的必须是大家共同的优良生活以及由此而获得的幸福。"④

古罗马法学家西塞罗指出，"人民的福祉是最高的法律"。在我国，社会主义的根本目的就是满足人民日益增长的物质文化需

---

① Richard Wilkinson, Kate Pickett, *The Spirit Level: Why Greater Equality Makes Societies Stronger*, New York: Bloomsbury Press, 2009.

② 北京大学哲学系外国哲学史教研室：《西方哲学原著选读》上卷，53～54 页，北京，商务印书馆，1999。

③ 参见［古希腊］亚里士多德：《政治学》，吴寿彭译，348 页，北京，商务印书馆，1965。

④ ［古希腊］亚里士多德：《政治学》，吴寿彭译，348 页，北京，商务印书馆，1965。

要，实现个人的自由和全面发展，满足人民追求幸福生活的美好愿望。实现小康社会就是要使人民过上幸福生活，幸福不仅体现为人们物质生活水平的极大提高，而且体现为人们能够有尊严地生活。法治使人们能够自由、有尊严地生活。在法治社会中，法律充分保障每个公民依据宪法和法律享有的权利，保障人们在法律面前的平等地位，法治充分保护每一个人的人格权和财产权，这就从根本上保障了个人的人格尊严。

法治是自由的保障。法律既是自由的起点，也是自由的界限。亚里士多德认为，人要过一种德性的生活，一旦没有了德性，就会成为财富的奴隶，就会成为最邪恶残暴的动物，就会偏离幸福越来越远，但要保障这种德性，就必须遵从法律。所以他说，"法律不应被看作奴役，法律毋宁是拯救"①。在古罗马，法也被认为是个人自由的保障。例如，西塞罗指出，如果没有法律所强加的限制，每一个人都可以随心所欲，结果必然是因此而造成自由的毁灭。正是在这一意义上，他认为："为了自由，我们应作法律的奴仆。"在法治社会中，人们严格按照法律规则行为，如此则可以将规则内化为人们的行动本身，人们在行为时会自动遵守各种规则。基于对守法的预期，人们便可以有计划地安排自己的生活，法律给人们的生活提供确定性，从而使之获得自由。

法治是安全的保障。只有在法治社会，人们才能有安全感。在第二次世界大战期间，美国总统罗斯福在致国会的信中，他提

---

① ［古希腊］亚里士多德：《政治学》，吴寿彭译，282 页，北京，商务印书馆，1965。以法律"拯救"邦国的说法最早来源于柏拉图的《法律篇》715D。

出了四项"人类的基本自由"，其中一项就是"免于恐惧的自由"，对这种自由的保障其实就是法治的重要功能。在法治社会中，较低的犯罪率、良好的社会治安，是人民生活幸福的重要内容。政府是按照宪法组织起来的，政府的权力是通过宪法和法律获得的，公权力不能随意侵入私人领域，必须严格按照宪法和法律的规定来行使权力。弱肉强食、恃强凌弱、欺侮弱者现象在法治社会中是不能被容忍的。因此，在法治社会中，民众不会对公权力抱有恐惧感，也不会因为符合法律、行使自己权利的行为而担心受到强权的打击和迫害；国家也不能够随意地占有和剥夺民众的财产和人身权利。在法治社会中，公民能够感到制度所提供的持久的安全；民众相信法律会保护自己，从而不会恐惧任何邪恶势力。

法治是人们有尊严生活的保障。人的尊严的维护是宪法和法律存在的最高价值，是一切国家权力活动的基础和出发点。我国《宪法》不仅宣告保护公民的人格尊严和人身自由，而且宣告"国家尊重和保障人权"。人在社会中生存，不仅要维持生命和生存，而且要有尊严地生活。因此，人格尊严是人之为人的基本条件，是人作为社会关系主体的基本前提。康德提出的"人是目的"的思想也成为尊重人格尊严的哲学基础。理性哲学的另一个代表人物黑格尔也认为，现代法的精髓在于："做一个人，并尊敬他人为人。"① 任何一个中国人都有向往和追求美好生活的权利，美好的生活不仅要求丰衣足食，住有所居，老有所养，而且

---

① 贺麟：《黑格尔哲学讲演集》，46 页，上海，上海人民出版社，2011。

要求活得有尊严。中国梦也是个人尊严梦，是对人民有尊严生活的期待。这就需要依靠法律广泛确认公民所享有的生命权、身体权、健康权等各项人身权益和财产权益，并且为个人各项合法权益提供有力的法律保障，从而保障个人有尊严地生活。

法治是良好生活秩序的保障。法治表现了一种社会的有序状态，在这种状态下，人们文明有礼，安居乐业，遵纪守法。在法治社会中，人人都应学会按照规矩来行事，每个人行使权利时都要尊重他人的权利，不得侵害他人的权利。在发生了纠纷之后，人们能够依循法定的程序去寻求救济、有序地解决纠纷。在一个法治的社会，不是运用"丛林法则"来解决纠纷，也不是依靠与官员的关系来解决纠纷，而是要依据法定程序来实现救济。尽管法律也可能存在缺陷，执法者也可能会有不公，但在法治社会中，正义是在法律的框架内实现的，司法程序是人人可及的。人们完全可以通过相关程序，纠正执法和司法中的错误，从而可以在法治的框架内寻求救济。

法治是社会公平正义的保障。中国古代"法"字的概念，本身是指去除掉不义的状态。追求社会公正是人们千百年来的理想，也是人民幸福的内涵，但只有在法治社会才能够真正实现社会的公正。1959 年德里国际法学家大会上通过的《德里宣言》提出的法治三原则主张中的第 1 条就明确提出："法治不仅保障和促进个人的公民与政治权利，且应确保个人合法期望与尊严得以实现的社会、经济、教育和文化条件。"① 一方面，法治意味着法律

---

① International Commission of Jurists, *The Rule of Law and Human Rights: Principles and Definitions*, Geneva, 1966, p. 66.

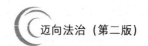

面前的人人平等，在一个真正实现法律面前人人平等的社会，人们才能切实感受到社会的公平正义。另一方面，法治能够通过有效分配社会资源，解决公民生老病死的社会保障问题，保障公民安居乐业、幸福安康。在法律面前，不管个人之间在身份、能力、财富占有等方面有多么大的差异，每个人的法律地位都是平等的。由于法律具体规则能够涉及社会财产的一次、二次分配，涉及对加害行为的惩罚和对损害的补偿等社会因素，所以，这种在法律面前的平等不仅指形式意义上的平等，而且包含了实质意义上的平等，从而可以增加社会成员的幸福感。

每一个平凡的中国人可能具有不同的人生愿景和生活期盼，但都拥有一个共同的中国梦，即生活在一个人民幸福、国家富强、政治进步、社会文明的法治社会之中，这也是我们要建设的小康社会的重要目标。

法律至上是法治的要义

法治概念的内容是十分丰富的，其中有一项内容就是法律至上（supremacy of the law; la suprématie de la règle de dvoit）。这里所讲的法律不仅包括部门法，还包括宪法。十八届四中全会决定指出，"坚持党的事业、人民利益、宪法法律至上"，这实际上也很好地阐释了法治的核心要义在于法律至上。

古希腊哲学家柏拉图曾经力主人治，但到晚年，他也主张法治，在其《法律篇》中，他认为，"必须使法律力量高于统治者的权力，而不能让统治者的权力凌驾于法律之上"。亚里士多德更明确地指出，"法律应当在任何方面受到尊重而保持无上的权威。"① 他在《政治学》一书中多次提到了"法律至上"，可以说他最早提出了法律至上的理念。但法律人讲到法律至上时，常常会联想到 17 世纪初发生在英国王座法院首席大法官爱德华·柯克（Edward Kock）与国王詹姆斯一世之间的经典对话：

詹姆斯一世：依朕意，法是以理性为基础的，故朕及他人与法官具有同样的理性。

柯克法官：不错，陛下具备伟大的天赋和渊博的学识。但是陛下并没有研读英格兰领地的各种法规。涉及臣民的生命、继承、所有物或金钱等的诉讼的决定，不是根据自然理性，而是根据有关法的技术理性和判断。对法的这种认识有赖于在长年的研究和经验中才得以获得的技术。

詹姆斯一世：如此则国王被置于法律之下，汝等的主张应当以叛逆罪论处！

柯克法官：布莱克斯通有句至理名言，"国王贵居万众之上，却应该受制于上帝和法律"②。

这场争论导致柯克法官被监禁半年。但在光荣革命之后，"王在法下"的原则在 1689 年英国的《权利法案》中得到了确认，该法案明确了个人的自由和权利不受国王和政府的侵害。后来柯克因反对詹姆斯提议对涉及自己的案件召集法官密商而丢掉职

---

① ［古希腊］亚里士多德：《政治学》，吴寿彭译，195 页，北京，商务印书馆，1965。
② 转引自季卫东：《法律职业的定位——日本改造权力结构的实践》，载《中国社会科学》，1994（2）。

位，但他起草的《权利法案》获得了议会的通过，法律至上的思想成为普通法中法治的基本思想。柯克同时也明确地论述了《权利法案》与 1215 年《大宪章》的关联：《大宪章》"是英国所有基本法律的根源，它不仅确认，也奠定了习惯法法治基础"。后世学者讨论到法治的概念常常从柯克与英王詹姆斯一世的争论中发现"王在法下"的概念，认为这提供了法律至上的法治要义。例如，英国学者戴西认为，"法律至上"是法治的主要特征；美国《布莱克法律词典》将法治一词解释为"法律的至高无上地位"。

"法律至上"的提法曾经受到一些学者质疑。例如，在自然法学者看来，这种提法忽略了对法律正当性的考察，他们认为在实证法之外，还存在一种检验实证法正当性的、永恒的自然法则，如不得剥夺他人的生命、遵守契约、损害赔偿等原则。后世的实证主义法学家其实也认为在实证法之外有一种应然的法，这是因为受人类理性的限制，立法者制定的法律不可能是完美的，可能存在一定的瑕疵。法律总要不断地修改完善，而"法律至上"的观念容易导致法律神话或法律崇拜的产生，从而不利于其适应社会、经济的需要而向前发展。其实，自然法学派的观点并未从根本上否定实在法的作用。相反，即使反对早期自然法的理性主义法哲学家如康德，也认为在实证法的背后，有人类的理性存在，作为实证法正当性的基础。他认为即使存在自然法规则，也是人类理性认识的结果。因此，尽管存在种类繁多的法学流派，但对法律至上作为法治的重要内容，已形成了基本共识，即人们普遍认为法治国家最基本的要素之一是法的最高性（Primat des Rechts)。①

以法治代替人治，最根本的标志就是确立"法律的统治"，确立宪法和法律至高无上的地位，它要求任何组织和个人都必须服从法律、遵守法律。我国已将依法治国、建设社会主义法治国家的战略载入宪法，而法治的内涵当然应当包括宪法、法律至上。在这一背景下，我们所说的法律至上主要包含如下含义：一是要维护宪法和法律的权威。法律至上首先表现为宪法至上，或称为"宪法优位"。宪法是国家的根本法，是治国安邦的总章程，具有最高的法律地位、法律权威、法律效力，具有根本性、全局性、稳定性、长期性。任何法律和规范性文件都不得与宪法相抵触。我国《宪法》序言也明确规定，"宪法具有最高的法律效力"。除宪法外，法律也具有普遍的拘束力，法律应当成为全社会行动的准则。二是法律要平等地约束所有人，任何人都不享有超越法律的特权；法治的基本精神就是坚持法律面前人人平等，平等是社会主义法律的基本属性，也是社会主义法治的基本要求。要保证有法必依，执法必严，公正司法，全民守法。三是任何公权力不得超越宪法与法律。公权力依据宪法和法律产生，并受法律的制约。任何组织和个人都必须尊重宪法和法律的权威，依据宪法、法律行使权利，履行职责和义务，而不能以言代法、以权压法、徇私枉法。

为什么要坚持宪法和法律至上？这是由社会主义法律的本质决定的。现代民主的核心是人民主权，我国《宪法》规定，国家

---

① Konrad Hesse, Grundzüge des Verfassungsrechts der Bundesrepublik Deutschland, C. H. Müller, 1999, S. 87, Rn. 195.

的一切权力属于人民，法律就是人民意志的体现，它是在党的领导下，汇集广大人民群众的意志制定的。法律能够体现广大人民的根本意志，并且经实践证明，其能够很好地实现和维护人民的根本利益，因此，法律至上也就体现为人民意志和利益至上，尊重宪法和法律在社会治理中的主导地位，也就是最大限度地尊重人民意志和利益。法律保持应有的权威，也就是维护执政党的权威和国家的权威。还要看到，法律至上也是党的事业兴旺发达的重要保障。宪法和法律都是党领导人民制定的，是党的路线、方针、政策的最高表现形式，也是党的意志的集中体现，严格遵守宪法、法律，实质上也就是最充分地尊重和体现了党的意志，也只有充分尊重宪法、法律，也才能从根本上保障党的事业的兴旺发达，从根本上巩固党的执政基础，实现党的领导与依法治国的有机统一。

坚持法律至上是推进依法治国方略的基本要求。党的十八大报告指出，"更加注重发挥法治在国家治理和社会管理中的重要作用"，社会治理本身是一种手段，其最终服务于人民的福祉，判断某种社会治理模式是否妥当的主要标准是看其能否有助于实现人民的福祉。在今天我们提倡法律至上，选择法治作为社会治理的模式，其主要原因在于，宪法和法律至上体现了一种最优的社会治理模式，宪法和法律至上体现了规则的统一性和明确性，相对于人治而言，其更具有确定性和可预期性。从农业社会到市场经济社会，人们所处的社会生活群体更加复杂多样，这也就对依据法律规则约束人们的行为提出了更高的要求。没有法治就没有市场，也无法应对管理现代市场的需要。法律至上，会带来规则治理的确定性，能够切实保障人民群众安居乐业，维护社会秩序的稳定，保障国家长治久安。所以，坚持法律至上就是要求全体社会成员真正能够崇法、尊法，服从法的统治，尊重法的权威，将法的精神内化于心，外化于行，从而奠定良好的、坚实的法治基础。

坚持法律至上并不是一句空泛的口号，而应成为我们行动的纲领。具体而言，第一，要树立宪法和法律的权威。习近平同志指出，新形势下要特别强调依据宪法治国理政。执政党应依法执政，党必须在宪法和法律范围内活动，真正做到党领导立法、保证执法、带头守法。法律至上，就是要让法律在每个人心中树立起崇高的地位，每个人都应该服从制度和规则，而不是服从个人的意志和权力。任何组织或者个人，都不得享有超越宪法和法律的特权。第二，应强化依法行政，建立法治政府。我们的政府是人民政府，表明其宗旨是为了人民的利益。而政府严格依法行政的关键在于政府的权力来自法律，一切行政行为都应当受到法律的约束。第三，应强化依法裁判、实现司法公正。马克思曾指出，法官是法律世界的国王，除了法律就没别的上司。在各种纠纷解决机制中，司法裁判更应当强调其仅受法律的拘束。与其他纠纷解决方式相比，司法裁判更强调"依法裁判"，即"以法律为准绳"。在司法裁判中，裁判者必须服从于法律，严格依据法律来确定当事人的权利、义务和责任。因为法律本身就界定了裁判的标尺，只有依法公正裁判，才能使人民群众从每个个案审判中感觉到公正。第四，应实现全民守法。法律至上能够形成一种平等理念的传播，从而形成人人守法的文化，使法律深入人心，走入人民群众，并真正成为全体人民的自觉行动。这才是法治的要义所在。

在社会主义法律体系基本形成之后，在法治的重心从立法转向司法的过程中，想要真正实现行动中的法律，最关键的还是要在全社会树立起宪法和法律至上的理念。无论法治理念的内涵多么丰富，其最重要的理念始终应当是宪法和法律至上。

中国特色社会主义法治道路

四中全会提出，要坚定不移走中国特色社会主义法治道路。这条道路就是在党的领导下，以中国特色社会主义制度为基础，以社会主义法治理论为指导，以建设中国特色社会主义法治体系和社会主义法治国家为总目标，并以推进依法治国战略的各项任务为内容，形成符合中国国情、独具中国特色的法治道路。古人云："有道以统之，法虽少，足以化矣；无道以行之，法虽众，足以乱矣。"① 因此，法治道路的选择对法治的实现具有重要意义。

依法治国是现代文明的重要标志，也是国家治理体系现代化的基本特征。在党的十五大报告提出"依法治国"口号之后，"依法治国，建设社会主义法治国家"被写入宪法，上升为一项宪法确立的基本原则，成为党和国家治国理政的基本方针和行动

---

① 刘安：《淮南子·泰族训》。

指南。在此基础上，党的十八大报告对依法治国战略作了进一步深化，分别加上了"全面"和"加快"的要求。这表明，我国的依法治国蓝图已经进入了新的阶段。

十八大以来，新一代领导集体高度重视法治建设，大大加速了我国的法治建设进程。四中全会决定在总结我国法治建设的实践经验基础上，提出了全面推进依法治国的总目标和重大任务，深刻地回答了在当今中国建设什么样的法治国家、怎样建设社会主义法治国家等一系列重大理论和实践问题，指明了一条中国特色社会主义法治道路。制度决定根本，道路决定命运，四中全会决定站在党和国家事业发展全局的战略高度，为党和国家全面推进依法治国战略指明了前进的方向。根据四中全会的精神，中国特色社会主义法治道路的内涵，包括如下几个方面：

——坚持党的领导。党的领导是社会主义法治最根本的保证。四中全会决定将党的领导与法治的关系概括为"一体两面"的关系，即党的领导与社会主义法治是一体的。社会主义法治必须坚持党的领导，党的领导必须依靠社会主义法治。在全面推进依法治国的方略中，依法执政是最关键的内容，也是建设法治中国的根本保证。建设法治中国，关键在于党科学而又有效地依法执政。党要领导立法、保证执法、支持司法、带头守法，才能确保依法治国的正确政治方向。依法执政，既要求党依据宪法法律治国理政，也要求党依据党内法规管党治党。坚持党的领导是我国社会主义法治道路的根本特征，也是其与西方国家法治的区别所在。

——坚持中国特色社会主义制度。中国特色社会主义制度是中国特色社会主义法治体系的根本制度基础，是全面推进依法治国的根本制度保障。在中国的社会主义政治、经济制度之下，建设社会主义法治，是人类历史上从未有过的伟大实践。我国的法治不是对西方法治的简单模仿，而是以社会主义基本经济制度为基础，发挥社会主义政治制度的特点，从而展现了我国社会主义法治的优势。例如，我国实行人民代表大会这一根本政治制度，而不实行西方式的三权分立。中国的法治道路以坚持中国特色社会主义制度为前提，全面推进依法治国，本身就是巩固、发展和创新社会主义制度的需要。

——以中国特色社会主义法治理论为指导。中国特色社会主义法治是中国特色社会主义的组成部分和重要标志。中国特色社会主义法治理论以马克思列宁主义、毛泽东思想、邓小平理论、"三个代表"重要思想、科学发展观以及习近平同志的系列讲话精神为指导，坚持党的领导、人民当家做主和依法治国的有机统一。中国特色社会主义法治理论应当植根于中国的实际，注重总结我国法治建设的经验，并注重借鉴各国法治建设的有益经验，同时继承和发展中华传统法律文化，有效融合民族精神和时代精神。在社会主义制度下建设市场经济，是人类历史上伟大的创举，但市场经济是法治经济，需要法治理论作指导。建设中国特色社会主义法治体系应当以中国特色社会主义法治理论为理论指导，也应当以该理论作为推进中国特色社会主义法治体系建设的行动指南。

——以建设法治体系和法治中国为总目标。法治体系是指由立法、执法、司法、守法、法律监督等方面形成的有机系统，保证法律得到真正贯彻和实施，实现社会和谐有序、人民生活幸福、国家长治久安。法律的生命力在于实施，法律的权威也在于实施。在社会主义法律体系初步形成之后，摆在我们面前的新任务是如何使"纸上的法律"变为"行动中的法律"，如何最大限度地发挥现有法律制度的实际效果。法律制度体系只是强调立法层面的问题，并不强调法律的实施及其实效。只有在法律体系得到切实有效的实施之后，法治体系才有可能形成。因此，法治体系与法律体系相比，其主旨更深刻、内涵更丰富。其不仅包含了立法，而且更强调执法、司法、守法、法律监督等一系列涉及法律制定与实施的动态过程，涵盖了"科学立法、严格执法、公正司法、全民守法"等诸多方面的内容，彰显了我们党在治国理政方式上的重大转型，表明我国的依法治国蓝图的实施已经进入了新的阶段。

法治中国是法治国家、法治政府和法治社会的上位概念，法治中国是依法治国的升级版，将依法治国从治国方略提升到了国家战略的高度。党的十八届四中全会提出了建设法治中国的总体目标，这是执政党对治国理政规律认识的重大进步，是对依法治国方略的丰富和发展。建设法治中国是建设中国特色社会主义的必由之路，是实现"中国梦"的制度保障，也意味着中国法治建设迈向新征途。法治中国是对宪法所确立的依法治国方略的高度概括。它以坚持中国特色社会主义道路为前提，以两个"三位一体"建设为内容。

为实现建设法治中国和法治体系的总目标，四中全会提出了具体的实施方案和路线图，强调"五大体系"的协同建设，即形成完备的法律规范体系、高效的法治实施体系、严密的法治监督体系、有力的法治保障体系以及完善的党内法规体系。这也是共同推进依法治国、依法执政、依法行政这一"三位一体"目标的实践蓝图。为落实上述目标，四中全会提出了一百八十多项对依法治国具有重要意义的改革举措，纳入依法治国总台账。这不仅将法律的实施和执行摆在更加突出的位置，而且为全面推进法治中国建设、建立法治体系规定了更加清晰的目标和任务，规划了切实可行的路线图，保障法治建设稳步推进。

——坚持法律面前人人平等。一般认为，古罗马的斯多葛学派最早提出了人人平等的思想。例如，西塞罗就提出过"真正的法律"是普遍适用于所有人的思想。① 其实，我国古代法家也提出过类似的思想。在现代社会，坚持法律面前人人平等已成为各国所普遍认可的法律原则。在我国，平等是社会主义法律的基本属性，是社会主义法治的基本要求。坚持法律面前人人平等体现在立法、执法、司法、守法等各个方面。一是规则适用的平等。法律规则并不针对特定的个人，而只能针对特定的行为作出。任何人的相同行为应当受到法律的相同评价。二是权利保护的平等。平等的核心内容是权利的平等，在主体的权利受到侵害后，法律应当进行平等保护。当然，在强调法律面前人人平等的同时，应当对弱势群体的权利进行特殊保护。通过法律保障，不仅要使人们的生活得到保障，更要使人活得更有尊严。三是守法的平等，即任何人都不得享有超越法律的特权，任何人都应当平等

---

① 参见［古罗马］西塞罗：《国家篇 法律篇》，沈叔平等译，158～172 页，北京，商务印书馆，2005。

地遵守法律。中国古代法家主张"法不阿贵""刑无等级""王子犯法与庶民同罪",但其所主张的平等并不包含君主,而只是将法律作为君主专制的工具。而我们今天所讲的法律面前人人平等则是指所有的人在法律面前平等。坚持法律面前人人平等,要求任何组织和个人都必须尊重宪法与法律权威,必须在宪法与法律的范围内活动,必须依照宪法与法律行使权力或权利、履行职责或义务,任何人都不得有超越宪法与法律的特权。绝不允许任何人以任何借口、任何形式以言代法、以权压法、徇私枉法。

——从中国实际出发。建设法治中国首先要立足于中国国情。我国地域辽阔,人口众多,且处于社会主义初级阶段,我们所走的社会主义法治道路是人类历史上从来没有经历过的伟大实践。改革开放以来所取得的法治建设成果表明,只有从中国实际出发,而不是简单照搬国外的法治模式,法治建设事业才能兴旺发达,才能真正适应中国社会的需求。"法与时转则治,治与世宜则有功"(《韩非子·五蠹》)。法治中国建设也要同改革开放不断深化相适应,总结和运用党领导人民实行法治的成功经验,围绕社会主义法治建设重大理论和实践问题,推进法治创新。法治中国建设还要汲取中华法律文化精华,取其精华去其糟粕,同时要借鉴国外法治有益经验,尊重法治发展的基本规律。一个国家的法律本身也是其民族文化的一种反映。人类社会的法治文明发展史表明,一个国家的法治文化尽管最初是外来的,但成功的法治文化又必须是本土的。法治文明既要吸收和借鉴世界各国的先进成果,也要尊重和挖掘中国的本土资源。对一个民族和国家而言,其法治文化承载着一个国家和民族的精神追求,体现一个民族固有的品性。如果法治不是植根在本民族深厚的文化根基之上，则像浮萍一样没有根基，也不可能形成真正的法治文化。例如，中国的传统文化重视法律与道德的互补，主张礼法合治、德主刑辅，注重维护家庭伦理和秩序，这些都为现代法治构建和谐家庭关系提供了必要条件，也为中国法治的发展奠定了文化基础。

——处理好改革与法治的关系。法律求稳，改革求变，但二者并非充满矛盾的关系。在改革进入"深水区"和攻坚阶段后，利益格局面临深刻调整。要想确保各项改革工作健康有序开展，各项全面深化改革措施顺利展开，改革必须依法进行，从而使改革事业在法治轨道上推进。四中全会提出，实现立法和改革决策相衔接，做到重大改革于法有据、立法主动适应改革和经济社会发展需要，就要充分发挥法律在改革中的作用。在改革过程中，应当变"政策引领"为"立法引领"。全面深化改革需要法治保障，全面推进依法治国也需要深化改革。为此，立法应当具有前瞻性，为改革留下必要的空间。要协调法律的稳定性和改革的变动性之间的关系，法律要与时俱进，及时反映改革的现实需要，确认改革的成果。为实现国家治理体系和治理能力现代化，全面深化改革的重点之一，就是推进依法治国方略的具体落实，因此，三中全会和四中全会的决定形成了"姊妹篇"。

习近平同志指出，中国特色社会主义法治道路，是社会主义建设成就和经验的集中体现，是建设社会主义法治国家的唯一正确道路。改革开放以来的社会主义法治建设，取得了巨大的成就，积累了大量的经验，四中全会决定是对这些经验的全面总结和理论升华，构建了中国特色社会主义法治理论，是对中国特色社会主义理论的丰富和完善。四中全会所提出的中国特色社会主义法治道路，为我们指明了前进的方向。

依法治国与依宪治国

宪法是国家的根本法，是治国安邦的总章程。依法治国，首先是依宪治国；依法执政，关键是依宪执政。四中全会决定指出，要维护宪法的权威，"任何组织和个人都必须尊重宪法法律权威，都必须在宪法法律范围内活动，都必须依照宪法法律行使权力或权利、履行职责或义务，都不得有超越宪法法律的特权"。新形势下，我们党要履行好执政兴国的重大职责，必须依据党章从严治党、依据宪法治国理政。

宪法是国家的最高法，在我国社会主义法律体系中居于统帅和核心地位。因此，推进依法治国、全面落实社会主义法律体系，首先是要落实依宪治国。宪法是万法之母，我国的所有法律都是依据宪法制定的，是对宪法精神、原则和制度的具体化。例如，作为我国民法体系中的重要法律之一的《物权法》，开宗明义规定"根据宪法，制定本法"，这就表明宪法是部门法的立法依据，依法治国首先必须要维护宪法的最高权威。

推进依法治国，必须维护国家法制的统一。四中全会决定指出，"必须维护国家法制统一、尊严、权威，切实保证宪法法律有效实施"。该决定一共一万七千多字，提及"宪法"一词38次，其中多次强调了依宪治国。由于宪法具有根本法和最高法的地位，决定了任何法律、行政法规、地方性法规和其他规范性文件都不得与宪法相抵触。任何违反宪法的法律规范都是无效的。这一方面要求所有的法律规范在制定时必须严格依据宪法，避免与宪法相抵触；另一方面也要求进一步完善宪法监督制度，加强对于违宪的法律法规的审查，让宪法成为维护国家法制统一、保障国家政令畅通的基础和准则。

推进依法治国，必须依据宪法规范公权力的运行，依法行政、建立法治政府。四中全会决定指出，"坚持依法治国，首先要坚持依宪治国，坚持依法执政，首先要坚持以宪执政"。该决定对执政党在宪法中的地位进一步做了明确的阐述，并规定执政党应当通过宪法来治国理政。宪法规定了国家的根本制度，规定了国家公权力的组织体系、职责权限和行为标准，确立了国家权力的分工和相互监督机制。宪法解决了权力制约的有效性问题，回答了如何实现党的领导、人民当家做主和依法治国如何有机统一的问题，对国家权力进行了科学合理的有效配置。宪法也确立了国家权力顺利更替和交接的制度，保障了国家权力运行的合法有序。监督和制约权力的运行是宪法的基本功能，依法治国必须严格实施宪法，规范国家公权力的运行，形成对公权力的有效监督。任何国家机关都必须按照宪法规定的职权范围和程序来行使权力，履行其应尽的职责。任何国家公职人员，都必须依法履行职责，不得滥用职权，更不能失职渎职、执法犯法甚至徇私枉法。只有严格依据宪法规范公权力，才能够落实习总书记提出的"依据宪法治国理政"的要求。

推进依法治国，必须依据宪法保护公民的基本权利。宪法确立了公民的各项基本权利，是各个部门法所保障的公民权利的源泉。保障民权，首先应当从宪法中寻找依据。部门法规定的公民的各种权利，都是宪法规定的公民基本权利的具体展开。宪法所确立的公民的人格尊严、人身自由，在民法上表现为生命健康权、姓名权、名誉权、荣誉权、肖像权、隐私权等各项权利，在刑法中表现为对非法拘禁、侮辱诽谤、诬告陷害等犯罪行为的制裁，在刑事诉讼法中表现为保障公民不受非法逮捕、不被非法限制人身自由的各项制度。贯彻落实宪法，就要求全面落实部门法所规定的各项保护公民权利的规则和制度，完善权利保障的体系和机制。同时，如果法律中存在对公民基本权利保障不足或者不当限制的情况，必须依据宪法予以纠正。行政机关在行使公权力的过程中，不得违反宪法和法律的规定，侵害和妨害公民的基本权利。我国《宪法》第135条规定："人民法院、人民检察院和公安机关办理刑事案件，应当分工负责，互相配合，互相制约，以保证准确有效地执行法律。"我国《刑事诉讼法》规定公检法三机关在刑事诉讼活动中各司其职、互相配合、互相制约，这是符合中国国情、具有中国特色的诉讼制度，必须坚持。但在实践中，个别地方公检法三机关只讲互相配合，不讲互相制约，甚至实行三机关联合办案，以至于造成了一些冤假错案，曾经发生的佘祥林案、赵作海案，都与公检法三机关之间不讲制约有关。这也充分说明了只有严格依据宪法行使权力，才能有效保障公民基本权利，尊重和保障人权，保障人民享有广泛的权利和自由，才能够落实习总书记提出的让宪法"深入人心、走入人民群众"的

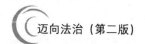

要求，保障人民群众对美好生活的向往和追求。

推进依法治国，必须牢固树立宪法意识。宪法意识是法律意识的重要内容。法律思维就是要在工作中树立办事依法、遇事找法、解决问题用法、化解矛盾靠法的理念和思考问题的习惯。五千年的华夏文明史给中国留下了取之不尽的精神财富，但历史长河中的封建思想和传统也成为当前法治建设的一大障碍，并将成为今后很长一段时间需要面对的问题。正如邓小平同志所指出的："旧中国留给我们的，封建专制传统比较多，民主法制传统很少。"① 因此，不仅一般民众而且一些领导干部也深受封建特权思想影响，人们的权利意识和平等观念十分淡薄，且等级观念、长官意识、官本位思想等，在社会中盛行。这些都是和现代法治精神不符的。为了强化宪法意识，四中全会决定提出建立宪法宣誓制度，即凡经人大及其常委会选举或者决定任命的国家工作人员，在正式就职时都应当公开向宪法宣誓。此种做法既有利于彰显宪法权威，增强公职人员宪法观念，激励公职人员忠于和维护宪法；也有利于在全社会增强宪法意识，树立宪法权威。

习近平同志指出，法治权威能不能树立起来，首先要看宪法有没有权威。我国已将依法治国、建设社会主义法治国家的治国方略载入宪法，依法治国首先是依宪治国。我们应当按照四中全会决定的要求，注重宪法的实施，加强宪法的权威，全面推进科学立法、严格执法、公正司法、全民守法进程。

---

① 《邓小平文选》，2版，第2卷，北京，人民出版社，1994。

完善法治化的营商环境

十八届四中全会决定指出："社会主义市场经济本质上是法治经济。使市场在资源配置中起决定性作用和更好发挥政府作用，必须以保护产权、维护契约、统一市场、平等交换、公平竞争、有效监管为基本导向，完善社会主义市场经济法律制度。"十八届五中全会提出，要完善法治化的营商环境，这也是为了进一步落实四中全会所提出的"完善社会主义市场经济法律制度"的战略目标，同时也是在"十三五"期间推动经济转型升级、全面建设小康社会的关键所在。

完善法治化的营商环境，意味着我们在抓经济的同时，不能忽视法治，必须一手抓经济，一手抓法治，这两手是不可分开的。这首先要求我们应当将法治作为一种目的去追求，而不应当仅仅将法治作为一种手段。长期以来，一些地方的党政官员简单地将法治视为保障经济发展的工具和手段。因此，如果不利于当地经济发展，法治就要靠边站，需要的时候，就把法律高捧在手；而不需要的时候，就把法律搁在一边，甚至抛之脑后。实践中出现的野蛮拆迁、暴力执法、环境污染、生态破坏等问题，都是上述观念的具体反映。这种做法虽然短期内可能促进经济发展，但无法形成法治化的营商环境，也难以保障经济长期有序的发展。

以经济建设为中心是兴国之要，发展仍然是解决我国所有问题的关键，经过改革开放三十多年的发展，我国已经成为世界第二大经济体，世界银行预测中国经济规模在 2030 年超过美国，但国际货币基金组织（IMF）预测 2016 年中国经济规模将超过美国，成为世界第一大经济体，这对我国的法治建设提出了更高的要求：一方面，驾驭这样一个庞大经济体，必然需要法治的保障，因为市场经济是法治经济，依靠人治，不能真正建立完善的市场，也难以保障经济健康、持续、稳定的发展。另一方面，经济的发展并不必然带来社会的公平和有序，与此相反，随着发展的加快，社会矛盾凸显、群体性事件频发，人民的人身财产安全不能够得到应有的保障。这也从一个侧面反映了发展经济并不能使社会矛盾迎刃而解。尤其是随着人们物质生活水平的提高，人们对法律保障下的自由、安全、尊严等要求也会日益增加。人民的幸福不仅体现为衣食无忧，还体现为能够呼吸新鲜的空气，享有必要的自由，要有尊严、体面地生存，能够轻松、愉快地生活，免于一切非法的强制和恐惧。总之，要真正实现民富国强、经济秩序稳定发展、人民生活幸福、社会安定有序，就必须依靠法治。

从市场经济发展的角度看，法治是构建市场经济秩序的基本保障。市场经济本质上是法治经济，与计划经济不同，市场经济对资源的配置是通过竞争机制实现的，这就必须依循一套完善的市场经济法律规则，从而使"看不见的手"对经济的调控规范化。法治在市场经济中的作用具体体现在：一是构建了交易正常进行的法律基础。科斯定理的要点，是要在产权界定清晰的背景下，促进交易的有效达成。产权的界定是市场有效运行的关键。

市场经济本质上是交易的总和，而物权法、知识产权法等确定了明晰的产权，确立了交易的前提；而合同法等法律则明确了正常的交易秩序和交易规则；侵权法、刑法则为产权的保护提供了法律依据，从而基本构建了正常的市场秩序。二是维护正常的市场秩序。在市场经济条件下，市场主体为利益所驱动而相互竞争，彼此间有密切的利害关系。这就有必要通过法治来构建正常有序的市场秩序。例如，通过反垄断法、反不正当竞争法遏制不正当竞争，防止垄断对市场秩序的破坏，优化企业创新的法律环境；通过合同法的违约责任制度以及相关法律责任，促进当事人信守合同、严守允诺。三是维护市场的合理预期。无论是房地产市场、商品市场、劳动力市场，还是证券市场以及金融市场，其稳定的基础在于制度的构建，一个健全的市场体系必然是以健全的法律制度体系为基础，以交易当事人对制度的合理预期为前提；法治越健全，市场就越完善。四是保护交易当事人的人身安全和财产安全。这两项安全的保护，形成市场经济体制下社会经济的"稳定器"和"安全阀"。只有有效保护人民的安全，人们才会有投资的信心、置产的愿望和创业的动力。没有健全的法治，将导致人才、智力的外流与财富的流失。在全球化的时代，资本就像一只最容易受到惊吓的小鸟，对法治具有很强的依赖性，就像小鸟受到惊吓会四处逃散一样，一旦法治出现缺陷，资本必然受到惊吓，纷纷外流。五是有效防治市场发展所带来的"外部化效应"。我国在市场经济发展过程中，产生了诸如环境污染、资源掠夺、生态破坏等一系列副"产品"。其深刻的原因在于未严格地依法办事，以及政府部门的不作为。例如，一些环境污染企业能够不经过全面的环评即可上马，一些企业的严重污染长期不能得到有效制止和查处，都反映了在我国环境保护中，执法成本高、违法成本低的问题仍然没有解决，责任追究和赔偿制度仍未落实。六是可以提供有效的、可信服的纠纷解决机制。市场是交易的综合，其中充满了平等主体间的利益冲突，但这些冲突绝非不可调和。法治，特别是完善的程序法律制度，是解决这些冲突和矛盾的最为有效的方法。

完善法治化的营商环境，首先要不断适应改革的需要，完善相关的法律制度，以引领和保障改革。即应当按照十八届四中全会的要求，编纂民法典，制定期货法等一系列新法律，修改证券法、票据法等既有的商事交易法，协调整合三资企业法、公司法与合伙企业法等商事组织法，统一内外资法律法规，保持外资政策稳定、透明、可预期，为完善法治化的营商环境奠定制度基础。其次，进一步强化依法行政的理念，简政放权，从根本上约束和限制公权力，真正把权力关进制度的笼子中，使权力的运行守边界、有约束、受监督，逐步建立一个职能科学、职权法定、执法严明、公开公正、廉洁高效、守法诚信的法治政府。对政府而言，法无授权不可为，法定职责必须为，政府的执法行为必须规范、公正，使人民群众真正从执法中体会到公平正义。再次，推进司法改革，完善司法管理体制和司法权力运行机制，依法保障司法机关独立行使审判权和监督权，禁止领导干部干预司法、插手案件的审理；深化司法公开，加强法律文书的说理，构建阳光司法；规范司法行为，加强对司法活动的监督；提高司法人员的专业水平，强化其职业道德，努力提高司法的权威性和公信力。

美国人经常夸耀所谓的"美国梦"，其所强调的是将世界上最优秀的人吸引到美国，人尽其才，最大限度地发挥其创造力。"美国梦"其实是以法治为支撑的，其需要有相应的制度保障。今天我们要实现"中国梦"，其关键也在于通过法治确立有效的制度框架，使人尽其才、物尽其用，最大限度地鼓励和激发人们的创造力，而这些都依赖于良好的法治环境。在经济领域广泛吸引人才和资本，促进企业自主创新，激发经济发展的活力，保持经济的有序、健康发展，需要营造尊商、重商、安商、扶商的良好法治环境。如果我们把经济比喻成一个国家的血肉，那么可以把法治比喻成国家的骨架和脊梁。因此，必须按照邓小平同志所提出的，要"两手抓、两手都要硬"，"所谓两手，即一手抓建设，一手抓法制"①。

依法治国的"法"是否包括国际法

在全面推进依法治国战略方略中，涉及一个十分重要的话题，即依法治国的"法"是否包括国际法。尽管现在学界普遍接受了国际法也是法的观点，而且在全球化背景下国际法的重要性也日益凸显，但这是否意味着应当将国际法与国内法同等对待呢？

---

① 《邓小平文选》，第 3 卷，154 页，北京，人民出版社，1993。

毫无疑问，在经济全球化背景下，各国人民相互间开展着日益频繁的社会交往活动，特别是经济贸易活动。这必然要求建立和推行一套与这些活动相适应的国际法律秩序。中国作为全球的第二大经济体和一个负责任的大国，必然要融入和参与国际政治和经济秩序。为此，我们在推进依法治国过程中，应当注重国内法与国际法的接轨，而且应当将国际法作为依法治国的重要参考。依法治国的战略方略不仅应当考虑国内法的问题，而且应当考虑国际法的问题。我们应当积极参与国际规则的制定，增强我国在国际法治中的话语权，扩大我国的国际影响力。但是，这并不意味着，我们要把国际法、特别是国际公法都当作国内法同等对待。

国际法的内容和体系其实纷繁复杂，但目前的规则在总体上还是由西方国家主导制定的规则。西班牙法学家弗兰西斯科·德·维多利亚（1483—1546）早在16世纪曾提出，根据自然法和国际法，西班牙人在不伤害当地人的情况下，享有旅游及与他们进行贸易等权利；如果他们拒绝外来者的这些权利，使外来者遭受到伤害，则西班牙人可以以正义战争之名对他们发动战争。这种观点显然是以强凌弱的野蛮逻辑，维多利亚是国际法上最早的自然法学家，也被认为是国际法的创立人之一。可以想象，他的观点对国际法理论产生了多大的影响。近现代以来的国际法虽然不少内容旨在缓解国家之间的争端和冲突，避免国家之间的战争，但毫无疑问，国际法规则，特别是国际公法，大都是在维护西方列强国家利益的基础上制定的，其目的是满足其本国一些特定利益集团的政治、经济利益。对于那些不反映主权国家意志和利益，没有被主权国家所加入和接受的国际法律规则，不应与国内法等同视之。

第二次世界大战以后，随着联合国的建立，以《联合国宪章》为核心的国际法体系，成为当代国际关系的基本准则。国际法规则开始具有更大的公平性和合理性，逐渐弱化由大国控制、操纵的局面，也逐渐反映了发展中国家，包括最不发达国家在内的第三世界国家的愿望和利益。联合国成为国际协商的重要平台，并致力于维持世界和平，发展国家之间的友好关系，帮助各国改善贫困人民的生活，战胜饥饿、疾病和扫除文盲，并鼓励尊重彼此的权利和自由。长期以来，中国尊重联合国的地位和作用，已经缔结、加入或批准大量国际条约，以维护良性的国际秩序。对此，中国尊重国际法，并一直在履行对已加入的国际条约的承诺。不过，这并不意味着要将国际法与国内法同等对待。

事实上，国际法与国内法在形成过程、法律效力和执行机制上存在重大差异。2004年联合国秘书长《关于冲突中和冲突后社会的法治和过渡司法的报告》中，对法治的定义确实包括了遵守国内法和国际法，但其只是倡导各国应当尊重国际法。从世界各国的情况来看，在国际法的执行方面大都采用实用主义态度，而真正将严格履行国际法义务作为一项国家行为习惯的情况还不多见。以美国为例，其凭借自身雄厚的经济基础和强大的军事实力，为了维护和拓展本国利益，将国际法视为实现其国家目标的工具。当国际法的规则有利于己时，总是积极遵守、推行甚至强迫他国遵守；一旦有悖于其利益就会消极抵制、曲解甚至摒弃不用。关塔那摩湾的囚犯、伊拉克战争、阿布格莱布的虐囚等事件都表明了这一倾向。最近，美国参议院情报委员会公布了美国中央情报局在审讯中对囚犯施加酷刑的报告，这直接反映了美国对国际法的公然漠视。国际法是在国际层面上调整国家之间的关系，很少甚至不对公众的行为产生直接影响。同时，由于在国际上并没有凌驾于各民族国家之上的国际强制执行机构，国际法的执行也就没有强制力保障。这也就决定了，那些在政治、经济和军事能力上占据优势的国家在选择是否履行国际法时就有更大的自主权。这正如芝加哥大学波斯纳教授曾观察的那样，强权大国都有采用"例外主义"的普遍倾向（universal exceptionalism）。因此，只有当世界政治、经济和军事出现多极化格局的时候，那些势均力敌的民族国家才有可能通过相互制衡来增进相互间的"重叠共识"（overlapping consensus），从而强化国际法的遵守。从这个意义上讲，中国等新兴经济体的出现，客观上有助于形成多极力量相互制衡的机制，更有利于国际法的执行和国际秩序的构建。

国际法不能完全等同于国内法的原因还在于：一方面，中国历来注重国家主权的相互尊重，因此在国际法效力上采用"二元论"，即认为国际法与国内法是两个平行的法律秩序。实践中，国际条约在中国的适用，或者需要通过国内法的转化才能适用（如世界贸易组织的一系列协定、外交领事关系公约等），或者需要经过批准后才在中国直接发生效力（如民商事领域的条约、环境保护方面的公约等）。因此，国际法在我国并不能当然发生法律效力。另一方面，当代国际法包括了大量的软法体系，例如，经济合作与发展组织（OECD）关于公司治理的指南、关于善治的指南，联合国国际贸易法委员会（UNCITRAL）担保交易立法指南、跨界破产示范法等，可以作为一国行动的重要参照标准，促进各国相关立法和实践的相互接近和协调。例如，《欧洲合同法原则》和《国际商事合同通则》旨在促进各国合同法规则的趋同，消除一些不必要的法律差异，尽量减少国际商事交易中的法律障碍，但其并不具有像国内法那样的拘束力。在国内法缺乏相应制度或者说存在制度矛盾的时候，这些软法的规则可以提供有益的参考，但这并不等于其就成为了国内法。还要看到，国际法的规则一般是调整国家之间的关系，其适用范围较为有限，与国内法存在明显区别。

中国是政治和经济大国，也是最大的发展中国家。作为联合国安理会常任理事国，中国一直致力于维护和建设国际法治，尊重《联合国宪章》的宗旨与原则，坚守和平共处五项原则，积极推动全球治理。尊重国际法，就是要尊重国际法的一些基本原则，严格遵守我们已经缔结、加入或批准的国际条约和法律文件（我国声明保留的部分除外）。我们要处理好国内法与国际法的关系，利用国际法坚决维护国家利益，特别是核心利益。对那些我们没有参与的国际法规则，我们也可以给予尊重，在立法中予以考虑，但这并不意味着这些规则当然对我们产生拘束力。尤其是在这些国际法规则与我们的国内法和国家利益发生冲突的情况下，首先要维护我国国内法的效力，维护我们的国家利益，特别是核心利益，而没有义务受这些国际法规则的拘束。

在全球化时代，国家间相互依存不断加深，全球治理理念不断深化。全球治理就是要以联合国等多边性的国际组织为核心，以国际法律规则为框架，构建平等、公正、合理的全球政治、经济新秩序。中国积极参与全球治理不仅符合中国自身的利益，而且也体现了一个大国的责任。但参与全球治理，仍然需要在"和平共处五项原则"基础之上来展开，力求实现各民族国家之间的平等对话和合作共赢。中国作为联合国安理会常任理事国，作为世界第二经济大国，有义务也有责任推动国际政治、经济新秩序的形成，为此，也需要尊重国际法，恪守已经缔结、加入或批准的国际条约，但这并不意味着要将国际法等同于国内法。

三、法治的发展

儒家文化对法治的影响

中华文明上下五千年，我们的祖先创造了灿烂辉煌的、以儒学为代表的中华文化，其中也蕴含着丰富的法律文化。然而，近代尤其是"五四"运动以来，一些学者认为儒家奉行人治，与现代法治的精神是对立的，实行法治必须摒弃儒家思想，不少人一提及古代的法律文化，即认为其与封建皇权专制相关联，对今天的法治建设并无益处。

诚然，法治的概念是一个外来词，中国虽然有法制，但并没有形成现代意义上的法治。自清末变法以来，我们的法律制度也主要是借鉴大陆法系国家的成文法经验，从而也被纳入大陆法体制之中。我们在今天全面推进依法治国方略的过程中，面临怎样对待本国传统文化的现实问题，是应当汲取中华法律文化精华，去其糟粕？还是应当全盘照搬外国的法治经验？这是中国的法治建设无法回避的问题。

人类社会的法治文明发展史表明，尽管一个国家的法律观念和制度最初可能是外来的，但成功的法治文化必须是本土的。法治文明既要吸收和借鉴世界各国的先进成果，又要尊重和挖掘本土资源。正如沃顿所指出的："每一民族均有她自己的法律，如同其语言，烙有其特定的民族精神的印记。正是在民族的共同意识里，实在法获得了自己的生存之处，并以激励一个民族所有成员的共同精神为导向，逶迤前行。"① 千百年来，以儒家文化为代表的中华传统文化，对人们的思想和行为有着潜移默化的影响，积淀了中华民族最深沉的精神追求，包含着中华民族最根本的精神基因，是中华民族生生不息、发展壮大的丰厚滋养。正如习近平同志所指出的："中华传统文化是我们民族的'根'和'魂'，如果抛弃传统、丢掉根本，就等于割断了自己的精神命脉。"因此，我们在法治建设中，应当以自身的传统文化为根基，并在此基础上培育我们的法治文化，否则，法治就会像浮萍一样没有根基，难以真正形成法治文化。每个国家和民族的历史传统、文化积淀、基本国情不同，其发展道路必然有自己的特色。法治建设也是如此，一个国家的治理体系和治理能力是与这个国家的历史传承和文化传统密切相关的。我们说在法治建设中要坚持从中国实际出发，就意味着既要从我国的现实国情出发，也要从我们的优秀传统文化出发，法治的大树必须植根在优秀传统文化的土壤里。

诚然，儒家文化中确实有不少思想与现代法治理念是不相符

---

① ［美］F. P. 沃顿：《历史学派与法律移植》，许章润译，载《比较法研究》，2003（1）。

的。例如，孔子曰："听讼，吾犹人也，必也使无讼乎！"（《论语·颜渊》）这种无讼思想其实过度强调道德教化，忽略司法在解决纠纷中的作用，显然不符合现代法治的精神。再如，儒家思想以纲常伦理为中心，主张等级差序，"贵贱、尊卑、长幼、亲疏有别"。所谓"名位不同，礼亦异数"①。这种差序规则构成了儒家所谓"礼"的核心内容之一，成为儒家治平之具。② 这与"法律面前人人平等"的现代精神相左。但是，中华传统文化的主流思想和主张是能够为现代法治建设所吸收的。近几十年来，与我国邻近的一些国家，如韩国、新加坡等，在儒家文化的基础上厉行法治，取得了巨大的成功。这足以说明，我国优秀传统文化是可以和现代法治建设相衔接的。如果简单地将儒家文化归结为人治，并将其与法治相对立，那么我们可能将要在一片荒地上建设法治，此种看法也与法治发展的经验不符。

在法治建设中充分吸收我国文化传统中的养分，也有利于促进法律的有效实施，提高法律适用的社会效果。那么，儒家文化中，究竟有哪些思想是可以为现代法治所容纳、能够与现代法治形成互补呢？

一是儒家文化建构了现代法治所需要的秩序文化。儒家文化历经两千多年，在维持社会秩序方面具有重要作用。从社会关系层面讲，儒家强调礼制，构建了个人对他人、对家庭、对国家的义务，并通过这些义务来维持社会的基本秩序。这与西方文化中从个人利益、个人权利出发的路径截然不同。西方法律文化因受

---

① 《左传·庄公十八年》
② 参见瞿同祖：《中国法律与中国社会》，356 页，北京，中华书局，2003。

自然法思想和人权哲学的影响，崇尚个人主义，强调自由、平等、意思自治以及责任自负等。而我国儒家文化更注重集体本位、义务本位，侧重于从义务的角度约束个人的行为，注重构建家国一体的秩序。儒学提倡"己所不欲，勿施于人"，避免了过度的个人主义本位对家庭伦理和社会伦理关系的危害。此外，儒学主张"中庸"以及"和为贵"等理念，也有利于维护社会和谐稳定。在今天看来，儒家思想的秩序观念也是现代法治所追求的，因为现代法治就是为了建设和谐、稳定的秩序。法治的实质在于良法善治，善治的重要内容就是实现社会和谐，所以，社会和谐也是法治所追求的目的。

二是儒家文化强调道德教化的作用，尤其是法治和德教的互补作用。儒学虽然主张德主刑辅，但从未否定法律在社会管理中的作用。而事实上，儒学仍然主张礼法合治，这也符合现代法治的理念。儒家传统主张，人之初，性本善。因而，人心向善，人人均可教化，即所谓"人皆可为尧舜"。儒学认为，道德是个人行为规范的基础，个人一切行为都应当通过道德自省来约束自己。所谓修身、齐家、治国、平天下，修身是国家治理的基础，社会是可以借助道德的力量来维持的，因此，一个和谐稳定的社会需要道德教化。所谓"法能杀人而不能使人仁，能刑人而不能使人廉"。《孝经治要》中引述孔子的话说，"而德教加于百姓，形于四海"。那么，如何才能达成有效的道德教化呢？在儒学看来，首先是个人要行君子之道，"修身养性"，"修己以安人"，践行"修己以安百姓"的求仁之道。君子要三省吾身，遇事多从自己身上找原因。孔子曰："君子求诸己"（《论语·卫灵公》）。其次是为政者必须严于律己，以身作则。孔子说，"为政以德，譬如北辰，居其所而众星拱之"（《论语·为政》）。再次，强调孝悌为本、讲究礼节、主张礼数、注重礼让。这些主张实际上都是要人们遵循礼教道德。在今天看来，依法治国和道德教化的相互配合、相得益彰是任何法治国家都要采取的社会治理模式。道德教化具有培育法治文化、滋养法律精神、促进法律实施、增进社会文明等重要作用。道德教化不仅引导人心向善，而且对相关的违法行为具有一种预防功能。儒家经典中对此有大量的论述，如"礼之教化也微，其止邪于未形，使人日徙善远恶而不自知"（《礼记·经解》）。

三是儒家文化注重维护家庭伦理，能为现代法治构建和谐家庭关系奠定伦理基础。家庭是社会最基本的细胞，家庭稳定是社会稳定的基础。儒家文化主张修身齐家治国平天下，家国一体，这就为维护社会稳定奠定了坚实的基础。儒学所主张的家庭伦理思想，其核心是"孝"。"孝"是千百年来中国社会维系家庭关系的道德准则。"父严母慈子孝"是传统家庭追求的标准。《孝经》中明确提出："夫孝，天之经也，地之义也，人之行也。"这实际上是把"孝悌"与天道联系起来了。儒学所强调的个人对家庭和社会的义务有利于促进人与人之间的互助互爱，以及家庭和社会之间的和谐。孟子曾言，人人亲其亲长其长，而天下平。这样就把"孝悌之行"作为治国平天下的根本出发点。在今天看来，家庭关系大量涉及情感，很难完全靠法律手段来调整，主要应当依靠道德教化实现家庭和谐，法律不应当过度介入家庭关系。在家庭关系中，更多的是应该怎么做，而不是法律要求怎么做。

四是儒家文化主张以民为本，这与现代法治精神也是契合的。法律本身需要贯彻民本思想，以民为本，民之所欲，法之所系。《后汉书·皇甫规传》注引《孔子家语》："孔子曰：'夫君者舟也，人者水也。水可载舟，亦可覆舟。君以此思危，则可知也。'"儒家主张君王要施仁政，仁政的核心是以民为本，顺乎民心，泽被天下苍生。孟子曰："民为贵，社稷次之，君为轻"（《孟子·尽心下》）。民贵君轻思想曾影响我国数千年，成为统治者治国理政的精要。今天，我们实行法治，首先也是要树立立法为民、执法为民、司法为民的理念，将人民的福祉作为最高的法律。应当看到，儒学作为基本的文化传统，像西方的基督教传统一样，重视和尊重人的尊严，这也是现代法治所要奉行的基本理念，儒学所主张的民本思想和人文关怀理念，也应当作为法治的基础。

五是儒家思想强调精英治理。儒学强调选贤任能，这与法治的理念也是吻合的。孔子向往"三代"，主张"天下为公，选贤与能"（《礼记·礼运》）。贤能一般是指有德有才、德才兼备的"君子"。孔子说："君子尊贤而容众，嘉善而矜不能"（《论语·子张》）。孟子则强调"尊贤使能，俊杰在位"（《孟子·公孙丑上》），也带有精英政治和民本的思想。孟子主张主权在民，治权在贤。为政之要莫先于得人、治国先治吏，为政以德、正己修身等，"政者，正也。子帅以正，孰敢不正"（《论语·颜渊》）。事实上，贤能之治也是现代法治社会中的善治的一部分内容，因为"徒法不足以自行"，善治的主体仍然是人，这些人应当真正具有治理国家的能力、具有较好的道德品行和较高的素质。这些思想都应该作为当代法治建设的重要思想资源。

六是儒家文化宣扬的信义观，是现代法治赖以发展的基础。儒家把仁义礼智信作为做人的基本内容。孔子主张天下为公、讲信修睦，在其看来，讲究信义是个人修身立命之本，也是"仁"的基本内容。所谓"人而无信，不知其可也"（《论语·为政》）。"诚信"是处理人际关系的准则。所谓"与朋友交而不信乎"（《论语·学而》），"与朋友交，言而有信"（《论语·学而》），孔子不仅把诚信看作是一种君子之道，而且将其上升为一种治国之术，所谓"自古皆有死，民无信不立"。孔子的这一思想被孟子进一步发扬，孟子提出了"五伦说"，即"父子有亲，君臣有义，夫妇有别，长幼有序，朋友有信"（《孟子·滕文公上》）。"君子信而后劳其民；未信，则以为厉己也"（《论语·子张》）。这种信义观，滋生出"民有私约如律令"的契约精神，为现代法治的发展提供了诚信土壤。依法治理一个国家、一个社会，关键是要立规矩、讲规矩、守规矩。弘扬儒学所倡导的诚信观念，必将为此奠定深厚的社会基础。

"落红不是无情物，化作春泥更护花。"儒学经典就像一张航海图，中国的许多统治者都是靠这张图来驾驶中国这艘大船。世易时移，朝代更替，中华民族经历了多少社会动乱，战胜了多少天灾人祸，渡过了多少急流险滩。中华民族生生不息，屹立在世界民族之林，中华文明依然能够延续并保持旺盛的生命力，其中儒家学说所具有的感召力和凝聚力发挥了重要的作用。今天，我们在推进全面法治建设过程中，也需要从传统文化中寻找治国理政的经验，取其精华，去其糟粕，既不能一味地固守传统，厚古薄今，也不能完全否定传统，厚今薄古。

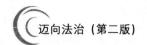
《慎子》有云："法者，非从天下，非从地出，发乎人间，合乎人心而已。"法律本身也是一种文化，法治文化作为社会文化的一部分，离开了其他文化要素存在的土壤，也不能独存。因此，培育法治文化，需要认真对待传统文化。

法家思想对现代法治建设的借鉴意义

我国是世界上最古老的文明国家之一，而法制文明是我国古代文明的重要标志。习近平指出："我国古代法制蕴含着十分丰富的智慧和资源，中华法系在世界几大法系中独树一帜。"古老的中华法系曾被世界公认为五大法系之一，在相当长的时间里处于世界法制文明的前列。在我国历史发展过程中，法家的思想对我国古代法制和人们的法制观念产生了深远的影响。

法家产生于春秋战国时期，为先秦诸子中的重要一派，其主要代表人物有申不害、商鞅、韩非等人，其核心观点认为，以法治国是富国强兵的重要手段，法律的主要作用在于"定分止争"和"兴功惧暴"。法家主张重刑主义，"以刑去刑"。古老的中华法系大量吸收了法家的思想，法家的思想对我国几千年封建社会产生了深远影响，而且对人们的法律观念产生了根深蒂固的影响。今天，我们在推进依法治国战略过程中，也应当积极吸取法家合理的思想内核，做到"古为今用"。

在全面推进依法治国战略的过程中，法家的哪些思想值得我们借鉴呢？

（一）重视法律在治国理政中的作用

法家先驱管仲在《管子》中最早提出了"以法治国"的概念："威不二措，政不二门，以法治国则举措而已"（《管子·明法》）。商鞅主张"缘法而治"（又称"垂法而治"）。虽然这些主张和我们今天的"依法治国"的内涵并不相同，但在重视法律的作用方面则是相同的。

在法家看来，法律主要具有如下功能：一是定分止争。定分止争是稳定社会秩序的前提和基础，而法律不仅是定分止争的工具，更是定分止争的公器，财产"盗不敢取，由名分已定也"（《商君书·定分》）。"故圣人必为法令置官也、置吏也，为天下师，所以定名分也"（《商君书·定分》）。名分一定，则能形成稳定的社会秩序，天下才能大治。二是兴功惧暴。"法者，所以兴功惧暴也"《管子·七臣七主》，"兴功"可以鼓励人们立战功，积极为国家效力；而"惧暴"则可以使那些不法之徒感到恐惧，讲法律以警愚顽，从而有效阻遏不法行为，维持社会秩序的稳定。这实际上是从积极和消极两个方面实现富国强兵、振兴国家的目的。所以，法家认为，"国无常强，无常弱；奉法者强则国强，奉法者弱则国弱"（《韩非子·有度》）。"法令者民之命也，为治之本也"（《商君书·定分》）。三是保障国家稳定。法家认为，人治虽然可以在一定时期内保障国家的稳定，但其具有不确定性，而以法治国则能有效保障国家的稳定。如韩非子认为，通过人治治理国家，则"千世乱而一世治"，而以法治国则能实现

"千世治而一世乱"（《韩非子·难势》）。而且即便像尧、舜那样的圣贤治国，其也无法完全依靠个人的品格治理国家，而必须依靠法律。如韩非子认为，"释法术而任心治（即人治），尧不能正一国；去规矩而妄意度，奚仲不能成一轮；废尺寸而差短长，王尔不能半中"（《韩非子·用人》）。

（二）君臣贵贱上下皆从法

法家主张，"法不阿贵""刑无等级"（《商君书·刑赏》），即认为法具有统一性，只有上下都遵守，这才叫法。所谓"君臣上下贵贱皆从法，此谓为大治"（《管子·任法》）。据《史记》记载，秦国的太子犯了法，商鞅认为，法律是所有人都要遵守的，即使是太子犯法，也要受到刑罚制裁。"于是太子犯法。卫鞅曰：'法之不行，自上犯之。'将法太子。太子，君嗣也，不可施刑，刑其傅公子虔，黥其师公孙贾"（《史记·商君列传》）。虽然最后处罚了太子的老师，但也体现了"法不阿贵"的思想。"法家不别亲疏，不殊贵贱，一断于法"（《史记·太史公自序》）。韩非子认为，"法不阿贵，绳不挠曲。法之所加，智者弗能辞，勇者弗敢争。刑过不避大臣，赏善不遗匹夫"（《韩非子·有度》）。这种思想与我们现在所讲的法律面前人人平等具有相似之处，只不过法家将法律作为维护君主专制统治的工具，其强调"君臣贵贱上下皆从法"只是为了保障法律的有效实施，而并没有真正实现法律面前人人平等。

（三）重视法律的公平价值

管仲将法的概念界定为："尺寸也，绳墨也，规矩也，衡石也，斗斛也，角量也，谓之法"（《管子·七法》）。"法律政令，吏民规矩绳墨也"（《管子·七臣七主》）。管仲将法比喻为尺寸、绳墨、规矩、衡石、斗斛、角量等，其实都是为了强调法应当是一种公平客观的评价标准。管仲又说，"法者，天下之仪也。所以决疑而明是非也，百姓所具命也"（《管子》）。《韩非子》中说："……悬衡而知平，设规而知圆，万全之道也。"商鞅进一步阐释了这种思想，他认为，"法者，国之权衡也"（《商君书》）。这与中国人所说的"法平如水"的观点是一致的。在法家看来，强调法应当体现公平价值，也有利于法的有效执行。"法平则吏无奸"（《商君书·勒令》）。"治强生于法，弱乱生于阿"（《韩非子·外储说下》）。意思是说，国家太平强盛得力于法治，国家纷乱贫弱是由于执法的不公正。

（四）重视法律的公开性，而且法律要让民众容易理解

按照法家的观点，法律应当做到明白易知，力求做到家喻户晓。法家先驱子产"铸刑书"，公布成文法，就是为了使民众了解法律的内容。韩非子认为："法者，编著之图籍，设之于官府，而布之予百姓者也。故法莫如显"（《韩非子·难三》）。商鞅也认为，法的公开，使"万民皆知所避就"，"吏不敢以非法遇民，民不敢犯法以干法官"（《商君书·定分》），法律的对象是民众，如果法律太深奥复杂，民众连看都看不懂，则很难遵守法律，因

此，"圣人为法，必使明白易知"（《商君书·定分》）。韩非子则对法律提出了"三易"的标准，即"易见"（即使人容易看到）、"易知"（即使人容易懂得）和"易为"（即使人容易执行、遵守）。其目的都是强调法律的内容应当为民众所知晓。重视法律的公开性，一是为了使"万民皆知所避就"，从而将法律作为行为准则，便于法律遵守；二是为了监督官吏公开断案，防止罪犯法外求情。此外，为了保障民众准确理解法律的内容，法家还主张由官吏宣讲、解释法律，使天下的人都"知法"，即"置主法之吏，以为天下师"（《商君书·定分》）。

（五）强调法律的严格执行

两千多年前，秦国商鞅变法时，秦孝公向商鞅提出了一个问题："法令以当时立之者，明旦欲使天下之吏民皆明知而用之，如一而无私，奈何？"（《商君书·定分》）。即法律制定出来以后，怎样才能尽快使全天下的所有官员和百姓们知法、守法？商鞅回应了秦孝公的问题，主张应当通过严格执法保障法律的实施，他说："法令者，民之命也，为治之本也，所以备民也。为治而去法令，犹欲无饥而去食也，欲无寒而去衣也，欲东而西行也，其不几亦明矣。"（《商君书·定分》）。法家强调，法律一经制定，必须严格执行。禁止官员随意篡改法律或者"释法就私""以私害法"。"不以私害法，则治"（《商君书·修权》）。慎到认为，"法之功，莫大于使私不行""立法而行私，其害也甚于无法""言行而不轨于法令者必禁"（《韩非子·饰邪》），都是强调法律必须要严格遵守、严格执行。

（六）立法应当顺应天理、民情，保持稳定

法家认为，立法应当"循天道、随时变、量可能"，即立法要符合自然规律，适应时代的要求和社会的实际，考虑实行的客观可能性。一是符合天道。如管仲认为，"法天合德，象地无亲，日月之明无私"（《管子·明法解》）。也就是说，立法应当符合天道，要做到从公而无私。二是因时而治。这就是说，法律要适应不同时期的社会需求，与时俱进。法家认为，"治民无常，唯法为治。法与时转则治，治与世宜则有功"（《韩非子·心度》）。"法非从天下，非从地出，发于人间，合乎人心而已"（《慎子·逸文》）。三是符合客观规律，即应当"量可能"。法家认为，立法应当建立在客观可能性的基础上。四是顺应民情。"凡治天下，必因人情"（《韩非子·八经》）；商鞅认为："人情好爵禄而恶刑罚，人君设二者以御民之志，而立所欲焉"（《商君书·错法》）。管仲也认为："人主之所以令则行、禁则止者，必令于民之所好，而禁于民之所恶也"（《管子·形势解》）。这实际上是要求法律应当符合民间习俗、一般民众的社会观念。

此外，法家还主张，法应当保持稳定性，即要实现"一法""一尊""法莫如一而固"。此处的"一"指的就是"法"的内容不能"故新相反，前后相悖"，"固"则指保持法的稳定性，"朝令夕改"只会是亡国之道。法律的内容应当保持统一，并且在一定期间内应当保持相对稳定。

在今天看来，法家许多合理的思想内核仍然值得我们借鉴。从历史上看，商鞅变法推行法家思想，厉行法制，"秦民大悦，

道不拾遗；山无盗贼，家给人足；民勇于公战，怯于私斗，乡邑大治"（《史记·商君列传》）。商鞅变法图强极大地振兴了秦国，最终使秦国一扫六合，统一中国。虽然自汉代以后，"罢黜百家，独尊儒术"，但实际上，中国历朝历代社会治理仍然注重运用法家的思想，许多学者也据此认为，中国封建社会实际上采取的是"儒表法里"的治国模式，这种说法也不无道理。

我们在借鉴法家的上述合理思想时，也应当看到法家思想的不足：一是过度夸大法律的作用，而忽略了道德教化的作用。事实上，法律能治"行"，但不能治"心"，"法能杀人而不能使人仁，能刑人而不能使人廉"（《盐铁论·申韩》）。所以，要从根本上治"心"，还必须发挥道德教化的作用。在这方面，儒家的观点更具合理性。二是法家的"轻罪重罚""以刑去刑"的重刑思想过于严酷，造成徒刑遍地，也不利于国家的长治久安。例如，法家主张："生杀，法也。循度以断，天之节也。"（《鹖冠子·天则第四》）。"骨肉可刑，亲戚可灭，至法不可阙也。"（《慎子》）。这种把法等同于刑法的思想，和现代法治理念也是不相符合的。重刑在发挥威慑作用的同时，更容易导致社会各种矛盾的激化。正如老子所指出的那样，"民不畏死，奈何以死惧之"。所以，商鞅的法家思想虽使秦国统一天下，但仅历经二世而亡，也从一个侧面反映了法家思想的局限性。三是法家认为，法是富国强兵的重要手段，"以法治国，举措而已"（《管子·任法》），法是治民不治君，并没有真正将法治作为一种目的，更遑论对法治的信仰。我们在推进依法治国战略的过程中，既要积极吸收法家思想的合理成分，也要摒弃其弊端和不足。

依法治国方略的形成与发展

党的十八届四中全会提出全面推进依法治国的重大战略任务，为全面推进依法治国制定了清晰的路线图，紧紧围绕建设中国特色社会主义法治体系、建设社会主义法治国家总目标，作出了系统规划和全面部署，开启了法治中国建设的新篇章。这次全会作出的《决定》是对党的十五大报告提出的"依法治国，建设社会主义法治国家"的进一步深化，表明我国的社会主义法治建设进入了新的历史阶段。要深入理解这一战略部署，有必要回顾依法治国方略的形成和发展过程。总体上说，依法治国基本方略的形成和发展，大致经历了以下三个阶段。

第一阶段：孕育阶段（1978—1997 年）

1949 年中华人民共和国成立，中国共产党成为执政党。党如何执政？采用什么方略治理国家呢？在这个问题上，党经历了一个艰难而曲折的探索过程。1954 年制定了共和国第一部宪法，初步奠定了社会主义法制的基础。"文化大革命"十年，社会主义法制遭到严重破坏，国家和人民蒙受了严重的灾难。之后，在总结"文化大革命"深刻教训的基础上，我们党开始探索治国理政的新方法。在党的十一届三中全会召开前的中央工作会议上，邓小平同志强调：为了保障人民民主，必须加强法制，使民主制度化、法律化。这体现了邓小平同志民主与法制思想的基本精神，为我国依法治国基本方略的形成奠定了基本理论基础。

党的十一届三中全会确立了"解放思想、实事求是"的思想路线，同时提出了加强社会主义民主、健全社会主义法制的任务目标。全会公报指出："为了保障人民民主，必须加强社会主义法制，使民主制度化、法律化，使这种制度和法律具有稳定性、连续性和极大的权威，做到有法可依，有法必依，执法必严，违法必究。"这"十六字方针"，准确地描述了法治的基本精神内核，阐述了依法治国的基本内涵，为依法治国方略的最终提出奠定了思想基础。邓小平同志还强调："搞四个现代化一定要有两手，只有一手是不行的。所谓两手，即一手抓建设，一手抓法制。"[1] 这进一步指明了实施依法治国的方向。

在党的十一届三中全会精神指引下，党领导人民进行了一系列重大立法工作。1979 年五届全国人大二次会议通过《刑法》等7 部重要法律。1982 年，全国人民代表大会通过了现行《宪法》。该《宪法》第 5 条第 1 款规定，"国家维护社会主义法制的统一和尊严。"这是依法治国在宪法中的最早表述，初步奠定了依法治国方略的宪法基础。《宪法》是治国安邦的总章程。对人民而言，它是基本权利的宣言书；对我们党来说，它是执政兴国的法制保证。依据宪法和相关法律的规定，司法机关恢复重建。党的十一届三中全会以后，按照"以经济建设为中心"和"建设有中国特色的社会主义"的指导思想和方针，立法机关开始推进立法进程，先后制定了《民法通则》等一系列重要的民事、

---

[1] 《邓小平文选》，第 3 卷，154 页，北京，人民出版社，1993。

经济法律，为改革开放和社会主义现代化建设提供了坚实的法律保障。

改革开放的深化和社会主义市场经济体制的建立，有力推动了法制建设稳步前进。1989年《行政诉讼法》的颁布，是我国法治政府建设的重要开端。1993年，党的十四届三中全会通过的《中共中央关于建立社会主义市场经济体制若干问题的决定》提出："各级政府都要依法行政，依法办事。"这是第一次在党的正式文件中提出"依法行政"，将法治政府建设作为法治建设的重点，进一步丰富了依法治国的内涵。这一时期，国家赔偿、行政复议、公务员等法律制度相继建立，政府的行政行为逐步被纳入法律规范的轨道。司法机关在打击犯罪和保护人民权益中日益发挥重要作用，逐渐形成了与经济发展需要和国家治理相适应的司法体系。

在这一阶段，依法治国方略虽然尚未提出，但"十六字方针"的提出和宪法及一系列重要法律的修订出台，清晰阐释了依法治国的基本精神，社会主义法制体系开始形成，这为依法治国方略的形成奠定了思想基础和制度基础。

第二阶段：形成和发展阶段（1997—2012年）

党的十五大正式提出依法治国基本方略。十五大报告指出："依法治国，是党领导人民治理国家的基本方略，是发展社会主义市场经济的客观需要，是社会文明进步的重要标志，是国家长治久安的重要保障。"这就正式将依法治国提升为国家治理的基本方略。依法治国方略的提出，是对我们党治国理政经验的全面总结与升华，标志着党在执政理念、领导方式上实现了一次历史性跨越，为我国此后的国家治理和社会治理指明了方向，具有里程碑意义。虽然"法治"和"法制"只有一字之差，但内涵有很大差别，即不再仅仅将"法"作为一种治理工具，而是作为国家制度的依据和基础，作为治国理政的基本方略。自此，"法制"回归其本意，成为法律制度的总称，主要从法律规则的层面强调法律体系的完整性和统一性；而"法治"作为一种与"人治"相对立的治国方略，强调依法治理，不仅要求具备"依法办事"的制度安排及运行机制，而且强调法律面前人人平等、规范权力、保障权利、程序公正、良法之治等精神和价值。

1999 年 3 月，九届全国人大二次会议通过的《宪法修正案》规定，"中华人民共和国实行依法治国，建设社会主义法治国家"，并将这一条作为宪法第 5 条第 1 款。正式将依法治国确立为宪法的基本原则，通过国家根本法对依法治国予以保障，使其有了宪法保障，也使"依法治国"这一基本方略有了长期性、稳定性的制度基础。

在党的十五大提出依法治国基本方略的基础上，党的十六大提出了坚持依法执政、不断提高执政能力的思想，要求不断改革和完善党的领导方式和执政方式，将民主、法治、人权建设从以往的"精神文明"范畴中独立出来，正式提出"政治文明"的概念，这就进一步丰富了依法治国的内涵，明晰了依法治国与其他治理方式的关系。党的十六大还提出"三统一"的法治原则，即"发展社会主义民主政治，最根本的是要把坚持党的领导、人民当家做主和依法治国有机统一起来"，这就确立了中国特色社会主义依法治国方略的根本原则。2004年，党的十六届四中全会提出"科学执政、民主执政、依法执政"的理念，把依法执政作为中国共产党执政的基本方式之一。这表明，我们党深刻认识到，在新的历史时期，必须实现执政方式的根本转变，将法治作为治国理政的基本方式。依法执政要求党要领导立法、保证执法、带头守法，进一步将依法治国与党的领导结合起来。"依法执政"的提出，表明我们党依法治国理念的进一步深化和发展。

在依法治国基本方略的指引下，我国立法事业取得了重大进展和显著成效。按照十五大报告提出的到2010年"形成有中国特色社会主义法律体系"的要求，2010年我国如期基本形成了以宪法为统帅，以宪法相关法、民法商法等多个法律部门的法律为主干，由法律、行政法规、地方性法规等多个层次的法律规范构成的中国特色社会主义法律体系，国家和社会生活各方面总体上实现了有法可依。这是我国社会主义民主法制建设史上的重要里程碑。

作为依法治国的重要组成部分，依法行政也取得了明显进展。国家在《全面推进依法行政实施纲要》中，提出要"全面推进依法行政，经过十年左右坚持不懈的努力，基本实现建设法治政府的目标"，并明确提出要"加强对执法活动的监督，推进依法行政"。继《行政处罚法》、《行政许可法》等一系列重要法律颁布之后，一批规范行政行为的法律法规相继出台，行政听证、告知和申辩、信息公开等行政程序相继确立，标志着我们在依法行政、建立法治政府方面取得了初步成果。

适应实施依法治国方略的需要，国家稳步推进司法建设与司法改革。最高人民法院先后发布《人民法院五年改革纲要》和《人民法院第二个五年改革纲要》。最高人民检察院相继采取相应的改革举措。这些措施致力于改革和完善诉讼程序制度，实现司法公正，提高司法效率，维护司法权威，提升司法公信力，促进了中国特色社会主义司法制度的发展。

在这一阶段，依法治国方略的正式确立，有力推动了法治观念的普及，指引了中国特色社会主义法律体系的形成，促进了法治政府建设和司法体制改革，我国法治建设在立法、行政、司法等各个领域都取得了重大进展和显著成就。

第三阶段：完善阶段（2012 年至今）

党的十八大强调，依法治国是党领导人民治理国家的基本方略，法治是治国理政的基本方式。十八大确立了依法治国的新任务和目标，即到 2020 年全面建成小康社会时，实现"依法治国基本方略全面落实，法治政府基本建成，司法公信力不断提高，人权得到切实尊重和保障"。这个战略目标是与 2020 年实现全面建成小康社会宏伟目标同时提出的，进一步凸显了依法治国的重要性。习近平同志多次强调依法治国的重要性，提出了"建设法治中国"的治国目标，并将其定位为实现中国梦宏伟蓝图的重要内容。这表明，依法治国是全面建成小康社会、实现中华民族伟大复兴中国梦的重要保障。

十八大以来，新一代领导集体高度重视法治建设，大大加速了我国的法治建设进程。社会主义法律体系形成之后不断完善，法治政府建设稳步推进，司法体制不断完善，全社会法治观念明显增强。与此同时，从严管党，从严治党，将权力关进制度的笼子，也成为依法执政的重要内容。在改革进入"深水区"和攻坚阶段后，习近平同志多次指出，凡属重大改革都要于法有据，在整个改革过程中，都要发挥立法的引领和推动作用。党的十八届三中全会提出要发挥市场在资源配置中的决定性作用，简政放权、转变政府职能，必然要求压缩政府审批权限、明确界定政府与市场和社会的关系，厘清政企关系、政事关系；进一步明确行政权力界限、规范行政行为与程序、加强行政信息公开，通过权力问责机制，加大对违法、失职行为的追惩力度，这为建设高效廉洁的服务型法治政府奠定了良好的基础。同时，依据党的十八届三中全会精神，建设法治中国，必须深化司法体制改革，加快建设公正高效权威的社会主义司法制度，这为我国的司法改革创造了有利的条件。

十八届三中全会提出，要推进国家治理体系和治理能力现代化。法治是现代国家的重要标志，法治能力是最重要的国家治理能力，法治化是国家治理现代化的重要标志，也是国家治理现代化的核心内容。在实现国家治理体系和治理能力现代化这一目标下，全面深化改革需要全面推进依法治国，而全面推进依法治国也需要全面深化改革。正是在这一背景下，党中央首次将依法治国确立为党的十八届四中全会的主题。这两次全会的《决定》形成了姊妹篇。

党的十八届四中全会高度评价长期以来特别是党的十一届三中全会以来我国社会主义法治建设取得的历史性成就，系统总结了依法治国的经验，研究了全面推进依法治国若干重大问题，对依法治国进行总体部署和全面规划，这在我们党的历史上是前所未有的。这次全会对依法治国方略作出进一步完善，提出建设社会主义法治体系和建设社会主义法治国家的总目标，与1997年党的十五大提出的形成社会主义法律体系相比较，虽然"法治体系"与"法律体系"只有一字之差，但其内容和精神实质已发生明显变化。法律体系注重立法层面的有法可依，而法治体系则覆盖到科学立法、严格执法、公正司法、全民守法全过程，囊括了依法治国、依法执政、依法行政与法治国家、法治政府、法治社会各方面。为了实现这一目标，四中全会提出建设"五大体系"，即形成完备的法律规范体系、高效的法治实施体系、严密的法治监督体系、有力的法治保障体系，形成完善的党内法规体系，并强调坚持依法治国、依法执政、依法行政共同推进，坚持法治国家、法治政府、法治社会一体建设，实现科学立法、严格执法、公正司法、全民守法，促进国家治理体系和治理能力现代化。这实际上明确了建设中国特色社会主义法治体系、建设社会主义法治国家的具体路线图。同时，强调依法治国必须依宪治国。依法治国，首先是依宪治国；依法执政，关键是依宪执政。在法治理念深入人心的背景下，这次全会科学规划了具体实施依法治国的路线图和制度保障。这是我们党对执政规律科学认识和深刻总结的结果，也是经济社会发展的内在要求和必然结果，将为实现"两个一百年"奋斗目标、实现中华民族伟大复兴的中国梦提供有力法治保障。

从党的十八大提出全面建成小康社会，到十八届三中全会提出全面深化改革，再到十八届四中全会提出全面推进依法治国，可以看出这三个"全面"之间形成了小康——改革——法治的内在联系。即全面建成小康社会必须靠全面深化改革，必须靠全面推进依法治国，改革和法治如车之两轮、鸟之两翼，缺一不可。只有牢牢抓住这两个方面，才能如期实现建成小康社会，实现中华民族的伟大复兴的中国梦。

世事虽无尽，人心终有归。建设一个富强、民主、文明、和谐的社会主义现代化国家，是近代以来中国人孜孜追求的梦想，而社会主义法治是实现这一追求的重要保障。党的十八届四中全会全面规划了依法治国方略的实现步骤和具体内容，必将有力地推进国家治理体系和治理能力的现代化，实现国家长治久安、社会和谐发展、人民生活幸福。

改革必须于法有据

（一）改革与法治

历史上著名的商鞅变法是典型的依法变革。商鞅变法的特点是立法先行。商鞅先后推动颁布了《垦草令》等一系列关于社会经济的法律，然后根据这些法律推行改革措施，并取得了巨大的成功。曾引起轰动的热播电视剧《大秦帝国》既形象地展示了变法的过程，又生动地显现了变法后的秦国社会状况，即"道不拾遗，山无盗贼，家给人足……乡邑大治"（《史记·商君列传》）。这段尘封已久的历史故事表明，古人早已领悟到变革既要改变规矩，又要遵守规则的道理。

回顾过往，再审视现时，我们会发现，变法图强的规律何其相似。经过三十多年的改革开放，我国社会面貌发生了翻天覆地的巨变，经济总量也已跃居世界第二。这种巨大的历史成就表明，改革是社会发展的原动力，改革是社会最大的红利。这也印证了丘吉尔的一句名言：要想完善就得改革，要想达到完美就得时常改革。不过，改革是一个"进行时"词汇，永远没有终点。改革与法治的关系，是相互推动、相互促进的关系。

全面推进深化改革必须全面推进依法治国。今日之改革固然取得了巨大成就，但并不意味着我们就可以躺在功劳簿上睡大觉。只要有颗冷静清醒的头脑，有双关注现实的眼睛，我们就不难发现，每个时期都有诸多亟须解决的问题，需要进一步深化改革才能找到合适的解决方案。特别是在今日之中国，改革已进入攻坚期、"深水区"，我们党面对的改革发展稳定任务之重前所未有、矛盾风险挑战之多前所未有，因此，依法治国在党和国家工作全局中的地位更加突出、作用更加重大。只有全面推进依法治国，才能更好地统筹社会力量，平衡社会利益、调整社会关系、规范社会行为，使我国社会在深刻变革中既充满活力又井然有序。只有全面推进依法治国，才能有效地化解经济发展过程中所遇到的阻力和障碍，保障改革顺利进行。对此，习近平同志多次指出，凡属重大改革都要于法有据，在整个改革过程中，都要发挥立法的引领、推动和规范作用。

全面推进依法治国必须全面推进深化改革。党的十八届三中全会提出，全面深化改革，推进国家治理体系和治理能力的现代化。而法治是现代国家的重要标志，法治能力是最重要的国家治理能力，法治化是国家治理现代化的重要标志，也是国家治理现代化的核心内容。在实现国家治理体系和治理能力现代化这一目标下，全面深化改革的重点之一，就是推进依法治国方略的具体落实。只有通过改革，才能破除法治建设的障碍，突破不合理、过时的制度性障碍，有效建立与市场经济发展相适应的法律体系，保障依法治国方略的有序推进。但改革要于法有据，就是要依法变法，以立法引领和推动改革，使改革始终处于法治的轨道。

（二）改革于法有据必须澄清几种认识

如何理解改革必须于法有据？在改革实践中，我们曾采取"摸着石头过河"的策略。从改革的成就来看，这种方式也有相当的实效。诚然，改革需要鼓励大胆探索、先行先试，总要有人成为先吃螃蟹的人。尤其是在改革开放之初，我国社会的最主要矛盾是人民日益增长的物质文化需求与落后的社会生产力之间的矛盾，如何化解这个矛盾，无现成的先例可供参酌和遵循，因此，必须突破。但在中国经过三十多年的改革实践之后，我们不仅取得了举世瞩目的成就，而且已经初步建立了社会主义市场经济体制，法律体系已经形成，这在总体上反映了我国在几十年摸索中得到了经验和规律，法治观念也深入人心，在此情形下，鼓励先行先试就不能是随意开口子、随意突破现行法律的基本规定。因此，即使是重大改革，也只能在法律规定的范围内进行，做到"先立后破""不破不立"，与立法的步调一致，否则就背离了法治。如果频繁地以改革的名义突破法律底线，会破坏稳定的社会秩序和经济秩序，损害改革已取得的成果。故而，改革要于法有据，并不是要约束或否定改革，而是为了提高改革的质量和实效，保障既有的改革成果。

有人认为，市场经济应当是一个市场主体纯粹自发实践的过程，改革就是要鼓励市场主体大胆探索，这就难免产生市场经济发展初期的诸多乱象。因此，改革中出现的无序现象是难免的，等到市场经济发展成熟之后，社会秩序和交易秩序自然就会规范起来，法律秩序也就自发地形成了。应当看到，市场主体的自发实践和大胆创新是实现市场创新和经济发展的重要动力，也是我国当前经济改革中需要激发的力量。但这并不意味着，仅凭市场自发的力量就足以形成良好的社会经济秩序。西方发达国家的经验也说明，成功的市场经济并非单纯市场自发行动的结果。相反，在西方国家的市场发展过程中，国家立法和司法判决所发挥的组织和推动工作发挥了不可忽视的作用。我国三十多年的改革实践证明，经济改革的成功不仅有赖于被激发和释放的市场主体活力，还取决于国家自上而下的组织和大力推动。在这一过程中，法治保障发挥了重要作用，这一点得到了国内外经济学界的广泛认可。只有改革于法有据，才能保证各项改革事业不变道、不走样。在深化改革的过程中，尤其在改革进入"深水区"和攻坚期以后，更要避免违法改革，防止"破窗效应"，绝对不能以牺牲法律的权威性为代价来推进改革，否则将给社会带来巨大的负面效应。

还有观点认为，就改革的词义本身而言，改革本质上是对现有利益、局面的调整，这就必然否定现有的规定，否则很难称之为改革。此种观点将改革与法治对立，显然是不妥当的。事实上，改革也应当具有系统性、整体性和协调性，这就必须通过科学立法、全面规划、总体设计，需要立法凝聚共识、推进改革。改革与法治之间并不必然存在冲突。正如前文所言，改革应当在法治的框架内进行，这既是保障改革有序进行的需要，也是保障改革成果的需要。改革逾越法律的界限，不仅改革成果无法得到法律的保护，改革者也可能因此承担相应的法律责任，故而，要求改革必须于法有据，既体现了对法律的尊重，也是保障改革顺利进行的必要条件。

（三）为什么改革必须于法有据

一是只有立法才能凝聚改革的共识，为深化改革奠定稳定的基础。我国进一步的改革将触及深层次矛盾和重大利益调整，牵一发而动全身。如何凝聚改革的共识？只有通过科学立法和民主立法，汇聚全体人民的意志和利益诉求，协调各方面的社会矛盾，从而促进改革的进行。因此，法律是促成社会共识的最佳工具，以此工具来指引改革，当然能最大限度地凝聚改革共识，从而在方向上、策略上、步骤上、方法上为进一步深化改革奠定牢固的基础。

二是只有立法才能有效保障改革的有序进行。改革越深入，则遇到的问题越复杂，越需要通过立法引领和有序推进，这就需要将改革纳入法治的框架内，从而使改革得以稳步有序进行，避免出现越改越乱的现象，甚至出现社会动荡。改革必须于法有据，意味着任何人都不能以改革需要为由，任意突破法律的底

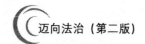

线，更不能把违法乱纪的事视为改革。

三是只有立法才能有效维护改革的成果。改革的成果最终只有通过法律确认下来，才能得以巩固，并能够为广大人民群众所接受并成为可推广、可复制的经验。改革于法有据，改革成果才能受法律的保护。如果改革突破法律的底线，可能会收到一时之效，但从长远来看，其可能造成秩序的混乱，反而得不偿失。

四是只有立法才能保障改革措施的稳定性和可预期性，维护法治的权威和统一。改革开放三十多年来，我国法制建设取得了重大成就，现有的法律体系已经基本涵盖了社会生活的主要方面。如果我们提倡改革，但又不要求改革必须于法有据，就可能引发漠视现行规则的法律虚无主义现象，一些人可能会打着改革的旗号，大胆突破法律规定的底线，逾越法律红线，甚至作出违法违纪的事。如此久而久之，改革就可能成为突破法律的借口，法治所彰显的社会秩序的稳定性和可预期性就会大打折扣。

五是只有立法才能使改革在宪法的框架内进行顶层设计。从法治的发展路径上看，全球范围内主要有两种模式，一种是早期西方国家采取的社会演进模式，其特点是靠社会发展的自然演进，是自下而上的发展；另一种是发展中国家正在采取的政府主导和推进的模式，其特点是注重顶层设计，是自上而下的发展。①我国目前采取的主要是后一种路径，即由中央负责顶层路线的设

---

① 参见蒋传光：《新中国法治简史》，201页，北京，人民出版社，2011。

计，然后自上而下地逐级逐步推行。在此种模式下，改革更需要在宪法所确立的法律秩序的框架范围内进行顶层设计，然后由顶层设计所确立的制度改革逐层推进，如此才能收到良好的效果。

（四）怎样做到改革于法有据

在全面推进依法治国进程中，怎样确保改革于法有据呢？

——立法应当具有前瞻性。在改革开放初期，无任何经验可资借鉴，改革措施基本上都涉及重大突破性的政策变革。在这样的特殊背景下，我国实行了"试错模式"，允许先尝试、再立法，立法机关也奉行"成熟一条，制定一条"的态度。时至今日，改革经验已相当丰富，思路也相当清晰，规律也基本可见。立法不仅要在事后确认改革成果，还应当而且能够充当引领改革的推动力，需要主动适应改革和经济社会发展需要。这就要求立法应有一定的前瞻性，能为改革过程中可能出现的问题提供解决方案，能为将来可能施行的改革提供法律依据，以保障将来的改革能够于法有据。若立法没有前瞻性，它就一直滞后于改革，改革必须于法有据也就是空谈。为此，必须通过科学立法和民主立法，认真做好顶层设计、立法决策和立法规划，在立法过程中对未来的每一项改革都要进行认真研究和策划。当然，立法必须立足于实际，不能过于超前，也不能盲目立法，应当准确把握好立法前瞻性的度。

——应当协调法律的稳定性和改革的变动性。法律求稳，不能朝令夕改，否则，会使人们无所适从，并会怀疑法律的权威性。然而，改革求变，改革必然带来社会的变化，立法不可能对改革的进程全部作出规定。因此，必须处理好立法的稳定性与改革的变动性之间的关系。具体而言：一是立法应当侧重于将已经成熟的规律认识和经验做法确认和固定下来，以保证改革在一个科学的法治轨道上展开。二是对于那些尚无成熟规律和经验可循的问题，立法不能脱离改革进程的实际情况，对于前景不明晰的改革事项，应当保持谦抑态度，不能强行作出刚性规定或作出过多限定，而应当为未来的改革预留空间，避免对未来的改革设置过多的障碍。在此方面，《物权法》提供了成功经验。比如，在宅基地使用权的规范中，由于宅基地流转改革未定，该法在这方面规定的条文也就比较抽象，这就能为未来的改革预留了空间。三是在立法后，立法者应当依据不同阶段改革的需要，对法律进行适时修改、与时俱进，从而与改革形成良好的互动关系。也就是说，虽然法律应具有一定的前瞻性，但立法者很难完全预见到未来可能出现的一切法律问题，因此，随着改革进程的推进，一旦法律无法有效调整相关的社会关系，立法者就应当及时对法律进行必要的修改，以适应改革的需要。法律应当具有稳定性，但这并不意味着法律是绝对僵化和保守的，在一定的条件下，立法者应适当修改法律，以不断适应发展变化的社会环境。

——立法要及时确认改革的成果。随着改革的深化，改革的许多成果都需要通过法律确认下来，防止走回头路。据此，凡是改革中已经证明是成熟的、可行的经验，立法应当及时对这一改革的成果加以确认，使之上升为法律，以此使法律与改革进程保持基本同步，否则就会影响改革的推进。以公司注册资本制度改革为例，根据国务院的有关要求，全国各地曾先后积极推进这项改革，从法定资本制改为认缴制，但由于《公司法》修改滞后，导致该项改革在实施过程中阻力重重。尽管《公司法》在 2013 年 12 月份作出了相应调整，但《公司登记条例》和《公司登记管理办法》却并未及时配套修改，从而在程序上影响了改革举措的具体落实，在实践中也使改革的效果大打折扣。

——针对突破既有法律的重大改革，应当通过法律授权的方式进行。法律授权本身就是一种立法审慎的态度。对于那些需要而且可以进行实验性改革的事项，由立法机关审议后决定授权给政府实施，这本身也体现了公权力"法无授权不可为"的原则精神，保证重大改革于法有据。例如，2013 年 8 月 30 日第十二届全国人大常委会第四次会议通过《关于授权国务院在中国（上海）自由贸易试验区暂时调整有关法律规定的行政审批的决定》，这是国家权力机关通过授权方式推动改革的一项重大立法实践，是改革必须于法有据的典型事例。

——及时并全面清理地方性法规和地方政府规章，使其符合宪法和法律的基本精神，让社会经济生活真正进入有序的法治轨道。事实上，一个国家的法治之所以具有体系性、稳定性和可预期性，主要是因为国家的所有规范性法律文件都是在统一的法律精神的指导下展开的，否则就会产生立法的部门利益化、通过立法来实施地方保护主义等问题。由于我国目前没有切实开展对地方性法规、部门规章等法律文件的合宪性审查机制，导致立法部门化、立法地方保护主义等现象频频发生，这给我国社会主义市场经济秩序的建设设置了程度不同的障碍。例如，《物权法》要求建立全国统一的不动产登记制度，但在《不动产登记暂行条例》实施前，各地方和各部门仍然在登记制度方面各自为政，不符合《物权法》的基本要求。又如，在不动产征收制度上，《物权法》要求对被征收人及时给予补偿，但征收的程序、补偿的标准究竟应当如何界定，一直没有具体的规定，从而导致各地政府各行其是，出现了不少违法强拆的事件，引发了一些社会矛盾。

　　总而言之，在我国改革进入"深水区"和攻坚期以后，各项全面深化改革措施的展开，必须严格遵循全面推进依法治国的方略，确保改革事业在法治轨道上推进，确保改革必须于法有据。不过，正如梅因所指出的，社会总是走在法律前面，立法者可能非常接近两者缺口的结合处，但永远无法缝合这一缺口①，而人民幸福的大小取决于这个缺口缩小的快慢，故而，法治也要与时俱进，要及时通过立法来固化改革的成果，为改革提供依据和基础。"苟日新，日日新，又日新"（《礼记·大学》），我们需要改革，但绝不是为了改革而改革，而是要用法治思维和法治方法来改革。只有强调和坚持改革必须于法有据，才能使改革与法治形成良性互动，既保证改革的顺利进行，又保证社会秩序的稳定，同时也能促进法治的不断发展和完善。

---

① 参见［英］梅因：《古代法》，沈景一译，17页，北京，商务印书馆，2011。

四、依法执政

依法治国与依法执政

党和法治的关系是法治建设的核心问题。依法执政，是指中国共产党依据宪法和法律领导全国人民，坚持和实现总览全局、协调各方，确保人民当家做主，实现国家治理体系现代化。依法执政是人类政治文明的共同成果，也是当代政党执政所应共同遵循的规律，是我们党在新的历史时期所应坚守的基本执政方式。

党的十一届三中全会以来，我们党深刻总结了十年"文化大革命"的惨痛教训，提出为了保障人民民主，必须加强法治，必须使民主制度化、法律化，把依法治国确定为党领导人民治理国家的基本方略。邓小平同志多次指出，以党代政，党政不分，"权力过分集中的现象，就是在加强党的一元化领导的口号下，不适当地、不加分析地把一切权力集中于党委，党委的权力往往集中于几个书记，特别是集中于第一书记，党的一元化领导因此变成了各级党的一把手的个人领导。"① 这种人治色彩浓厚的执政方式，非常容易造成个人的专权独断，从而给党和人民的事业造成严重的伤害和损失。在总结社会主义法治建设成功经验和深刻教训的基础上，党的十六大在阐述完善党的领导方式和执政方式时，最先提出了依法执政的概念。明确提出了坚持依法执政、不断提高执政能力的思想，这反映了依法治国基本方略对党的执政活动的内在要求。十六届四中全会决定基于中国共产党的历史方位所发生的变化，在总结改革开放实践经验的基础上，从完成党在新世纪、新阶段的历史任务出发，明确提出依法执政是新的历史条件下党执政的一种基本方式。

十八大以来，新一代领导集体高度重视法治建设，大大加速了我国的法治建设进程。从立法来看，社会主义法律体系形成之后，正在不断走向完善。司法改革的总体目标和具体措施，各项改革措施正在逐步实现保障司法机关独立、公正行使职权的目标，司法改革重新掀起高潮，方兴未艾。与此同时，从严管党，从严治党，将权力关进制度的笼子，也成为依法执政的重要举措。依法行政，建设法治政府，已经成为"三位一体"建设中的重要一环。简政放权、转变政府职能的诸多措施的施行，为建设高效廉洁的服务型政府，确立了良好的基础。十八届三中全会提出全面深化改革的战略部署，将全面深化改革的目标确定为推进国家治理能力和治理体系现代化；党的十八届四中全会提出全面推进依法治国，并确定了法治体系和法治中国建设的总目标，设

---

① 《邓小平文选》，2 版，第 2 卷，328～329 页，北京，人民出版社，1994。

计了详细的路线图。依法治国事关我们党执政兴国，事关人民幸福安康，事关党和国家长治久安。中国共产党高度重视法治建设，习近平同志指出："党和法的关系是一个根本问题，处理得好，则法治兴、党兴、国家兴；处理得不好，则法治衰、党衰、国家衰。"这就深刻地阐释了党和法治的相互关系。党的领导与依法执政的关系，是中国落实依法治国方略，建设法治国家的关键所在。二者的关系处理好了，党和人民的事业就兴旺发达；二者的关系处理不好，党和人民的事业就会遭遇挫折。

四中全会决定提出，走中国特色社会主义法治道路，首先必须坚持中国共产党的领导，并提出要坚持依法治国、依法执政、依法行政共同推进，依法治国是总体性内容和目标，依法执政和依法行政是其中的具体内容。"三位一体"建设是执政党对治国理政规律认识的重大飞跃，也是治理体系现代化的具体体现。四中全会决定对这一重大理论问题作出了系统的阐述，指出党的领导是中国特色社会主义最本质的特征，是社会主义法治最根本的保证。把党的领导贯彻到依法治国全过程和各方面，是我国社会主义法治建设的一条基本经验。在确立法治建设总目标之后，四中全会决定首先提出必须坚持党的领导。在四中全会决定中，关于党和法治的关系，有许多需要深刻理解和体会的理论亮点，笔者认为，至少体现在如下几个方面：

1. 坚持党的领导是全面推进依法治国的题中应有之义

我国宪法确立了中国共产党的领导地位。《宪法》序言规定了国家的总目标：中国各族人民将继续在中国共产党领导下，把我国建设成为富强、民主、文明的社会主义国家。宪法从根本法、最高法规范的角度，确立了党的领导地位。党的十五大报告提出"依法治国"口号之后，"依法治国，建设社会主义法治国家"被写入宪法，上升为宪法确立的基本原则，并成为党和国家治国理政的基本方针和行动指南。党的十六大提出了"三统一"的法治原则，即"发展社会主义民主政治，最根本的是要把坚持党的领导、人民当家做主和依法治国有机统一起来"，这就确立了中国特色社会主义依法治国方略的根本原则。

全面深化改革和全面推进依法治国，都必须始终坚持党的领导。当前的改革进入了"深水区"，必须展开"攻坚战"，且社会矛盾纷繁复杂，国际形势复杂多变。在这样的时代背景下，实现全面深化改革与落实依法治国方略，是相辅相成、互相促进的。历史经验表明，党的坚强领导是社会主义事业取得辉煌成绩的根本原因，而国家和社会生活的法治化，是实现国家长治久安、人民幸福安康的根本保证，是我们党转变执政方式，实现长期执政的有力保障。因此，党的领导和法治的关系，就是中国特色法治理论必须深入研究和阐述的问题，是中国特色的法治理论必须全面回答的核心问题。党的十八届四中全会更明确地指出：坚持党的领导，是全面推进依法治国的题中应有之义。所谓"题中应有之义"，是指：党的领导和社会主义法治是一致的，党的领导是社会主义法治的根本要求，社会主义法治必须坚持党的领导，党的领导必须依靠社会主义法治。社会主义法治国家建设，是党领导人民建设社会主义的组成部分，同时，党领导的社会主义建设又必须由法治保障。党的领导和法治是统一的、不可分割的，而不是对立的。因此，四中全会决定提出，要把党领导人民制定和实施宪法、法律，同党坚持在宪法、法律范围内活动统一起来。善于使党的主张通过法定程序成为国家意志，善于使党组织推荐的人选通过法定程序成为国家政权机关的领导人员，善于通过国家政权机关实施党对国家和社会的领导，善于运用民主集中制原则维护中央权威、维护全党、全国团结统一。

2. 全面推进依法治国必须坚持党的领导

四中全会深刻总结了我国社会主义法治建设的成功经验和深刻教训，进一步强调全面推进依法治国必须坚持党的领导。党的领导是全面推进依法治国、加快建设社会主义法治国家最根本的保证。必须加强和改进党对法治工作的领导，把党的领导贯彻到全面推进依法治国全过程。中国共产党作为执政党，不同于西方的政党，它领导整个国家，决定了国家和社会治理方式。我国宪法以根本法的形式反映了党领导人民进行革命、建设、改革取得的成果，确立了在历史和人民选择中形成的中国共产党的领导地位。只有在党的领导下依法治国、厉行法治，人民当家做主才能充分实现，国家和社会生活法治化才能有序推进，而中国能否建成社会主义法治体系和法治中国，关键在于中国共产党自身能否实现法治。① 四中全会决定指出，"依法执政是依法治国的关键"，执政党依法执政，在宪法和法律的范围内活动，才能够使执政党不断提高执政水平和执政能力，带领全国人民厉行法治，建设社会主义法治国家。根据四中全会的精神，党在法治建设中的领导作用主要表现在：

---

① 参见姜明安主编：《法治国家》，前言，9页，北京，社会科学文献出版社，2015。

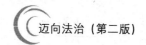

第一，领导立法。中国共产党代表和反映人民的共同意志和根本利益，党的政策的制定应当从群众中来，到群众中去，充分体现人民群众的意志。然后通过法律程序把这种意志转化为法律，党的主张是人民主张的集中体现。党对法治建设的领导，首先是通过法定程序把自己的主张转化为国家意志，成为全国人民共同遵守的法律，引领社会主义法治建设。党要根据国家的大局和人民的意愿，适时提出立法建议，善于通过立法程序转化为国家意志，即上升为法律。

第二，保证执法。保证执法就是要督促和支持国家机关依法行使职权，执法部门严格依法办事，切实维护公民的合法权益。为此，党应该通过思想领导、政治领导、组织领导和工作领导，监督和促进执法部门严格执法，努力保障执法效果。

第三，监督执法。政府依法行使公权力，也要受到党委的监督。当然这种监督不是针对具体工作的随意干预，而是依据法律程序和相关规定进行的监督。党的监督并不等于党要包办一切社会管理事务，包办各种国家机关所具体行使公权力的活动，党的各级组织也不能替代各种国家机关。党的监督主要是保证国家机关的公权力得到正确的行使，党的政策得到国家机关的落实。

第四，支持司法。为了保障司法公正，党委应该支持司法机关依法独立行使审判权和检察权，认真履行宪法和法律赋予的司法职责，努力实现司法公正。四中全会决定要求建立领导干部干预司法活动、插手具体案件处理的记录、通报和责任追究制度。任何党政机关和领导干部都不得让司法机关从事违反法定职责、有碍司法公正的事情，任何司法机关都不得执行党政机关和领导干部违法干预司法活动的要求。对干预司法机关办案的，应当给予党纪政纪处分；造成冤假错案或者其他严重后果的，应当依法追究法律责任。这些决定都是为了有效地支持司法。

第五，带头守法。《宪法》第5条规定："一切国家机关和武装力量、各政党和各社会团体、各企业事业组织都必须遵守宪法和法律。一切违反宪法和法律的行为，必须予以追究。"执政党带领人民制定法律，也要在遵守宪法和法律的过程中起到表率作用。全体党员都要遵守宪法和法律，并引导各级国家机关、各种社会团体和各族人民群众遵守宪法和法律。根据宪法规定，党必须在宪法法律范围内活动，不能拥有任何超越宪法和法律的特权。任何权力都要受到宪法和法律的约束，不能允许任何人以权代法、以权压法、以权废法。

在法治国家和法治社会建设过程中，不可避免地遇到各种阻力和障碍，因此，执政党始终树立法治的坚定信念，坚定不移地带领全国人民厉行法治，这是有效消除各种阻力，建成法治国家和法治社会的关键。

3. 党的领导必须依靠社会主义法治

法治是人类社会历史所证明的最佳的社会治理模式。法治具有稳定性、持续性和可预期性的特点，既能够维持人们行为的可预期性，也能保障社会发展的有序性、稳定性。一方面，我国宪法和法律体现了党所代表的人民意志，确立了党对于国家各项事业的领导地位。从这个意义上说，全面贯彻落实宪法和法律，就是全面落实党的领导。另一方面，法治是提高党的执政能力和执政水平的根本保障。只有贯彻法治思维和法治方式，通过法律规定的途径和程序，依据反映人民意愿、符合公平正义的良法执政，党的执政才能更具科学性和正当性，这也有利于避免和减少执政中的错误，降低纠正错误的成本。加强和改进党的领导，必须依靠法治。

党要领导全国人民全面推进依法治国，建设法治体系和法治中国，就必须要坚持依法执政。习近平同志指出，我们党是执政党，能不能坚持依法执政，能不能正确领导立法、带头守法、保证执法，对全面推进依法治国具有重大作用。所以，依法执政是依法治国的关键。实行依法执政首先要求党必须依据宪法与法律治国理政。

依法执政首先要依宪执政。宪法和法律是党领导人民制定的，依法执政意味着，各级党组织和领导干部有义务维护宪法法律权威、保证宪法法律实施。宪法科学、合理地配置了国家权力，实施宪法才能真正将公权力关进制度的笼子中，并保障国家权力的顺利交接。实施宪法意味着要落实宪法所确立的法律面前人人平等的原则，任何人不得享有宪法和法律规定以外的特权。各级领导干部要在宪法法律范围内行使职权，同时要对法律怀有敬畏之心，牢记法律红线不可逾越、法律底线不可触碰，带头遵守法律，带头依法办事，不得违法行使权力。党员领导干部带头守法，模范遵守法律，必然能在全社会起到示范作用，从而实现全民信法、人人守法。只有坚持依宪执政，才能真正维护宪法的权威，保障宪法的实施。

依法执政有利于提高党的执政能力和执政水平，实现治理能力的现代化。民主政治必然是法治化的政治，我们党要领导全国人民建设社会主义现代化国家、实现中国梦，就必须把依法治国基本方略同依法执政基本方式统一起来。在推进依法治国方略的过程中，执政党必须率先垂范，既要提高自身的执政能力，又要努力防止决策错误，同时也应当完善党委依法决策机制，发挥政策和法律的各自优势，促进党的政策和国家法律互联互动。只有坚持依法执政，才能够吸收和运用全社会的智慧成果，补充自己的认识不足，最大限度地减少执政失误。① 党的活动应当受到宪法和法律的约束，党对国家机关的领导一定要有科学、民主、法定的程序，必须尊重和遵守立法程序、行政程序、司法程序、公正人员任命程序、监督程序以及重大事务的决定程序。所以，只有依法执政，才能使我们党能够根据人民的利益和要求，圆满地完成和实现其执政任务，并能够实现最广大人民群众的根本利益。②

依法执政有利于领导干部运用法治思维和法治方式深化改革、推动发展。习近平总书记在 2014 年 2 月 28 日的中央全面深化改革领导小组第二次会议上特别强调，"凡属重大改革都要于法有据"，强调改革过程中，执政党要学会运用法治思维和法治方法，要让法治在改革中发挥引领和推动的作用，就要加强党对相关立法工作的协调，确保改革事业在法治轨道上推进。此外，按照依法执政的要求，各级党组织要从方向和组织上实现对政法工作的领导，但在具体工作中，要理顺党委政法委和司法机关之间的关系，支持司法机关依照宪法、法律独立行使职权，而不能

①② 参见张恒山等：《依法执政 中国共产党执政方式研究》，7 页，北京，法律出版社，2012。

非法干预，甚至越俎代庖。

依法执政有利于依法有效化解各种社会矛盾和纠纷。当前，我国处于社会转型阶段，经济体制深刻变革，社会结构深刻变动，利益格局深刻调整，思想观念深刻变化，各种社会矛盾不断显现。在这样的背景下，各级领导干部更需要按照习近平同志所要求的，运用法治思维和法治方式深化改革、推动发展、化解矛盾、维护稳定。在实践中，一些地方实行"高压维稳"，漠视对个体权利的保护，其结果是越维越不稳，不仅没有有效化解矛盾，反而导致矛盾的进一步激化。法律的基本功能是定分止争，法律将解决各种纠纷的方案和途径予以程序化，为社会矛盾和纠纷的解决提供了最为稳定有效的解决办法。通过法律来化解社会矛盾和纠纷，可以避免纠纷解决中的随意性和差异性，保证公正性。

4. 依据党内法规管党治党

四中全会第一次在中央文件中明确提出"党内法规体系"的概念，指出党内法规既是管党治党的重要依据，也是建设社会主义法治国家的有力保障。党的依法执政，既要求党依据宪法法律治国理政，也要求党依据党内法规管党治党，实现党的内部的法治化。四中全会把"形成完善的党内法规体系"作为五大具体任务之一，开拓了法治建设的新领域。

要管理好一个有着八千六百多万名党员的大党，传统管理方式有诸多不适应的地方。面对现代化、法治化的新局面，必须适时调整党的管理机制。中国共产党深刻认识到了在新形势下完善自身建设的重要性，认识到了实现党的内部的法治化的重要性。

在新的历史时期，党面临的内外部环境日趋复杂，面临的自身建设任务日益加重，这些变化都对中国共产党的领导方式和执政方式提出了更高的要求，客观上都需要依据党内法规体系管党治党。具体而言，依据党规管党治党具有如下几个方面的原因：第一，是提高党的执政水平的要求。依法执政是人类政治文明的共同成果，我们党要不断提高执政水平，也应当坚持依规管党治党，这也是科学执政和民主执政的基本要求。第二，是党在新时期领导人民治理国家的需要。严格依据党内法规治理党，是对中国共产党党建理论的重要发展，也体现了党对法治理念的深刻理解和内化。第三，是保持党的先进性和纯洁性的需要。"打铁还需自身硬"，党内法规的要求要严于法律规则，严格依据党内法规治党，有利于督促党员时刻严格要求自己，不断提高自身素养，才能时刻保持党的先进性和纯洁性。党内法规体系与法律体系一起，都是人民意志的反映，在根本上是一致的，两者都保证了我们党依法执政，也丰富了国家治理能力现代化的内容。但是，党内法规体系不同于国家法律体系，毕竟它不是由立法机关制定的法律规范，其适用范围也仅针对全体党员，而不是适用于全体公民。从内容上看，它是执政党对自己的党员的特殊要求，也是党保持执政能力的制度和规则基础。

四中全会决定提出建立党内法规体系，将形成国家法律法规和党内法规制度相辅相成、相互促进、相互保障的格局。一方面，党内法规体系确保党的领导干部带头守法，严格约束了公权力的滥用，防止任何党员以权代法、以权压法、以权废法，确保党的领导干部切实遵守法律，保证法律面前人人平等。另一方面，党内法规体系可以在一定程度上弥补法律法规的不足。法律是对公民的基本要求，是基本的行为规则，而我们党是先锋队，对党员的要求应当更为严格，党员不仅仅有遵守国家法律的义务，还负有遵守党内法规的义务。因此，党内法规可能要严于国家法律，党的各级组织和广大党员干部不仅要模范遵守国家法律，而且要按照党规党纪以更高标准严格要求自己，这也可以在一定程度上弥补法律规定的不足。

五、立良善之法

完善法规体系　以良法保善治

四中全会提出，法律是治国之重器，良法是善治之前提。我国法律体系虽然已经形成，但这并不意味着立法任务已经大功告成。从立法层面来看，有的法律法规未能全面反映客观规律和人民意愿，针对性、可操作性不强；有的法律法规全面反映客观规律和人民意愿不够，解决实际问题有效性不足；立法工作中部门化倾向、争权诿责现象较为突出。因此，全面推进依法治国方略，首先需要完善以宪法为核心的中国特色社会主义法律体系，坚持立法先行，发挥立法的引领和推动作用，抓住提高立法质量这个关键。

1. 完备法律规范体系的内涵

四中全会不仅提出了建设中国特色社会主义法治体系和建设社会主义法治国家的目标，而且明确了指导思想和具体的工作任务，这就是要致力于推动形成完备的法律规范体系、高效的法治实施体系、严密的法治监督体系、有力的法治保障体系以及完善的党内法规体系。在这五大体系之中，置于首位的是形成完备的法律规范体系。这是因为，依法治国必须以完善的法律规范体系为前提和基础，否则就是无源之水、无本之木。只有经济社会发展的各方面实现有法可依，不断提高立法的科学化、民主化水平，才能实现良法善治，才能为依法治国提供基本制度依循。

完备的法律规范体系是对中国特色社会主义法律体系的深化和提升。2011 年 3 月，吴邦国委员长宣布：中国特色社会主义法律体系已经形成。这标志着我国在立法方面取得了举世瞩目的成就，初步结束了无法可依的局面，为法治的实施奠定了全面系统的国家规则基础。但是，法律体系的形成并不等于法律规范体系的完备，完备的法律规范体系应当具有如下特征：

第一，质量为本。四中全会提出，形成完备的法律规范体系的关键是提高立法质量。法治不是简单的法条之治，而应是良法之治；良法能够反映最广大人民群众的意志和利益，符合公平正义要求，维护个人的基本权利和自由，反映社会发展规律。良法应当具有明确性、具体针对性、可操作性。立法也并非多多益善，繁杂但不实用的法律，不仅耗费大量的立法资源，也可能使有些法律形同虚设，影响法律的权威和人们对法律的信仰，乃至"法令滋彰，盗贼多有"（《老子·道德经》）。因此，形成完备的法律规范体系，关键是要提高立法质量。

第二，价值统一。完备的法律规范体系应当统一贯彻社会主义法治的基本价值，这就是说，要恪守以民为本、立法为民的理念，贯彻公平正义等核心价值观，使每一项立法都符合宪法精神、反映人民意志、得到人民拥护，在每一部单行法律、每一个条文中都体现公平正义的要求。罗马法谚有云："立法理由不存在，法律也不应存在。"而最重要的立法理由就是公平正义。在立法过程中，还应当保持法律规范体系内部价值体系的统一性，统筹、协调各部门法律之间的关系，避免不同法律规范之间出现价值取向上的冲突，影响法律实施效果。

第三，体系完整。中国特色社会主义法律体系的形成，只是表明七个法律部门和三个层次的法律已经基本齐备，能够涵盖社会生活的主要方面，基本解决有法可依的问题，但并不等同于各个具体的法律法规内容的完整性和体系的完备性。例如，民法商法部门的法律基本齐全，有力助推了社会主义法律体系的形成，但由于缺乏一部民法典，因而各单行立法之间尚未形成完整的体系，法律规范之间重复甚至冲突的现象依然存在，从而影响了民商法律的有效实施。因此，要建立完备的法律规范体系，就必须实现外在规则体系的一致性、内在价值体系的一致性、逻辑上的自足性以及内容上的全面性，形成在特定价值指导下的统一法律术语、法律制度和法律规则，保持法律各部分内容的相互协调和相互配合，形成严谨的体系结构。

2. 形成完备法律规范体系的路径

法律是治国之重器，良法是善治之前提。经济社会越发展，人民群众对美好生活的期盼越强烈，加强和改进立法的任务越艰巨。四中全会提出形成完备的法律规范体系，表明了我们党以良法促改革、以良法促善治的坚强决心。按照四中全会的精神，建成完备的法律规范体系，应当从如下方面着手：

第一，要加强重点领域立法，进一步推进法律体系的完善。社会主义市场经济的发展和改革的深化，对社会主义法律体系提出了新的要求，需要通过立法切实保障人民依据宪法法律赋予的各项管理国家和社会的权利，通过立法切实保障人权，实现权利公平、机会公平、规则公平，切实保护人民群众依法享有的各项人身权和财产权，以及人民群众依法享有的经济、社会、文化等方面的权利。"规范公权，保障私权"是法治的核心，法典化是法律体系化的最高目标，因此需要进一步强化民事立法，加快制定民法总则、人格权法，进而编纂形成逻辑、价值一致的体系化的民法典，全面保障公民人身权、财产权。此外，由于一些新业态的发展，迫切需要法律的进一步规范。例如，我国 2015 年的网购用户规模达到 4.13 亿，全国网络零售交易额为 3.88 万亿元，同比增长 33.3%，总量为全球第一，并呈现出迅速扩张的态势。但在这些领域，立法还比较滞后，这要求加快立法，完善原有的监管制度，强化对消费者的保护，保障其有序发展。

第二，要做到重大改革于法有据，发挥立法对改革和经济社会发展的引领推动作用。在改革过程中，立法应当具有一定的前瞻性，应当成为引领改革的推动力，变"政策引领"为"立法引领"，而不只是事后确认改革成果。这就要求立法必须做好顶层设计和总体规划，做好立法规划和立法决策。立法还应当为未来的改革预留空间，避免对未来的改革设置过多的障碍。同时，立法应当认真总结改革的经验和成果，并将其及时地反映到立法中，从而不断提升立法对改革的引领作用。

第三，深入推进科学立法、民主立法，提高立法质量。民主立法是主导，科学立法是关键。一方面，立法本身是一门科学，科学立法要求立法反映客观规律，符合实际需要，并能对未来的发展作出一定前瞻性的预见。立法应当总结社会发展实践，认真把握市场经济发展的内在规律，应当以实践为基础，摸索经验，总结经验，检验经验。① 另一方面，立法必须从中国实际出发，立足中国实践，解决中国的现实问题。我国正处于全面深化改革的攻坚时期，经济体制深刻变革、社会结构深刻变动、利益格局深刻调整、国际形势错综复杂，一系列深层次矛盾不可避免地显现。在此背景下，立法更应当准确反映社会发展的规律和法律发展的趋势，立足于中国实践，借鉴国外先进的立法经验，真正解决中国的实际问题。尤其应当看到，民之所欲，法之所系。立法的程序和结果都必须体现人民群众的根本利益。为此，立法过程中必须开门立法，广泛征求民意、汇集民智，让各方畅所欲言，充分参与，充分表达意见，使法律真正体现民众的智慧，回应人民群众的基本要求。

第四，加强立法解释工作。法律非经解释不得适用，从立法学的角度看，除法律另有授权外，应当遵从"谁制定，谁解释"的原则。长期以来，我们并不重视立法解释，将解释法律的权力完全交给司法机关。尽管相关的司法解释有利于法律的统一适用，但一些司法解释并不完全符合法律文本的意旨，有些解释甚至与法律规定相冲突。事实上，只有立法机关才能最准确地把握立法原意，并且通过立法解释才能真正将法律的精神和意旨展现得更为清晰。加强立法机关对宪法和法律的解释，本身就是立法活动的组成部分，立

---

① 参见李适时等：《完善中国特色社会主义法律体系问题研究》，106 页，北京，中国民主法制出版社，2015。

法解释活动是立法权的延伸，是完善和发展法律的方式。强化法律解释，既有利于克服法律过于原则和抽象的弊病，也有利于避免动辄修改法律、朝令夕改的现象，保障法律的权威性与适用的统一性。因此，四中全会决定指出，要"加强法律解释工作，及时明确法律规定含义和适用法律依据"。

法治本质上是良法之治，良法是善治的前提和基础。从法律体系向法治体系转化，表明在法治建设新的历史时期，我们党更加注重法律的实施及其效果，更加注重扎实地推进依法治国方略的实施。在建设社会主义法治体系的过程中，要形成完备的法律规范体系，还必须依赖其他体系相互配合，共同发挥作用。换言之，法律规范必须完备，法治实施必须高效，法治监督必须严密，法治保障必须有力，党内法规必须完善，在此基础上才能形成法治体系，早日建成法治中国。

科学立法是确保立法质量的关键

立法本身既是一门技术，也是一门科学，更是关涉国计民生的国家权力行使活动，这就要求立法反映人民的意愿，实现民主立法和科学立法的有机结合。四中全会决定指出，要"深入推进科学立法、民主立法"。科学立法就是要使立法充分尊重和体现社会客观发展规律，尊重法律规则自身的规律，体现法律的内在价值，充分实现法律的应有功能。马克思指出："立法者应该把自己看作一个自然科学家。他不是在创造法律，不是在发明法律，而仅仅是在表述法律，他用有意识的实在法把精神关系的内在规律表现出来。"① 从两者的关系上看，民主立法是主导，科学立法是关键。在立法过程中，要恪守以民为本、立法为民理念，尊重民意、听取民声、反映民愿、吸纳民智，使每一项立法都符合宪法精神、反映人民意志、得到人民拥护。

从整体上说，民主立法和科学立法之间是不矛盾的。因为无论是民主立法，还是科学立法，都需要在客观上反映民意，都需要民众有序参与立法过程。这就要求健全立法机关和社会公众沟通机制，开展立法协商。但是，在某些情况下，二者之间也可能存在一定的冲突。例如，在破产立法中，关于劳动债权是否可以优先于抵押权，引发了激烈的争议。如果要征求民意，大多数民众可能要求劳动债权要优先于抵押权。而从科学立法的角度来看，抵押权优先于劳动债权，不仅符合法学原理，而且有利于鼓励交易，最终有利于促进社会经济的发展。所以，笔者认为，对民主立法和科学立法来说，两者不可偏废，前者强调立法要反映民意，但民意不一定都符合客观规律，民众参与立法是以追求科学化为前提的，所以又要通过科学立法来准确把握这些规律，努力提高立法的质量。民主立法强调的是立法过程的多方参与，而科学立法强调的则是立法结果符合客观规律。只有坚持了科学立法、民主立法，才能立良善之法，立管用之法。

科学立法是确保立法质量的关键，注重科学立法，还应该注

① 《马克思恩格斯全集》，2版，第1卷，347页，北京，人民出版社，1995。

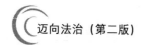

意如下几个问题：

一是立法既要保持其适度抽象性，又要保持其可操作性。中国幅员辽阔、人口众多，各地差异很大，法律如果规定得过于具体化，就有可能影响其在一些地区的实际效果。但是如果仍然奉行"宜粗不宜细"的做法，法律就会缺乏可操作性，不能发挥其实际的效果。立法应当具有可操作性和可执行性，尽可能地做到精细化。

二是在矛盾冲突中善于作出科学决断。现在立法中普遍存在一种"搁置争议"的做法，对凡是争议较大的问题，都采取了回避的态度，认为对这些问题的规范时机尚不成熟，在立法中应予回避。有人称之为"和稀泥立法""避重就轻立法"。笔者认为，立法不能回避社会矛盾，正像彭真同志所指出的，立法就是要在矛盾焦点上"打杠杠"。在一个利益多元化的时代，立法机关要勇于和善于对社会生活中的利益冲突作出妥当的决断，否则，立法就难以发挥其应有的调整社会生活的作用。

三是要解决好法律的前瞻性和稳定性的问题。立法要注重时效，总结现实的经验，不能脱离现实，同时，也要有一定的超前性。法律必须是经验的反映，但是，法律是对实践的经验总结，而不能完全等同于实践做法。在我国社会转型阶段，立法没有前瞻性，就容易导致法律的滞后性，这必然要求不断进行法律的废、改工作，从而有损法律的权威。为此，需要加强改进立法的调研，真正了解实践中的问题，从而增进立法的针对性和实效性。

四是立法既要注重本土性，又要注重国际性。立法应当总结人类社会的规律，吸收国外的先进立法经验。在经济全球化的时代，对有关经济领域的法律规则，我们不可能游离于国际通行规则之外，而要积极参与并努力争取在国际规则制定中的话语权。同时，对经济领域中的一些先进的交易规则应大胆借鉴。当然，对一些婚姻家庭等固有法领域的规则，仍需保持我们的优良传统和生活习惯做法。

五是应当注重立法之后的实效评估。法律的出台并不意味着立法工作的结束，还要关注法律在社会生活中的实效。要充分查找有些法律没有发挥实效的真正原因，提出完善法律的具体措施。例如，有的法律出台后就很快被束之高阁，未能有效发挥对社会生活的规范作用，这就需要我们认真评估并找出问题所在。同时，这也是为以后的立法积累经验、总结教训。

六是要注重发挥法学专家的积极作用。在法律的起草和论证过程中，要充分吸收和尊重专业人士的意见。大陆法系是成文法系、法典法系，法学家在立法过程中发挥着重大作用，这是推进立法科学化不可忽视的力量。

法律乃公平正义之术

古罗马法学家凯尔苏斯（Celsus）有言："法律乃公正善良之术（Jus est ars boni et aequi）。"将法律称为"术"，是否仅表达了法律的工具价值，而未能表现出法律的目的价值？事实上，所谓"术"，就是指一种技艺和工具，一方面，法律是一种实现公平正义的技艺，所谓"艺术"，就体现了法律作为人们长期智慧积累的结果，公平正义的实现也需要法律职业者不断提高自己的从业技术，这就是耶林所说的"法律艺术（juristische Kunst）"。另一方面，公平正义是相对抽象的概念，而法律则可以成为实现公平正义最重要的手段，因此，相对于公平正义，法律的概念则相对具体。因此，说法律是一门实现公平正义的技术，也不无道理。

公平正义是一切法律所追求的价值，是法律的精髓和灵魂。正义体现了某种秩序的内在要求，是构建普适性秩序的内在需要。法律作为行为规范，以调整社会关系为目的，必然以正义作为其基本价值。柏拉图认为，正义就是善。[①] 亚里士多德认为，正义是一种关注人与人之间关系的社会美德，其本身是"他者之善"或"他者之利"[②]。法治本身还不是最高的价值，符合正义的要求才是正当的。"法律的实际意义却应该是促成全邦人民都能进于正义和善德的［永久］制度。"[③] 约翰·罗尔斯在《正义论》中指出："正义是社会制度的首要价值，正像真理是思想体系的首要价值一样。"[④] 19 世纪的《法国民法典》曾被称为自然法的产物，反映了自然法的要求。波塔利斯指出："实定法是永恒的正义的要求，一切立法者都不过是这种永恒正义的诠释者，否则一

---

① 参见［古希腊］柏拉图：《法律篇》，张志仁、何勤华译，295 页，上海，复旦大学出版社，2001。

② ［美］博登海默：《法理学：法律哲学与法律方法》，邓正来译，265 页，北京，中国政法大学出版社，1999。

③ ［古希腊］亚里士多德：《政治学》，吴寿彭译，138 页，北京，商务印书馆，1965。

④ ［美］罗尔斯：《正义论》，何怀宏等译，3 页，北京，中国社会科学出版社，1988。

切法律都会具有随意性和不确定性。"① 他把法律作为自然道德法则中正义价值的一种体现。尽管现在对法律的最高价值究竟是什么，不同的学派仍然看法不一，但按照大多数人的看法，公平、正义是法律的最高价值。一方面，法律是公平之术。"法不阿贵，绳不挠曲。"是非曲直，一准于法，法为评判是非曲直的准绳，其具有公平的特点，并以法律面前人人平等为原则。公平也正体现为法律上相同情况相同处理，不同情况不同处理。只有实现法律面前人人平等，才能够在此基础上真正实现民主法治。另一方面，法律也是正义之术。为实现正义的价值理念，立法要本着公平的原则来配置人们的权利义务关系，规范人们的行为，从而体现分配正义的要求。当立法上的分配正义在现实生活中受到阻碍，侵害公民权利等不公正现象产生时，司法应当对此予以矫正，从而更好地维护和实现正义。

中国古代的"法"写作"灋"，《说文解字》对该字的解释为："灋，刑也。平之如水，从水；廌，所以触不直者去之，从去。"由此可见，"灋"的含义为"平之如水，从水"，其本身就具有公平的含义。我国古代思想家在论述法的概念时，也时常表达出法包括公平的含义。例如，管仲认为，"尺寸也、绳墨也、规矩也、衡石也、斗斛也、角量也，谓之法"（《管子·七法》）。这和古罗马法学家凯尔苏斯的观点确有相似之处。

"法律是公平正义之术"的论断在今天仍然具有现实意义。首先，既然公平是法律的最高目的，那么，追求正义也是法治的

---

① ［法］波塔利斯等：《法国民法典开篇：法国起草委员会在国会面前的关于民法典草案的演讲》，载何勤华主编：《20世纪外国民商法的变革》，北京，法律出版社，2004。

核心价值。《德里宣言》提出，法治"集中表现了全面正义的法治要求"。法律就是通过公平地分配每个人的权利义务，使人人各得其所，公正地调节每个人的行为，惩罚违法行为，从而发挥其行为矫正功能，法律通过公开的程序保障个人的权利，实现社会的公平正义。在古罗马的《法学总论》中，查士丁尼就认为，"正义是给予每个人他应得的部分的这种坚定而恒久的愿望"①。这就是说，正义就是各得其所，但后来正义观念逐渐发生了变化，从"各得其所"的形式正义逐渐发展到实质正义。但无论如何，正义都是法律所追求的目标。"理国要道，在于公平正义"，"公与平者，即国之基址也"，国家治理能力现代化，根本上也是为了实现社会的公平正义，这也是维持社会长治久安的基础。英国学者 Wilkinson 等研究发现，在注重平等的国家，无论是经济增长质量、社会稳定、居民幸福指数、犯罪率等都优于贫富差异过大的国家。② 可见，只有充分维护社会公平正义，才能保障社会的稳定。

公平正义是良法的核心要素，同时也是衡量一部法律是否为良法的重要标准。古罗马法学家乌尔比安曾言："法来源于正义，正义如法之母"。正义促进良法产生，立法中要以公平正义作为其追求目标，并据此配置当事人之间的权利义务关系。立法为民就应当以立法实现社会公平正义。正义是一切规则存在的正当性基础，也是我国立法所追求的重要价值目标。例如，《合同法》

① ［古罗马］查士丁尼：《法学总论——法学阶梯》，张企泰译，5 页，北京，商务印书馆，1989。

② See Richard Wilkinson, Kate Pickett, *The Spirit Level: Why Greater Equality Makes Societies Stronger*, New York: Bloomsbury Press, 2009.

的重要目的是保障合同严守，而遵守合同就是交互正义的当然要求；《物权法》要全面保障物权，而按照洛克的看法，在没有财产权的地方，也就没有社会的正义，保障物权也就是实现社会正义的应有之义；《侵权责任法》确立了"勿害他人"、损害赔偿的规则，这些都是千百年来流传的正义法则，《侵权责任法》强化对无辜的受害人提供充分的救济，并制裁不法行为人，这也是矫正正义的必然要求。现代民法充分体现人文关怀精神，强化对弱者的保护，其实也是实质正义的充分体现。因此，检验法律的规则究竟是"善法"还是"恶法"，最根本的标准就是看其是否可以体现正义的价值。公平正义在所有的价值中处于最高的位阶，如果缺乏公平正义价值，相关的制度和规则就不可能在各项冲突的利益之间作出合理的选择。在立法中实现公平正义，就必须使立法去部门化和团体化，排除各种利益关系对立法过程的不当干扰。立法要注重民主性和科学性，真正使立法实现公平正义。

公平正义价值也是司法活动的最高指导。在纠纷的解决方面，正义也是一项重要的原则。我国法院过去一直将公平与效率作为司法的永恒价值。笔者认为，公平和效率价值存在一定的主次关系，公平是司法的基础和前提，也是司法活动追求的目标，不能以效率价值取代公平正义或者将其置于公平正义价值之上，更不能单纯为了追求效率而牺牲公平。正义是平衡各方利益、解决社会矛盾的基础。司法为民其实最根本的就是要维护司法公正，使人民群众在每一个个案中真正感受到正义，而绝不能让不公正的司法审判伤害人民群众对正义的感受。"无私谓之公，无偏谓之正。"司法审判人员应当在司法裁判中做到公正司法，对各方当事人一视同仁，不得枉法裁判。司法审判人员在解决利益冲突和矛盾时，应当始终以维持公平正义为目标，这也是司法裁判的当然任务。

公平正义是社会主义制度的内在要求，也永远是法治的价值和基本理念。只有秉持公平正义的理念，在立法中公平解决各种利益的冲突，合理分配各项权利，在司法过程中保护各项权利并妥善解决各项权利之间的冲突，才能将依法治国战略部署落到实处。

立法应当去部门化

我国的法治建设虽然取得了巨大成就，但仍存在许多亟待完善之处。从立法层面看，主要表现为：有的法律法规未能全面反映客观规律和人民意愿，立法工作中部门化倾向、争权诿责现象较为突出。有的立法实际上成了一种部门之间的利益博弈，法律的制定不是久拖不决，就是针对性、可操作性不足，这些都严重影响了立法的质量。因此，四中全会决定提出，法律是治国之重器，良法是善治之前提。要完善以宪法为核心的中国特色社会主义法律体系，必须使立法去部门化，努力提高立法质量。

应当看到，在我国，不少法律草案都是由部门起草提交人大审议，这虽然有助于弥补立法机关工作人员在专业知识上的不足，有利于总结实践经验，但其潜在弊端也是显而易见的。具体来说，一是为政府有关部门扩权提供了机会。一些部门之所以争抢草案的起草，很大程度上是受到部门利益的驱使。二是可能导致部门利益的法律化。一些部门起草的草案都往往将重心放到部门监管权限和利益的配置上，其注重的往往是"设立机构、扩张权力、减少责任、收取费用、罚款没收"。例如，法律责任方面大量配置行政处罚等规定，但这些行政处罚规定往往有可能超出立法目的所必要的范围。三是部门立法普遍重视行政管理权的配置，但是对民事权利的确认和保护缺乏足够关注，有时不合理地限制了公民应当享有的自由。四是部门立法往往导致部门之间相互扯皮、推诿或者争权，导致法律迟迟不能出台。这可能影响特定市场活动的及时有效培育，阻碍经济的快速发展。五是部门立法往往导致法律与其他法律法规之间发生冲突，从而影响法律体系的和谐。

立法的部门化实际上已经成为影响我国立法质量的重大障碍。法治的本质是良法善治，良法应是广大人民意志的体现。我们要真正贯彻立法为民的宗旨，必须使法律最大限度地反映最广大人民群众的意志和利益，凝聚最广大人民群众的智慧，从而保证立法服务于社会大众的要旨。这样才能使法律成为良法，成为治国之重器、善治之前提。但行政部门在起草法律过程中，容易渗透部门利益，注重扩张部门权力（如审批权、许可权、处罚权和收费权）。这样的立法很可能无法代表最广大人民群众的利益，偏离了立法为民的宗旨。部门立法通常难以在颁布前提交公众讨论，也就自然难以获得社会的广泛认同。且此种被部门利益所主导的立法，往往不能设计出最科学合理的立法方案，也无法有效地探索那些最佳的社会治理方案。部门起草的法律也未必真正能够在实践中获得很好的施行，因为其立法过程中时常没有充分关注到社会利益冲突所涉及的方方面面，其所设计出的立法方案也未必具有可操作性。

部门立法的弊端已经显而易见。但仍有人认为，部门起草法律草案具有一定的优势。这主要是因为，与立法机关不同，在部门工作的人处于实践的前沿，对实际情况更为了解，而立法机关又缺乏对这些部门管理事务的详细了解。因此，有人认为，部门立法能够更切合实际。笔者认为，此种观点并不妥当。在我国，依据《宪法》和《立法法》规定，立法权专属于全国人民代表大会及其常务委员会。立法机关可以根据需要委托行政部门立法。在改革开放初期，由于立法任务繁重，此种委托立法的形式是有重要意义的。但在社会主义法律体系形成之后，立法机关已经积累了丰富的立法经验，且各个法律部门中起支架性功能的法律已经制定出来。可以说，现有立法已经比较好地总结了实践经验，越过了"摸着石头过河"的阶段。因此，委托部门立法的必要性也就不大了。至于部门熟悉情况的优势，在由立法机关主导的立法模式中，同样可以得到有效发挥。若完全由行政部门主导，因为受部门利益的驱使，其考虑的利益很可能具有片面性，并不一定能够真正反映社会的客观需要。由立法机关主导立法，将政府部门从立法中解脱出来，也有利于将行政部门的精力集中于法律的执行。尤其是一些作为执法主体的部门，更应当将精力放在法律的适用而不是立法上。

立法去部门化，从根本上讲就是要使立法反映人民群众的意志和利益，保证立法的民主性和人民性。人民的福祉是最高的法律，我们所有法律的出发点和最终目的都是反映人民的意志和利益，但是部门立法由于受部门利益所限，不能全面反映人民意志和利益。法治的根本要义就是规范公权、保障私权。部门立法通常很难实现对公权部门的有效制约，其也往往缺乏对私权保障进行关注的充分动力。因此，要切实推进依法治国，在立法上就应该充分做到"规范公权、保障私权"，立法的去部门化就是亟须迈出的重要一步。

如何使立法去部门化？根据十八届四中全会决定的精神，一是要从理念上恪守以民为本、立法为民理念。法律起草要从全社会利益出发，最大限度反映人民群众的意志和利益，从而使每一项立法都符合宪法精神、反映人民意志、得到人民拥护。二是要完善立法体制、机制。健全有立法权的人大主导立法工作的体制机制，发挥人大及其常委会在立法工作中的主导作用。尤其是对于综合性、全局性、基础性等重要法律草案，应该由立法机关主导，吸收有关部门参与，从而跨越部门立法的狭隘界限。三是全国人大及其常委会在立法过程中，继续推进民主立法、开门立法的方式，邀请专家学者以及实务部门人士参与立法过程，广泛征求社会各界和人民群众的意见，认真总结和思考，并将法律草案向社会公布，听取各界的评论和修改意见。在防止立法部门化的同时，也要避免立法行政化的倾向。四是要加强和改进政府立法制度建设，完善行政法规、规章制定程序，完善公众参与政府立法机制；对部门间争议较大的重要立法事项，由决策机关引入第三方评估，不能久拖不决。五是对于一些法律草案，确需要听取相关部门意见的，立法机关可以在立法过程中通过专项调研、征

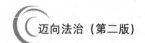

求意见、座谈等方式，积极邀请相关部门发表意见。如有必要，也可以将这些部门意见交给公众讨论。

编纂一部 21 世纪的科学的民法典

党的十八届四中全会决定提出"编纂民法典"的历史任务，这是完善中国特色社会主义法律体系的重要步骤，对于全面推进依法治国战略进程具有里程碑式意义。

民法典被誉为"社会生活的百科全书"，是市场经济的基本法，是保护公民权利的宣言书，也是解决民商事纠纷的基本依据。编纂民法典有助于解决我国民事立法中存在的相互矛盾、不协调、缺乏体系等问题，保障创新、协调、绿色、开放、共享"五大发展理念"的落实，推进中国特色社会主义法治体系不断完善和国家治理体系、治理能力现代化，为全面深化改革、全面依法治国、实现"两个一百年"奋斗目标和中华民族伟大复兴的中国梦奠定坚实的制度基础。

（一）制定民法典的条件、时机已经成熟

我国曾于 1954 年、1962 年两次启动民法典的制定工作，但受当时历史条件的制约，均未能完成。1978 年改革开放之后，民主法制建设得到重视和加强，民法典的制定被再次提上日程。立法机关曾分别于 1979 年和 1982 年拟定了两个民法草案，但由于当时的社会经济发展水平有限，改革开放还在"摸着石头过河"，

这两部草案最终都未获通过。鉴于一次性制定民法典的条件尚不成熟，立法机关决定"从批发改为零售"，即根据轻重缓急，逐步制定民事单行法，并先后颁行了《民法通则》《合同法》等法律。在此基础上，2002年，民法典的制定再次被提上议事日程。同年12月，全国人大常委会法工委首次将民法典草案提交全国人大常委会审议，但鉴于民法典内容复杂、体系庞大、学术观点分歧较多，全国人大常委会决定先制定《物权法》《侵权责任法》等法律，在条件成熟后再以此为基础制定完整的民法典。时至今日，我国社会主义市场经济制度已经确立并不断完善，社会主义法律体系也已经形成，司法实践已为民法典制定积累了丰富的经验，民法学研究成果丰硕，立法技术不断进步，制定民法典的条件和时机已经成熟。

党的十八届四中全会提出了全面依法治国战略，为民法典的制定奠定了坚实的基础。十八届四中全会系统总结了依法治国的经验，研究了全面推进依法治国若干重大问题，对依法治国进行了总体部署和全面规划，提出了建设社会主义法治体系和法治国家的总目标。"法律是治国之重器，良法是善治之前提。"为实现这一目标，应建立完备的法律规范体系，而要形成完备的法律规范体系，就必须制定一部外在规则体系一致、内在价值统一、逻辑严谨、内容全面的民法典，以有效调整社会生活，统辖各个民商事法律，形成在自愿、平等、公平、诚实信用等价值指导下的、面向21世纪的、科学的民法典。

党的十八届五中全会提出的创新、协调、绿色、开放、共享"五大发展理念"，为民法典的制定指明了方向。"五大发展理念"

是"十三五"乃至今后更长时期我国发展思路、发展方向、发展着力点的集中体现，也是改革开放三十多年来我国发展经验的集中体现。编纂民法典将有力贯彻落实上述理念。具体而言，创新就是要通过民法典充分保障民事主体的财产权和在创新中取得的知识产权等成果，激发市场主体的活力；协调就是要通过民法典理顺人与人之间的关系，促进经济社会协调发展，实现物质文明和精神文明的有效协调；绿色就是要结合保护生态环境的具体需要，重新审视民法典中财产权的客体、权能、属性、用益物权、相邻关系以及征收等制度，实现物尽其用，在保护民事主体财产权利的同时，为不动产权利人设置必要的环境维护、生态保护等义务；开放就是要顺应我国经济深度融入世界经济的趋势，更好地采用国际通行规则，以民法典调整交易关系和其他财产关系，维护交易安全和秩序；共享就是要坚持民法典的平等保护原则，充分保护全体社会成员的人身和财产权益，实现发展为了人民、发展依靠人民、发展成果由人民共享的目标。

（二）制定民法典的现实需求十分迫切

有无民法典是判断市场经济法律是否健全的重要标志。在市场经济条件下，民法的自愿、平等、公平及诚实信用等原则，以及民法的物权、债权等各项基本制度，都是规范市场经济最基本的法律准则，是市场经济有序运行、健康发展的重要保障。

虽然我国已经颁行《民法通则》、《合同法》、《物权法》、《侵权责任法》等重要的民事法律，中国特色社会主义法律体系也已经基本形成，涵盖了社会经济生活的主要方面，但由于没有民法典，我国民事立法始终缺乏体系性和科学性，不利于充分发挥民法在调整社会生活、保障司法公正等方面的功能。

从立法层面看，法典化就是体系化，由于缺乏民法典，各个民事单行法之间存在一定的冲突和不协调现象。例如，《民法通则》和《合同法》关于欺诈、胁迫属于导致合同无效还是可撤销的事由等规定存在一定的冲突。《物权法》和《担保法》相互之间关于物的担保的规定也极不一致。法官面对相关的纠纷，常常遇到适用法律的困难。尤其需要指出的是，司法解释中的许多规定与我国现行立法规定并不一致。例如，最高人民法院《关于审理买卖合同纠纷案件适用法律问题的解释》关于无权处分合同的效力与《合同法》第51条的规定明显不一致。实践中经常发生一方引用《合同法》而另一方引用司法解释规定的现象，这使法官在适用法律时无所适从。而只有编纂民法典，才能努力消除这些不协调现象，增进我国民商事立法的体系性。

从司法层面看，分散立法难以为民事活动的当事人和法官提供基本的法律规则和法律依据。迄今为止，我国已经颁布了250部法律，其中近一半以上是民商事法律。但并非所有法律都应当成为裁判民商事案件的依据。在有民法典的国家，法官应当主要依据民法典来处理案件和解决纠纷。而在没有民法典的情况下，法官的找法要么无所适从，要么十分随意。更何况，我国出台许多新的民事法律，都要对之前许多的单行法规则进行修改，据统计，仅《侵权责任法》就修改了十多部单行法有关侵权的规定，但因为新出台的法律中并没有明确指明其修改了哪些法律规定，

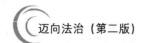

这就给法官准确适用法律带来了很大的困难。实践中出现的"同案不同判、同法不同解"现象，许多都是因为法官选择法条和裁判依据不同而引发的。法典化的一个重要优势在于"资讯集中"，如果有了一部民法典，就可以把法律的修改、补充的情况一览无余地展现出来，从而保障裁判的统一性。

从执法层面看，缺乏整合的民事单行立法造成了许多法律空白，这不利于规范行政权力。在我国，由于没有民法典，许多重要民事关系的调整规则不能通过民事法律的方式表现出来，从而留下了法律调整的空白。这些法律空白一般是通过国务院各部委的规章及地方政府颁布的地方性规章予以填补的，而一些规章难免导致出现限制公民私权，或者变相扩张行政权的现象。例如，仅房屋租售一项，就有房屋登记、期房买卖、登记备案、房屋租赁条例等行政法规，一些规定与法律的规定并不完全一致。而民法典则有利于规范行政权力：一方面，民法典作为基本的民事法律制度，一旦确立了公民的基本民事权利，就同时限定了行政权力的边界；另一方面，民法典的制定，为权力清单的制定确立了法律基础，有利于规范行政权力的行使。制定民法典，有助于制度的科学化，为良法善治奠定基础。

（三）制定民法典的政治意义格外重大

民法典是法治现代化的标志，也是法律文化高度发达的体现。众所周知，世界上主要分为两大法系：大陆法系和英美法系。而大陆法系又称为民法法系，以颁行民法典为其重要标志。更何况，不少国家和地区都把民法典奉为人民权利的宣言和民族精神的缩影。法国、德国、日本等大陆法系国家都以其民法典作为其法治成就的重要里程碑。其中，《法国民法典》（即《拿破仑法典》）颁行两百多年来，至今影响深远。拿破仑曾经说："我真正的光荣并非打了40次胜仗：滑铁卢之战抹去了关于这一切的记忆。但是，有一样东西是不会被人忘却的，它将永垂不朽——那就是我的民法典。"

制定一部系统完整的民法典，有助于向世人展示我们依法治国的新形象和我国法制文明的新高度。1986年的《民法通则》在反思"文化大革命"惨痛教训的基础上，第一次在法律上明确宣告每个人依法享有人格权，包括生命健康权、名誉权、肖像权、姓名权等权利，并第一次赋予权利人在受害之后的精神损害赔偿请求权。为此，该法在国内外被称为"民事权利的宣言书""个人人权的护身符"。在这一背景下，《民法通则》本身就成为中国人权保障进步的重大标志，也从立法技术层面标志着我国法治进入了一个新阶段。在全面依法治国的新时期，吸收我国立法、司法和理论研究的成果，总结法治建设经验，制定一部面向21世纪的《民法典》，使我们的民法典屹立于世界民法之林，向世人展示我国法治建设的重大成就，这本身就具有重要的政治意义。

民法典的制定是反映改革成果、推进并引领改革进程的重要举措。迄今为止，多数国家民法典大多是在民族复兴、社会转型、国家崛起的关键阶段被制定出来的，无论是《法国民法典》《德国民法典》，还是《日本民法典》，概莫能外。从历史经验上看，民法典可以有效反映社会变革，及时确认社会变革的成果，有效引领社会的发展。习近平同志多次强调，凡属重大改革都要于法有据，在整个改革过程中，都要发挥立法的引领、推动和规范作用。民法典是对特定领域社会矛盾进行协调的基本法。在改革进入"深水区"和攻坚阶段后，社会利益结构发生了深刻变化，其中有不少社会矛盾背后的利益冲突是个人之间的利益冲突，或者是个人利益诉求与公共利益维护之间的不协调，在所有的部门法中，民法是对这两种利益类型和社会矛盾进行协调的最有效的法律工具。例如，负面清单管理模式就是民法典的私法自治原则的集中体现，需要借助民法典划定负面清单的具体内容，清单以外的区域允许民事主体自由进入。民法典的编纂，将进一步凝聚改革的共识，确认改革的成果，为进一步改革提供依据，从而推动改革进程，引领改革发展，实现国家治理体系和治理能力的现代化。

（四）制定民法典的路径基本清晰

明者因时而变，知者随世而制。目前，我国已经制定了《合同法》《物权法》与《侵权责任法》等基本民事法律，民法典的基本内容已经确立，关键是要依据科学的民法典体系对既有的民事立法内容进行体系化整合，并最终形成民法典。按照此种体系来整合我国现行法律，建议民法典的编纂重点从两方面推进：

一是加快民法总则的制定步伐。在民法典中，民法总则是统领整个民法典并且普遍适用于民商法各个部分的基本规则，它统领整个民商立法，因而构成民法典中最基础、最通用，同时也是最抽象的部分。总则是民法典的总纲，纲举目张，整个民商事立法都应当在总则的统辖下具体展开。现行《民法通则》虽然不是一部法典，但其核心内容是关于民法总则的规定，我国民法典的编纂不宜彻底抛弃《民法通则》，而应当在总结《民法通则》立法经验的基础上，制定一部完整的民法总则。制定民法总则，应重点规定民事权利体系、法人制度、合伙制度、法律行为制度、代理制度、民事责任制度和时效制度。

二是逐步推进民法典分则的制定与整合。民法典分则内容复杂，涉及面很广，需要全面规划，稳步推进。在我国已制定有《合同法》《物权法》《侵权责任法》《婚姻法》以及《继承法》等民事法律的情况下，应将它们统一纳入民法典并规定为分则的各编。为此，应科学设计民法典体系，以法律关系的内容为中心，整合已制定的现行民事单行法，并按照法典体系的要求，对其进行必要的修改、补充和完善。

目前，民法典分则中最欠缺的部分就是人格权法。《民法通则》第一次以专节的形式集中规定人格权，并将其与其他民事权利并列，是对传统民法"重物轻人"观念的一次矫正。2002年民法典草案将人格权独立成编规定，是民法典体系的重大创新。我国未来民法典应当延续这一做法，使人格权法独立成编，除了进一步规范并完善《民法通则》所确认的生命健康权、名誉权、肖像权、婚姻自主权、姓名权和名称权等人格权之外，还应当重点规定隐私权、个人信息权等人格权，并关注人格权在互联网环境下的保护规则。这不仅符合现代民法的发展趋势，而且有利于保障民事主体的人格权益、强化对公民的人权保护、完善民法的固有体系、弘扬民法的人文关怀精神。

步入 21 世纪的中国正处在一个重要的历史阶段。我们有条件、有能力也有信心制定一部立足中国实际、展现时代特色的科学的民法典。

呼唤一部网络时代的民法典

党的十八届四中全会决定在"加强重点领域立法"中指出："加强市场法律制度建设，编纂民法典。"这为我国未来民事立法工作指明了方向和道路。民法典是"社会生活的百科全书"，是市民生活的基本法。我国的民法典必须反映 21 世纪的时代特征，彰显 21 世纪的时代精神，从而更好地发挥民法典引领社会生活的作用。

21 世纪是互联网时代，随着计算机和互联网技术的发展，人类社会进入了一个信息爆炸、知识经济的时代。互联网给人类的交往和信息获取、传播带来了方便，深刻地改变了人类社会的生活方式，甚至改变了人类的生产方式和社会组织方式，"互联网＋"也发展成为一种新的产业模式。在这一时代背景下，民法典如何反映互联网时代的特征，充分体现时代精神，显得尤为重要。如果说 1804 年《法国民法典》是 19 世纪风车水磨时代民法典的代表，1900 年《德国民法典》是 20 世纪工业社会民法典的代表，那么，我国的民法典则应当成为 21 世纪互联网时代的民法典代表之作。

那么，民法典如何反映互联网时代的特征呢？

一是强化对人格权的保护。我们当前处在互联网和大数据时代，高科技发明面临被误用或滥用的风险，同时个人隐私等人格权也会受到现实威胁，有美国学者提出了"零隐权"的概念，认为我们在高科技时代已经无处藏身，隐私暴露等人格权受侵害的现象已不可避免。的确如此，正如我们所见到的，随着互联网的发展，各种"人肉搜索"泛滥；非法侵入他人邮箱的现象时有发生；有的贩卖个人信息，通过各种技术手段盗取他人的信息、邮件，窃听他人的谈话；网上非法披露他人的短信、微信记录等时有发生，诸如此类的行为严重侵害了人格权，也污染了网络空间。这就有必要有针对性地加强人格权立法，提升人格权保护水平。

二是预防网络侵权行为的发生和扩散。网络技术在给我们带来极大便利的同时，也给我们的生活造成了一些负面影响，与传统社会的信息传播方式不同，网络信息的传播具有即时性，而且网络的无边界性以及受众的无限性，也使得网络环境对信息的传播具有一种无限放大效应，网络信息一经发布，可以瞬间实现全球范围的传播；在网络环境下，侵害人格权的损害后果及具有不可逆性，损害一旦发生，即难以恢复原状。这些都使网络侵权行为具有易发性、损害后果严重以及不可逆性。因此，许多国家都采用了禁令、删除、屏蔽、断开链接等各种方式来保护网络侵权的受害人，以防止损害的进一步扩大。借鉴这些经验，我国未来民法典除了从正面确认主体所享有的各项人格权益外，还应当着力预防通过网络侵害他人人格权的行为。

三是有效规范个人信息的利用行为。在互联网时代到来以前，个人信息主要受隐私权保护，并不具有独立的法律地位，个人信息的利用方式也十分有限。但随着"大数据"时代的到来，个人信息所蕴含的经济价值日益凸显，个人信息的利用方式也日益多样化。由于我国现行民事立法未能确立个人信息权，导致个人信息权以及相对人应负有的义务不清晰，实践中非法收集、利用、转让个人信息的现象大量存在，行为人非法利用他人个人信息的方式也日益多样化。在云计算技术已经成熟、普及的情况下，如何防止个人信息的泄露乃至被非法利用，成为亟须解决的现实问题。尤其是在大数据交易市场已经形成的情形下，如果不能及时确认个人的信息权利，可能严重威胁个人的隐私权等人格权益。但与其他人格权益不同，在"大数据"时代，个人信息中包含巨大的经济价值，我国未来民法典在确认和保护个人信息权的同时，应当妥当平衡个人信息利用与人格权保护之间的关系。

四是规范网络交易行为。"互联网＋"时代的到来，深刻地影响了人们的生活方式和交易方式，据统计，2015年中国网络购物市场规模达3.8万亿元。在网络环境下，要约、承诺的方式发生了重大变化，有关合同成立的传统规则也应作出相应的改变。尤其是一些新的交易主体不断出现，如网络交易平台、支付平台等，在发生产品瑕疵等纠纷后，如何界定此类主体的责任，也成为新的课题。同时，与传统的面对面的交易方式不同，网络交易中存在信息不对称的问题，消费者在交易时面对的往往是经营者所提供的海量信息，其往往难以作出准确的判断。如何在网络交易中对消费者进行倾斜保护，也是合同法所面临的新问题。因此，我国未来民法典应当关注网络环境对人们交易方式产生的影响，强化对网络交易消费者的保护。

五是丰富权利公示方法。互联网也为权利公示方法提供了新的选择，互联网具有便捷性和无边界性，借助互联网，不仅使建立统一的登记和查询制度成为可能，而且使权利的公示方式较之传统的公示方法更为便捷、有效、完整，查询更为方便。这也扩大了可以进行公示的权利的范围。例如，通过互联网实行证券登记，股票、债券可以实现无纸化，从而彻底改变了传统上以有纸化为基础的有价证券的概念，这就有必要重构有价证券的相关规则。同时，借助于互联网登记，各种新型的担保也成为可能。例如，动产能否抵押，一直是学界争议的焦点，但借助互联网技术，动产抵押登记也成为现实。尤其是借助互联网技术进行登记，极大地降低了登记的查询成本，这也会对查询的条件和范围等产生影响。为此，民法典也需要对相关制度进行调整。

互联网是 20 世纪的伟大发明，也是 21 世纪重要的时代特征。我们已经身处一个网络时代，互联网的高效、便捷给我们的民法典编纂提供了巨大的历史机遇，同时也带来了一些挑战。作为市民社会的"百科全书"和市场经济基本法的民法典，应当充分体现互联网的时代特征，有效引领时代发展。

新时代背景下互联网立法的重点问题

互联网在经历了二十多年的迅猛发展后，我们已经进入了互联网时代。互联网几乎渗透到了社会生活的方方面面。"互联网

+"正在深刻地改变着以往的政治、经济和文化生态，以及社会主体的交往模式和组织结构。在这一新时代背景下，因互联网引发的新型法律问题不断涌现。面对层出不穷的互联网新问题，既有法律制度体系和理论学说常常显得捉襟见肘。如果我们习惯性地用既有的制度和学说框架去应对新现象，不仅无法对社会现实提出有说服力的解释，而且可能削足适履，阻碍互联网这一新兴产业的健康发展，妨碍社会经济的转型与管理手段的创新。因此，如何通过法治手段实现对网络社会的有效治理，已经成为推进国家治理体系和治理能力现代化的重要一环。推进和加强网络立法工作，尽快建设完备的互联网法治体系，是当前落实依法治国方略的重要举措。

（一）互联网立法应采取专门立法的模式

单从绝对数量来讲，我国涉及互联网的规范性文件已超过 70 部，其中不乏法律、行政法规、部门规章，并广泛涉及刑法、民商法、经济法、行政法等多个法律领域，可以说法律规则已经初具规模。但从立法质量上来看，这些制度规范大多是部门规章和政策性规定，存在立法层级较低、规范内容模糊、缺乏实际可操作性等问题。更为严重的是，由于法出多门，不同规范的制定者之间缺乏必要的配合与沟通，导致不同规范之间相互冲突的情况时有发生。有些领域还处于未被规范的"野蛮生长"状态。从整体上看，互联网制度的实质体系化程度不够。因此，有必要从宏观上对我国互联网立法进行统筹设计。

从全世界范围来看，没有任何一个国家或地区曾制定过一部大一统式的、系统完整的"互联网管理法",而是大多通过单行法对各种具体的互联网行为分别予以调整。例如,针对网络安全、网络侵权、隐私权和个人信息保护、电子商务、互联网金融、数据资产保护、网络搜索引擎等不同行业或领域,分别制定相应的单行法。这是成熟的经验做法,我国互联网法律立法应予汲取。也就是说,就互联网法律制度的立法模式而言,我国应当采取专门立法的模式,而不宜制定一部大而全的"互联网管理法",主要原因在于:

第一,互联网技术和应用的涉及范围过于广泛,难以抽象出一套普遍适用的治理原则和行为规范。互联网技术和应用已经广泛涉及科学、文化、教育、交通、商务、出版、娱乐等各个领域,其所涉及的主体关系十分复杂。而且,不同领域所涉及的网络规范各具特点,很难从中抽象出一套普遍适用的治理原则和行为规范。例如,网络平台约租车业与网络平台购物业之前就存在很多差异,很多问题难以适用统一的规则,特别是关于网络平台对消费者(乘客、购物者)的损害赔偿责任并不相同。在网约车平台,服务的实际提供者(私家车主)一般没有道德风险,不会因为平台承担赔偿责任而降低开车时的谨慎水平,毕竟,乘客不安全时自己也不安全。而在购物平台,商品销售者(网店店主)则不一样,如果由网络平台对消费者承担消费中的损害赔偿责任,则网店店主则可能会放松对商品质量的检查,容易引发更多民事争议。因此,在具体设计互联网法律制度时,应当界定其治理对象和范围,有的放矢,确保其针对性和可操作性。

第二,互联网本质上是一种信息技术手段和社会公共资源,而信息背后所涉及的具体领域相当宽泛，难以对其进行整体法律调控。从本质上说，互联网是一种信息媒介，是改善人与人之间信息搜集、识别和流通机制的工具，在提高沟通和交流效率上展现出了强大的功效。然而，法律制度所着重调整的远不限于互联网所承载的信息技术本身，重点应当是信息中的内容，信息中所塑造和蕴含的实际社会关系和法律关系。这些关系本质上可以分为公法关系和私法关系，需要与之对应的公法和私法加以调整。例如，我国《侵权责任法》专门规定了网络侵权的具体规则，其重点在于调整利用互联网侵害他人民事权益的行为，这就属于典型的私法调整。但对信息内容的管控属于公法关系，由于两类法律调整方式在调整方法、调整原则、责任方式等方面存在较大差异，因而很难将这两类规范笼统地归入一部法律之中。正是因为互联网本质上只是一种通用的工具和手段，各个领域都可能需要利用，故其本身很难构成独立的领域。对于社会生活各个领域利用互联网过程中所产生的问题，应当在各自领域内的立法中予以分别规范。

第三，统一立法可能会造成立法资源的浪费和法律适用的困难。一方面，在一部法律中笼统地规定各种规范，会给执法者寻找法律带来不便；另一方面，由于互联网所涉及的领域过于宽泛，通过统一立法的方式进行调整可能无法取得良好的实效。实践业已证明，借助网络的技术规则、自治规则、服务协议、服务公约等，能较好地调整相关事项，只要把这些做法加以完善，上升为专项规范和制度，既能节省立法成本，又能实现良好的成效，无须通过统一的法律规则予以调整。尤其应当看到，在许多情况下，行为所涉及的权利义务关系并不因借助互联网技术而具有特殊性，反而用既有的法律规范即可加以调整。例如，电子商务虽然需借助互联网技术，但当事人借助互联网技术所达成的买卖合同与普通的买卖合同并不具有本质差别，我国《合同法》等有关买卖合同的规范完全能调整此类买卖合同。在这种情况下，如果用整体性的统一互联网法来调整所有借助互联网所实施的行为，难免会与既有法律规范发生重合，造成立法资源的浪费和法律适用的困难。

第四，统一立法可能会影响法律制度的实效。立法要产生实效，就应当具有问题导向，即针对实践中出现的重大问题进行积极回应，而不是对互联网上的各类行为作出事无巨细的规定。事实上，互联网立法并不需要泛泛解决所有的互联网问题，而应当解决现实生活中迫切需要解决的现实问题，如网络安全、个人信息保护、人格权保护和知识产权保护等问题，对这些重点问题加强立法，才能解决现实生活中需要解决的重大问题。

第五，统一立法将面临难以克服的立法技术困难。如前所述，随着"互联网＋"时代的到来，互联网技术已经渗透到社会生活的方方面面，此时，对互联网所涉及的各个领域都抽象出普遍适用的法律规则，在立法技术上也难以实现。

基于上述理由，我们认为，互联网立法应当重点规范当前迫切需要立法解决的重大问题，将其纳入专门立法的议事日程。在进行操作时，应以问题为导向，梳理既有法律规则无法有效解决的问题，总结网络技术的自身规律，考虑市场的发展需要，制定具有实际可操作性的规则。具体而言，当前网络安全、网络侵权、隐私权和个人信息保护、电子商务等领域问题相对突出，且

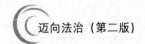

法律规范存在缺失，有必要在这些方面制定专门的法律。

（二）互联网立法应处理好三对关系

1. 公共利益与私人利益的关系

随着"互联网＋"时代的到来，互联网涉及的范围非常宽泛，各个行业都可能涉及互联网，这也导致其所涉及的利益非常多，其中既包含私人利益，也包含公共利益。在对网络内容及行为进行规制时，有必要区分公共利益与私人利益，分别适用不同的规制方式。之所以需要区分公共利益与私人利益，主要原因在于：网络是一个公共的开放空间，网络技术的开放性、互联性特征，使得网络空间表现出十分明显的公共领域属性。但是，这并不意味着所有的事项都涉及公共利益，对于不涉及公共利益的网络空间情形，公权力应当保持谦抑。动辄使用公权力，既是对公共资源的浪费，也是对公民行为自由的不当干涉。在主要涉及私人利益的情况下，则应充分调动公民主动行使权利的积极性，发挥行业自律等社会自身的自治力量，通过自下而上的治理，更有利于实现社会共治。

以网络谣言的治理为例，网络谣言的性质不同，形态各异，所产生的法律关系也不完全相同。针对不同的法律关系，也应当适用不同的法律规则。实践中，一提到网络谣言，似乎都需要公权力机关主动干预，重拳出击。但事实上，网络谣言所侵害的对象不同，治理方式也应当有所差别。从优化配置执法和司法资源、合理分配监管责任、尊重个人的选择自由、防范公权滥用等方面进行综合考量，应当对网络谣言进行区分治理，即根据网络谣言的危害对象，将其划分为侵害社会公共利益型谣言和侵害私人权益型谣言这两种类型，并分别采取相应的治理措施：

一是侵害公益型的网络谣言。这类网络谣言主要包括危害国家安全、社会公共秩序以及市场经济秩序等的网络谣言。随着网络逐渐成为人们发布和获取信息的主要来源，网络谣言对于公共利益造成的侵蚀和破坏不断扩大，例如，散布"山西要大地震""响水化工厂要大爆炸"等网络谣言，极易在社会公众中引发不安情绪，甚至导致社会秩序的混乱，给民众的正常生活秩序乃至国家利益造成重大损害。对于此类谣言，不需要特定受害人提起诉讼，公权力机关可以主动介入，追究行为人的法律责任，不能因特定受害人不愿追究行为人的责任而免除行为人的责任。

二是侵害纯私益型的网络谣言。此类网络谣言仅侵害了个人的私权，如行为人发布网络谣言侵害他人名誉、肖像、隐私、个人信息权等。由于此类谣言的损害后果不涉及社会公共利益，因而首先要尊重权利人的选择权，即是否追究行为人的责任，应当由权利人选择，如果权利人不愿意提起诉讼，则应坚持"民不举，官不究"的原则，公权力不宜主动介入。如果受害人在诉讼过程中面临一定的技术壁垒，在调查、取证等方面遇到困难，则相关的公权力机关和其他组织应当为受害人提供必要的协助和帮助，如寻找具体的行为人等。鉴于此类网络谣言的最大受害者主要是受害人本人，因而在治理此类网络谣言时，应充分尊重受害人的自主自愿，鼓励其采取民事诉讼的方式，对网络谣言行为人的法律责任进行追究。此外，还可以通过加大损害赔偿力度，必要时甚至采用惩罚性赔偿等方式，以遏制网络谣言行为的泛滥。在一般情况下，除非损害后果十分严重，否则公权应尽量保持克制态度，不随意采用追究行政或刑事责任的处理方式。

在互联网时代，网络谣言的社会危害是巨大的，但网络谣言侵害的权利客体不同，对其进行区分治理，既有利于合理分配监管资源和监管义务，也有利于公权力机关集中资源治理侵害公益型的网络谣言。当然，由于网络环境本身具有无限放大效应，在特殊情形下，某些涉及私人利益的纠纷也可能转化为公共事件。例如，侵害个人利益的网络谣言经大规模传播，可能转化为公共事件。因此，强调网络治理的区分原则，并不意味着公权力对所有的私人利益保护都要采取拒绝的态度，而是应当考虑其转化为公共利益的可能性。公权力也要保持一定的警觉，特殊情形下可能需要提前介入，迅速防止事态扩大，避免造成更为严重的社会后果。

还需注意的是，在实践中，有些网络谣言在侵害私益的同时，也侵害了公共利益，有人将此类网络谣言称为交叉型的网络谣言，但从侵害后果来看，既然此类谣言有害于公共利益，也可将其归入侵害公益型的网络谣言。

2. 个人信息保护与信息资源高效利用的关系

个人信息保护是互联网时代新出现的重大课题。个人信息既涉及个人的人格尊严，也是一种重要的社会资源，具有一定的财产性。因此，关于个人信息的法律规范应当妥当平衡个人信息保护与信息资源有效利用之间的关系。具体而言：一方面，个人信息涉及个人人格尊严的保护，如个人信息的不当泄露，或者个人信息的记载错误，都可能危及个人的人格尊严。另一方面，个人信息中包含巨大的经济价值，尤其是在市场经济社会和大数据时代，个人信息可以被进行大规模的处理与应用，其经济价值日益凸显。在掌握充分信息资源的基础上，政府及私人主体能够更为有效地安排社会资源。

从世界范围来看，关于如何协调个人信息的保护和利用的关系，是个人信息立法中所遇到的重大难题，也是互联网立法中的重大课题。美国法注重对个人信息的利用，所以美国法对个人信息采用默示同意，只要不明确反对，就视为同意。美国法对个人信息利用的积极态度与其鼓励高科技发展的产业政策具有密切关系。与美国法不同，欧盟则侧重于对个人信息的保护，其要求对个人信息的收集、利用等，必须得到个人明确、肯定的同意，其对个人信息数据的转让也进行了严格限制。

从我国实际情况看，我国的个人信息立法既应当考虑我国自身的情况，也要借鉴国外的先进经验。应当尽快确立个人信息权，并明确其内涵，从而逐步确定个人信息利用的规则，这可以为个人信息的利用奠定基础，也可以为网络服务提供者收集、利用个人信息提供清晰的规则。当然，在进行个人信息立法时，应当区分相关的个人信息收集、利用是否会侵害个人的人格权益，对于涉及人格权益保护的个人信息，应当通过人格权法对其进行保护。对于不涉及人格权益保护的个人信息，则应当鼓励个人信息的积极利用，以充分发挥其经济效用。此外，不同的信息处理、利用环节，个人信息的利用、保护规则也应当存在一定差别，我国的个人信息立法应当区分不同的个人信息利用、处理环节，设置不同的法律规则。例如，可以适当放松个人信息的收集环节的管制，但应当加强对个人信息利用和转让的管制。

3. 市场、技术与制度的关系

网络产业的发展具有明显的技术驱动属性，网络技术的发展也与市场需求密不可分。一方面，市场、技术的发展促进了互联网规则的变化，并且在这一过程中，互联网规则本身也在不断地变动和完善之中。另一方面，技术和市场的发展可能对现有的制度规则产生挑战。最为典型的就是网络租约车对于传统出租车行业和监管体制的冲击。面对此种来自技术和市场的挑战，既不能简单地以其不符合既有规则完全予以否定，也不能以没有既有规定为由，任由其野蛮生长。妥当的做法是在现有的技术和市场基础之上，总结经验，通过规则和制度的完善，促进其健康有序的发展。再如，在互联网金融产业中，由于缺乏有效的外部监管，该产业内从业人员鱼龙混杂，缺乏有效的风险告知和制约机制。这也导致该产业在发展过程中乱象频发，行业声誉严重受损。市场的发展往往受利益驱动，技术的发展也有其自身的发展逻辑。由于技术的发展会开拓新的市场，因而法律应当鼓励技术和市场发展，但不能完全放任其自由发展。为此，我国互联网立法应当考虑技术和市场发展的需要，保持立法的前瞻性，为新型业态的产生和发展预留制度空间，使各种新的产业能够被纳入制度调整范围，而不能完全放任其自由发展。

（三）互联网立法应注重发挥行业自治能力

传统的社会组织和治理模式主要可以分为两类：一类强调市

场交易的自发调整，另一类则更注重政府的计划管制，但在这两种社会组织和治理方式之间，还大量存在企业层级管理、网络平台组织等多元的社会组织方式。与上述两种方式相比，这些更为灵活的社会组织和治理方式可以在相应的领域起到更好的协调和组织效果。一方面，网络技术的出现，在一定程度上可以解决信息不充分、不对称，难以准确预测和防控的难题。网络技术具有强大的信息搜集、储存和公示能力，可以详细搜集网络用户的身份、通信、资金等各方面的信息，有助于便捷地识别网络用户。一旦发生争端，可以及时找到当事人。另一方面，网络有一个评价机制，比较容易建立信用体系。这都有助于实现自治。

在我国传统的治理体制中，国家权力往往会直接面对个人，对个人的行为进行干预和调整。但是，此种治理方式的成本过高，而且效率低下。解决该问题的方式之一，就是发挥行业组织和网络服务提供者的治理优势，充分发挥其自治功能。从发达国家的互联网治理经验来看，其始终重视发挥行业自治的功能，并取得了良好的治理效果。我国的互联网立法也应当借鉴此种治理方式。特别应看到的是，十八届四中全会决定提出了社会自治，而网络自治也是社会自治的重要组成部分，互联网立法应当顺应这种大趋势，重视发挥行业自治的功能。

整个网络社会本身是由一个个网络服务提供者所提供的网络服务组成的，因此，相对于国家直接治理而言，行业自治具有明显的优势。具体而言：一方面，行业自治的方式更为直接。通过确立行业自治规则，能够综合运用更多的技术手段，直接实现治理目的。例如，网络服务提供者可以设置特定的过滤机制，来预防违法信息的出现，而对于明显的侵权信息，如非法传播他人裸照、发布辱骂他人等信息，网络服务提供者可以通过删除、屏蔽、断开链接等方式，直接对违法信息进行清除。显然，借助行业自治的事前或事中机制，能够对相关事项作出及时反应和处理，从而有效预防违法行为发生或防止违法后果进一步扩大。而国家直接治理主要是一种事后的规制，故与国家直接治理相比，行业自治的治理方式更为直接和迅速。另一方面，行业自治方式在某些情形下更为高效。互联网技术的发展日新月异，技术更新较快，如果由国家直接治理，执法人员的素质与水平可能无法及时跟进网络技术的发展速度，导致治理效率偏低。而行业自治则能及时顺应网络技术的发展需要，采用更为有效的治理方式。因网络服务的提供者、客户、服务内容、服务方式等要素不同，网络服务行业也会有不同的、多元化的规范手段和方式，以实现对网络服务提供者、网络用户行为的有效规制。不仅如此，为了妥当应对技术发展和市场需求，代表行业自治的多元化的自律机制既可能发生在立法未预见和未涉及之处，也可能是对立法中的漏洞和模糊之处进行相应的补充和完善，从这一意义上说，网络行业自律规则可以成为国家互联网立法的"试验田"。

还要看到，网络行业自治可以帮助政府消解因互联网的利用而产生的各种社会矛盾和纠纷。实践经验表明，在许多社会矛盾产生以后，政府出面解决并不一定是最佳途径，因为许多纠纷涉及复杂的技术问题和内部管理问题，所以在网络行业治理中，应当充分发挥网络行业尤其是网络服务提供者的技术优势和管理优势。

从互联网发展的实际情况来看，网络行业自治应当重点落实以下内容：

第一，确立相应的行业规则。互联网行业已经蓬勃兴起，成千上万家网站如雨后春笋般不断涌现，网络行业的自治也随之发展，但毋庸讳言，它未能在互联网治理中发挥应有的作用。要弥补这一缺憾，就应通过合适途径，有效推动网络服务行业发展自律规范，将互联网行业应当遵守的基本规则，如商业道德、必要的技术标准、维护有序竞争的行业规则等，转化为具有约束力的行业自律规则。此外，还应在自律规则中明确，在相关主体违反此类自律规则时，首先应当由这些自治组织、行业协会依据行业规则的规定解决此类纠纷。

第二，确立个人信息和隐私保护规则。个人信息和隐私的保护问题是网络时代的一大难题，互联网行业自律也应当重点解决这一问题。虽然现行立法对个人信息和隐私保护有规定，但并不全面、完整。在此情形下，网络服务提供者应对个人信息和隐私保护进行主动规范，从而有效回应市场需求。在实践中，有些网站确立了个人信息和隐私保护规则，产生了相当积极的效果，这种经验值得推广。

第三，规范网络服务提供者所提供的格式条款。网络服务提供者可能会利用其技术优势等订约优势地位，在拟定网络服务协议时规定一些对网络用户不利的格式条款，如隐私保护条款、个人信息收集与利用条款、纠纷解决条款等，行业自律规则应当重点规制这一问题。例如，行业自律规则中可以预先设置一些隐私保护规则等，将其纳入网络服务提供者所预先拟定的网络服务协

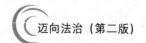

议中，从而有效保护网络用户的合法权益。此外，除示范规则外，行业自律规则也应要求网络服务提供者依据有关法律法规的规定清理其制定的格式条款。

建设法治国家需坚持税收法定

2011 年，最高人民法院出台了《婚姻法》的第三项司法解释，其中规定夫妻一方在婚前购买的房产，不能视为夫妻的共同财产，其房屋所有权属于婚前出钱购买的一方。据报载，因为该司法解释的上述规定，一些夫妻担心个人利益受损，纷纷要求在婚前购买的房屋产权证上加上自己的名字。在一些地方，要求加名登记的夫妻太多，甚至在房管局门前排起了长队。有的地方政府的税收部门看到了其中的"商机"，于是对加名行为征税，"加名税"随之浮出水面。尽管后来中央政府出面叫停该种"加名税"，但这种随意征税的现象值得我们反思。

"加名税"显然违反了税收法定原则。所谓税收法定，是指税种、税率和征税的程序都应当由法律作出规定。如果没有相应的法律规定，政府就不能征税，公民也没有纳税的义务。这是法治国家的一项基本原则。众所周知，税收取之于民，用之于民，它支撑了整个国家机器的运转，保障了国家公共事业和社会福利事业的发展。从这一意义上说，税收制度的好坏直接决定了国家治理水平的高低。有一种观点认为，美国的强盛在于其有两部伟大的法律，一部是美国宪法，它奠定了美国的制度基础；另一部就是美国联邦税法，它确立了联邦和州在征税方面不同的权限。这种说法不无道理。美国的税法虽然繁杂，但它坚持税收法定原则，这对保障公民的合法权益、维护社会秩序稳定发挥了重要作用。如果不通过法律来规定税种、税率，就有可能导致税种泛滥、税赋成灾，公民的权益则难以获得应有的保护。

税收法定是一项法治原则。从历史上看，税收法定原则和人权保障原则均源于英国 1215 年的《自由大宪章》。当时英国有 25 个贵族不愿忍受国王的苛捐杂税，他们联合在一起，迫使国王签署了著名的《自由大宪章》，以限制国王征税的权力，建立有限政府。《自由大宪章》第 12 条规定："未经王国之普遍同意（common consent of the realm），不得在王国内征收免服兵役税或贡金。"这被认为是税收法定原则的起源。之后，随着议会的崛起，"王国之普遍同意"逐渐被理解为由议会通过法律作出决定。1674 年，英国议会下议院通过了《遏制非法征税法案》，规定未经议会投票表决，国王不得征收任何赋税或王室特别津贴。在 1689 年的《权利法案》中，更进一步地限制了国王的征税特权。[1]从比较法上来看，税收法定作为法治的一项重要原则，得到各国普遍认可。

我国也一直坚持税收法定原则，《宪法》第 56 条规定："中华人民共和国公民有依照法律纳税的义务。"该规定虽然没有明确规定税收法定原则，但实际上已经明确规定了公民只是负有根据法律纳税的义务，因为此处《宪法》的表述为"法律"。根据

---

[1] 参见王建勋：《欧美征税权演变与政治文明》，载《炎黄春秋》，2014（6）。

《立法法》的相关规定，此处的"法律"应作狭义的解释，仅指全国人大及其常委会制定的法律，而不是抽象地使用"法"的概念，这就表明公民纳税义务是由法律来确认的。作为《宪法》第56条立法精神的具体化，《税收征收管理法》第3条明确阐释了税收法定原则，规定："税收的开征、停征以及减税、免税、退税、补税，依照法律的规定执行；法律授权国务院规定的，依照国务院制定的行政法规的规定执行。任何机关、单位和个人不得违反法律、行政法规的规定，擅自作出税收开征、停征以及减税、免税、退税、补税和其他同税收法律、行政法规相抵触的决定。"据此可以说，税收法定是一项必须遵守的宪法原则。所以，正如前文所指出的，政府仅凭一个红头文件，就可以征收"加名税"，表明税收法定原则还没有真正得到落实。

落实税收法定原则，从根本上说是为了保护公民的财产和自由。税收是国家对公民无偿课征资财以获取财政收入的活动，其本质上是通过国家征税而将个人财富转化为国家财富的一种方式，对公民而言是一种负担，为了不使这种负担无序化，遂有税收法定原则的出现，其根本目的是对公民财产权进行保护。正如有学者所指出的，在近代，税收法定原则与罪刑法定原则处于同等的地位，前者主要保护公民的财产权，后者主要保护公民的人身权。[1] 休谟有一句名言："危害最大的税是任意征收的那些税，它们通常会由于征管工作而转化为对勤劳的惩罚。"[2] 在我国，由

---

① 参见刘隆亨：《以法治税简论》，152页，北京，北京大学出版社，1989。

② David Hume, *Essays-Moral*, *Political and Literary*, Liberty Fund Inc, 1987, pp. 345-346. 转引自王建勋：《欧美征税权演变与政治文明》，载《炎黄春秋》，2014（6）。

于税收法定原则未能完全落实，以至于在实践中，有的地方政府不清楚对公民已经开征了多少税种，公民也不清楚究竟应该缴纳哪些税。例如，2014年，在国际油价大幅下调之际，有关部门提高成品油的消费税，网上出现了"加油就是加税，加油站为加税站"的讨论。

落实税收法定原则，是建设法治国家的关键环节之一。政府的征税行为应当得到人民的授权和认可，这也是法治国家普遍认可的基本原则。一个法治社会就是一个充分保障公民财产和人身权益的社会，是充分保障公民法定范围内自由的社会。正如霍布斯（Hobbes）所言："人民的安全，乃是至高无上的法律。"[①] 按照税收法定，公民应当交纳的税收在法律上要非常清晰明确，任何一种税收，都应当按照法律的规定来征收，除此之外，公民不再负担任何纳税义务，这样才能够充分保障人民的财产自由。十八届四中全会决定提出，重大改革都要于法有据。税收改革涉及公民基本财产权利的限制与保护，因此，税收改革更应当于法有据。

落实税收法定原则是规范公权、依法行政的需要。政府享有的征税权为政府不断增加新的税种或者提高税率提供了依据，但有权不可任性。税收法定就是要把政府的征税权关进法治的笼子里，防止公权力滥用。否则，有的地方政府可能基于自身利益的需要，随意开增税名，随意改变税率，甚至减免税收，正是在这种恣意中，决策行为不理性、无效率乃至腐败的现象频频发生。

---

① ［美］博登海默：《法理学：法律哲学与法律方法》，邓正来译，293 页，北京，中国政法大学出版社，1999。

而税收法定也是职权法定的重要内容。按照职权法定原则，法无授权不可为，除非法律明确规定行政机关有征收某种税赋的权利，否则，行政机关不得任意征收税赋。但在实践中，有的地方政府为了招商引资、吸引外来投资，任意减免税；有的市长、市委书记一句话，就可以把一个外商几年的税收全部免掉；甚至在某些地方，减免税已经成为一种恶性竞争。要有效遏制这些恣意行为，就必须认真贯彻税收法定原则。

落实税收法定原则也会使征税行为回归其严肃性，避免征税行为的随意性。只有将纳税义务纳入法律规范的范畴，才能体现纳税义务的神圣性，体现纳税行为是公民对国家应尽到的责任。例如，在前例中，有的地方政府随意下发一个红头文件，就开增"加名税"，这就很难使个人感受到纳税行为的神圣性，人们是否真正愿意交纳、是否认可这一征税行为的正当性，都不无疑问。据《中国青年报》社会调查中心和新浪新闻中心联合调查显示，83.4％的人感觉作为纳税人"亏"，只履行义务没有行使权利。①由此表明，许多纳税人也没有因自己依法纳税而感到神圣光荣。而产生此种现象的重要原因是没有真正贯彻税收法定的原则。

在我国，实行税收法定，就是要将征税权收回全国人大，将征税行为纳入制度框架内进行规范。落实税收法定，一是要税种法定。在我国现行的 18 个税种中，全国人大审议立法的只有 3 个，其他的都是由国务院有关条例和规定来规范的，这显然不利于落实税收法定原则。既然要依据《宪法》实现税收法定，征税

---

① 参见赵飞鹏：《我是纳税人》，见中国青年报网站，http://zqb.cyol.com/content/ 2008 - 12/14/content 2470166. htm，2014 - 09。

权就应当属于全国人大行使的权力，政府只能在《税收征收管理法》的范围内行使收税权。如果全国人大将对特殊事项的征税授权国务院行使，则政府部门只能在授权范围内征税，而不能超越该授权范围。与此同时，公民纳税义务也必须由国家的立法机关以法律的形式来规定，在没有法律规定的前提下，任何人不得被要求承担任何纳税义务。二是要税率法定。税率法定也是税收法定原则的重要内容。如果说税种法定是解决税收"应不应该拿、拿什么以及向谁拿"的问题，那么税率法定就是为了解决"拿多少"的问题。如果税率不能法定，而是由政府自由决定，如果政府向纳税人征税的税率过高，则变相突破了税收法定原则，税种法定的意义也会受到影响。

总之，税收法定原则是建设法治国家的一项重要原则，如果严格按照该原则来征税，则征收"加名税"这种荒唐的行为就不会出现，人民的财产与自由就能得到切实的保障。

民法要扩张　刑法要谦抑

我国古代法律制度自成一体，其最为显著的特点是刑民不分，以刑为本，因此，"法"的概念常常用"刑"来描述，一提到法，就自然地与刑相关联。《说文》有云："法，刑也。""治天下有法，庆赏刑诛之谓也。"[1] 宋代杨万里说："法不用则为法，法

---

[1]　方孝孺：《逊志斋集》。

用之则为刑；为不犯则为法，民犯之则为刑。"① 这实际上都是将法与刑相等同。法家历来主张严刑峻法，"以刑去刑"，轻罪重罚，这种重刑思想也会导致轻罪重罚，徒刑遍地，激化社会矛盾。

重刑轻民观念对中国人的法制观念影响深远，所以，人们一提到"厉行法制"，许多人就主张应当严刑峻法，治乱世用重典。其实，这种观点是对法的一种误解。例如，2001 年修改《婚姻法》时，当时争议最大的一个问题就是是否应对"包二奶"行为追究刑事责任。对此曾经展开激烈的争论，在讨论中，笔者曾经提出，不应该对"包二奶"行为追究刑事责任。理由在于，"包二奶"的行为与通奸、婚外情等行为的界限不清晰，一旦将该行为确定为犯罪行为，可能导致该罪名适用范围的不当扩大，甚至有可能对许多通奸、婚外情等行为课以刑罚，使刑法的打击范围过大。这对社会、家庭都会造成不利后果，更为严重的是，可能不正当地限制个人的行为自由与基本的人身权利。对此种不道德的行为，完全可以通过追究当事人的民事责任等来实现对该种行为的规制，而不必动用刑罚来予以制裁。

在第十届全国人大修改《刑法》时，曾经就是否应当废除抽逃资本罪和虚假出资罪发生争议。在讨论中，笔者认为，应当废除上述罪名，因为虚假出资现象的出现很大程度上是《公司法》规定的不合理的法定资本制造成的，这就迫使一些投资者虚报注册资本，"打肿脸充胖子"，进行虚假出资。笔者认为，并不是对

---

① 杨万里：《千虑策》。

所有的虚假出资与抽逃资本都应该予以刑事制裁，对抽逃资本的行为，要区分具体情形，分别认定其法律责任，区分的关键是要看此种行为是否造成了债权人损失，危害了交易安全。如果投资者抽逃资本的行为并没有造成债权人的损失，而且及时将所抽逃的资本充实，没有给债权人造成损失，那么此类行为就不一定都构成犯罪。《公司法》强调资本维持，最终目的是要保护债权人利益，如果并未给公司债权人造成损害，更谈不上危害交易安全秩序，则没有必要按照犯罪予以处罚。对此行为可以通过追究行为人民事责任的方式进行惩处，而不必采用刑事制裁的办法。如果将所有的抽逃资本和虚假出资都以刑法予以打击，不仅使刑法的打击面过大，也妨碍了市场主体的经营自由。时至今天，当我国《公司法》已经逐步废除最低出资限制时，抽逃资本罪和虚假出资罪存在的意义也在降低。

这两个例子都说明一个问题：在现代社会，对于相关的法律纠纷，如果能够通过民法解决，而且能够有效解决，则应当尽可能通过民事责任的方式解决，而不一定都要动用刑法，只有在民法的方法无法很好解决相关纠纷，而且相关行为可能危及公共安全和公共秩序时，才有必要动用刑法。从这个意义上说，民法要扩张，刑法要谦抑。

（一）刑法要谦抑

如前所述，并不是所有的违法行为，都需要通过刑法来制裁。刑法应当是社会关系最后的防护网，只有在其他的法律无法调整相关的社会关系时，或者调整的效果欠佳时，才应当由刑法

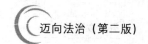

对其进行调整。为什么刑法要谦抑呢？

一是由于刑罚具有严厉性。刑法作为最严厉的法律制裁手段，其后果往往是直接剥夺行为人的自由甚至是生命，因此，刑罚的后果是极为严厉的。所以，只有在违法行为的危害后果严重的情形之下才有必要适用刑罚。刑法只是调整具有社会危害性并依照刑法应受处罚的行为。如果适用其他的法律责任足以遏制相关的违法行为，保护受害人的合法权益时，就不应将该行为作为犯罪行为处理而适用刑罚。反之，只有通过动用刑法才能够遏制的行为，才应当追究其刑事责任。例如，关于故意挖断电缆的行为是否应当追究刑事责任，曾有争议。毫无疑问，挖断电缆可能造成财产损害，可以追究行为人的侵权责任；但也可能构成犯罪，因为一方面，挖断电缆的行为可能造成大范围的断电，这可能直接危及公共安全和公共秩序，另一方面，大规模的停电损害，也不是民事责任所能够完全补偿的，此时即有必要对此种行为课以刑事责任。

二是充分体现法律对人的关怀。宽容性最本质的价值内涵在于刑法具有人道性，即给任何人以人文的关怀。边沁说过："温和的法律能使一个民族的生活方式具有人性：政府的精神会在公民中间得到尊重。"刑法处罚可能限制个人的人身自由，甚至剥夺个人的生命。一个人一旦锒铛入狱，如果其是商人，其所有经营活动可能陷于停滞，再好的公司，其经营都可能受到严重的影响。所以，刑事制裁如果涉及面过宽，其对企业甚至经济发展的影响，都是重大的。即便对个人而言，一旦其人身自由被剥夺，对其家庭甚至家庭成员的生活等会产生重大影响，其一家人的正常生活可能永远失去平静和安宁，子女的抚养、老人的赡养都因此会受到重大影响。更何况，个人受到刑法处罚，其将有可能失去继续工作的机会，职业生涯也将受到重大挫折，人生的发展可能因此而停滞。刑法应当谦抑，不仅是保护个人自由的需要，更是考虑到保护其家庭以及其他正常的社会交往关系，以充分体现法律对人的关怀。

三是尽量减少公权力对个人自由的侵害。一旦动用刑法，其实就意味着公权力将介入私人领域，而且此种介入的影响可能是不可逆的。比如，在前例中，"包二奶"的行为一旦入刑，则男女之间独处一旦被举报，涉嫌"包二奶"，公安机关就可能介入，这就会使得男女之间的正常交往受到妨碍。再如，许多企业都存在"打肿脸充胖子"、虚假出资的问题，尽管没有给社会造成什么损害，但一旦被发现，老板就会惹上大麻烦，有的高管人员被老板解雇后，就到公安机关举报老板有虚假出资问题，被举报者可能锒铛入狱，这显然是不合理的。现代法治的理念要求尽量限制公权力机关对私人领域的介入，从这一意义上讲，刑法应当谦抑。

四是减少国家资源的浪费。刑法涉及国家公权力的运用，犯罪的构成，从立案、侦查到审判以及执行，都会耗费国家巨大的人力、物力资源，因为在刑事案件中，案件的再审、申诉等，都会耗费大量的国家、社会资源。为了减少国家资源的过度浪费，使国家对社会秩序的控制在有序、健康、稳定的情况下运行，刑法应当节约更多的资源，保持打击力度、广度、强度上的精确性，也就是说，该动刑的要动刑，不该动刑的则不要动。

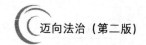

应当看到，在立法层面，同西方国家相比，我国刑法已经将犯罪限定在较小的范围内，这也体现了刑法谦抑性的要求。我国《治安管理处罚法》所规定的许多行为，在一些西方国家可能构成犯罪行为。例如，在美国的一些城市中，乘坐地铁逃票的行为都可能被作为犯罪行为处理，此种刑事责任未免过于严苛。由此可见，我国刑法在一定程度上也秉持了谦抑性。但仍有不少学者主张，当下应当"乱世用重典"，即应当不断扩大刑法的适用范围，从而有效维护社会秩序。笔者认为，这种看法是值得商榷的，其有违刑法保护个人基本权利的立法宗旨。虽然我国现在处于社会转型期，社会矛盾频发甚至叠加，但社会治理仍然是有序的。在全面深化改革的时代背景下，应当注重激活市场主体的活力，促进经济发展，如果过多地运用刑事手段调整社会生活，显然不利于保护民众的私人权益和行为自由。

当然，我们说刑法要谦抑，并不是说在所有领域都严格限制刑法的适用。如果在民法的方法无法很好地解决相关纠纷，而且相关行为可能危及公共安全和公共秩序时，就有必要动用刑法。例如，在食品安全领域，如果相关的食品安全问题可能直接危及公共安全，且社会危害后果较大，则有必要扩大刑事责任的适用范围。再如，网络电信诈骗，即使诈骗数额不大，也因对社会危害较大，应当依法追究刑事责任。但应注意，在追究行为人的刑事责任时，应当严格遵守罪刑法定原则。

（二）民法要扩张

中国存在几千年重刑轻民、以刑为本的传统，强调通过刑事手段调整社会生活，这在封建社会时期可能存在一定的合理性，但由此也导致了我国长期缺乏私法文化。扩张民法的功能，在一定程度上也是培育私权文化、改变"重刑轻民"传统的重要途径。尤其应当看到，现代社会强调对人的关怀与保护，并以保障私权作为法治的核心，因而，应当不断扩张民法的适用范围，强化对民事权利的救济和保护。长期以来，相关立法并不重视运用民法的调整方法。例如，在我国现行的 250 部法律中，除了纯粹的民事法律之外，其他法律在规定法律责任时，通常主要规定刑事责任与行政责任，而极少提到民事责任，这与我们长期不重视民法调整方法密切相关。正是因为在现实生活中，民法没有发挥其调整社会生活的应有作用，所以，有必要强调扩张民法的适用。

事实上，与刑事责任、行政责任相比，民法的私法自治、民事责任等方式，都具有其自身的独特性与效果，在纠纷的解决方面，应当扩大适用民法的调整方法。在市场经济社会，民法应当成为调整社会生活、解决各类纠纷的主要手段。因为从调整范围来看，一方面，民法调整的是私人领域，强调个人的意思自治，注重保护私权。每个人都是自己利益的最佳判断者，法律应当尊重个人依法作出的选择，凡是法不禁止的，皆为个人的自由范围，这也符合市场经济的内在要求。另一方面，民法的扩张也是维护大众创业、万众创新，激发亿万群众创造活力的有效手段。以所有权制度为例，日本学者石田文次郎在论证所有权的社会意义时曾指出："人类所造所有权，确可谓人类史上的伟大功业"。所有权的确认和保护，直接决定着市场经济的形成和发展，也有效地鼓励了人们投资创业、创造财富。民法的其他制度也发挥了类似的社会作用，这就是为什么要扩张民法适用范围的重要原因。如上文所提到的"抽逃注册资金"行为，一个公司的注册资本与其放在公司中闲置浪费，不能发挥其应有价值，不如将其投入经营中进行利用，这更有利于发挥其价值。如果没有损害公共利益和社会秩序，不必都作为犯罪处理。民法体现了对人的个性的尊重，即尊重个人的行为自由、意思自由，这从根本上与法律的人文关怀精神是相符合的。还应当看到，民法调整方式体现了对人们私法自治的尊重，即尊重人们的自主决定，这也有利于纠纷的彻底解决。例如，对抽逃资金行为，确实损害了债权人利益时，债权人可以主张赔偿，我国《公司法》已经规定了"揭开公司面纱"制度，债权人可以直接追究股东的责任。再如，对"包二奶"行为，这构成了法定的离婚事由，无过错方可以获得财产补偿，如果涉及相关的财产纠纷或者侵权损害，完全可以通过民事责任的方式解决，即便行为人真的构成"包二奶"，如果一旦让当事人锒铛入狱，可能直接涉及其子女的抚养、老人的赡养问题等，一些新的问题也会随之产生，这显然不能达到很好的社会效果。

我们说，民法要扩张，刑法要谦抑，这主要是从立法论上而言的，是立法者在制定刑法时所应秉持的立法理念：刑罚的界限应该是内缩的，而不是外张的。但这并不是说，在执法过程中，司法者要畏手畏脚，不敢动用刑罚，只要是依据刑法规定构成犯罪的，都应当受到刑法的制裁，否则就可能构成渎职。所以，从法律适用层面来看，不应当坚持此种原则，司法者应当严格按照法律的规定裁判，而不应当以谦抑性为由，放弃对已经构成犯罪的行为人追究刑事责任。总之，在市场经济中，法律调整依循"恺撒的归恺撒，国王的归国王"的思路，应当由民法进行调整的领域，就不应当盲目扩张刑法的适用。当然，民法和刑法在适用中也应当相互配合、相互衔接，从而充分发挥二者的协调作用。

总体上，当代各国法治的特点都是强调人权保障，强调法治的文明，在这样的背景下，一味地依赖甚至迷信重刑，可能会引起新的社会不公正，因为重刑不一定能够有效解决社会纠纷，而且并不必然有利于维护社会秩序。

六、依法行政

依法行政,是政府行政权运行的基本原则。十八届四中全会提出两个"三位一体"建设,即坚持依法治国、依法执政、依法行政共同推进,坚持法治国家、法治政府、法治社会一体建设,在这两个"三位一体"建设中,依法行政和建立法治政府都是重要内容。

依法治国与法治政府建设

法治常常被表述为"规范公权、保障私权"。其中,"规范公权"的重点就是规范行政权力。十八届四中全会决定提出,要深入推进依法行政,加快建设法治政府。在推进依法治国的方略中,法治政府建设居于重要位置。

（一）建设法治政府是全面推进依法治国的必然要求

所谓法治政府，是指政府的一切活动受法律支配、依法律展开。换言之，政府要依法产生，政府机构要依法设置，政府权力要依法确定，政府活动要依法展开，政府责任要依法承担。1982年《宪法》第三章"国家机构"规定了中央政府和地方政府的职责权限，明确了政府与国家权力机关的相互关系，为我国法治政府的建设奠定了宪法基础。2004年3月，国务院发布《全面推进依法行政实施纲要》，明确提出建设法治政府的奋斗目标；2008年发布《关于加强市县政府依法行政的决定》；2010年又发布《关于加强法治政府建设的意见》，这些决定和意见为法治政府建设提供了具体指导。党的十八大报告更将"依法治国"方略提到了一个新的高度，提出到2020年全面建成小康社会时，要实现"依法治国基本方略全面落实，法治政府基本建成，司法公信力不断提高，人权得到切实尊重和保障"的目标。十八届四中全会在全面规划依法治国战略部署时，将深入推进依法行政，加快建设法治政府作为实现依法治国总目标的重要任务。在两个"三位一体"建设中，都将依法行政和建立法治政府作为重要内容。

建设法治政府是全面推进依法治国的必然要求，也是依法治国战略的重要组成部分。行政权力天然具有自我膨胀和扩张的趋势，如果不依法对其进行规范，极易导致公权力对私权利的侵害。[①] 可以说，通过法律对公权力进行规范和约束，才能真正保

---

① 参见罗豪才、宋功德：《行政法的治理逻辑》，载《中国法学》，2011（2）。

障私权利。在此意义上，法治要从根本上约束和限制公权力，为公权力套上"紧箍咒"。一个成熟的法治社会，不仅要约束老百姓，更要约束官吏，并有效制衡公权力。在私主体受到公权力的侵害之后，法律应当对其提供充分救济。①

建设法治政府，也是人民当家做主民主原则的体现。在我国，随着中华人民共和国的建立，人民当家做主。但要保障人民主权，保护人民的利益不受侵害，就必须坚持依法行政。政府所享有的行政权具有强制性、单方性、主动性、扩张性等特点，一旦失去了约束，将严重威胁甚至损害处于弱势一方的公民的合法权益，妨碍社会和谐有序发展。依法行政要求政府依法履行职责，最终就是为了将公权力关进制度的笼子里，让人民有效地监督政府，最大限度地减少公权力运行的副作用，使公权力的行使最终造福于国家与人民。所以，要求政府的一切行为必须有法律依据，实际上也是对人民民主原则的贯彻。

建设法治政府，是实现国家治理体系现代化的重要内容。治理体系现代化首先要求政府必须是一个法治政府。政府的职权、职能、程序和责任必须法定化。法定职责必须为，法无授权不可为。从内容上看，治理体系现代化要求政府必须是一个有限政府，其既不能是一个简单的"守夜人"，也不能是一个"包揽一切"事务的机构。相反，现代治理体系要求政府是一个有限政府、责任政府、高效政府，要把该管的事情管好，坚决纠正各种不作为和乱作为现象。要积极履行职责，并对失职行为负责。治

---

① 参见宋功德：《建设法治政府的理论基础与制度安排》，5页，北京，国家行政学院出版社，2008。

理体系现代化也要求政府必须是一个服务型政府，要致力于维持秩序、保障民生、惠民利民，依法向公民提供高效廉洁的必要服务。

建设法治政府，就是要把权力关进制度的笼子里，保证权力正当行使，防止把权力变成牟取个人或少数人利益的工具，搞权钱交易。我国近年来的反腐实践表明，腐败分子涉案数额不断递增，所涉高官级别越来越高，各种权钱交易和官商勾结现象令人震惊。窝案串案、所谓"坍塌式腐败"现象时有发生，小官大贪现象也屡见不鲜。这些都表明，权力一旦失去约束，就有被滥用的风险，就会滋生腐败。究其原因，主要还是公权力，特别是行政权没有被关进制度的笼子中。中外历史经验表明，厉行法治、建立法治政府也是有效的"防腐剂"。这就要求扎牢制度的笼子，使权力运行守边界、有约束、受监督。

建设法治政府是建设法治社会的关键环节，只有政府严格遵守法律、依法行政，才能在社会层面上普遍形成守法的局面。在中国古代就有"以吏为师"的说法，这在一定程度上也反映了官吏守法对公众守法的示范作用。目前，由于社会诚信缺失，道德滑坡，导致人们缺乏规矩意识，在一定程度上影响了法律实施的社会效果，这就更加需要政府带头守法、遵法，从而引导社会公众崇法尚德。因此，建设法治政府应当是建设法治国家的核心。

(二) 法治政府的判断标准

何为法治政府？达到何种标准才能称为法治政府？明确了这一问题，才能对法治政府建设的任务进行分解，并通过具体的标

准对具体任务的完成情况进行评价。然而，关于法治政府的标准
一直存在争议。十八届四中全会决定提出，各级政府必须坚持在
党的领导下、在法治轨道上开展工作，加快建设职能科学、权责
法定、执法严明、公开公正、廉洁高效、守法诚信的法治政府。
这就提出了一个比较清晰、明确的法治政府标准。依据十八届四
中全会的决定，法治政府至少应当符合以下标准：

第一，职能科学、权责法定。职能科学意味着政府的管理权
限应当合理设置和配置，防止出现大包大揽的情况。各级政府的
事权都需要规范化和法定化。权责法定包括两个方面的内容：一
是职权法定，它是指政府的职权、机构设置、行为方式等都必须
由法律明确规定。形象地说，职权法定就是要求行政机关做到法
无授权不可为，无法律则无行政。从行政法的层面来看，公权力
机关应当严格在法律规定的范围内、按照法定程序行使其权力。
从制度层面来看，则应当做到依宪治国，明确公权力只能在宪法
和法律规定的范围内活动。① 行政机关的职权只能来自宪法和法
律的授予，行政机关不得自我设定和修改职权范围。同时，政府
在行使职权过程中，还应该严格遵守法律设定的权限边界，既不
能超越职权行政，也不能曲解其职权。二是责任法定，也就是
说，政府机构应承担的责任应当由法律明确规定。权责对应是建
立法治政府的题中应有之义。法治政府应当是一个责任政府，这
不仅意味着政府要依法积极履行法定的职责，而且意味着政府要
为失职行为承担责任。我们说私权上的权利对应的是义务，无义

---

① 参见李庆：《行政法视角下和谐社会建构之思考》，载《法学杂志》，2011（10）。

务的权利是特权；那么，与公权力相对应的即应当是责任，无责任的权力同样是特权，而特权必然导致权力的滥用。要有效避免公权力成为被滥用的特权，就必须要求公权力的行使严格遵守法律规定的权限和程序，否则，就应当通过问责机制追究公权力机关及相关人员的法律责任。例如，我国《公务员法》中规定的公务员失职引咎辞职制度，正是对权责统一、失职必究这一原则的落实。在实践中，也确有很多官员因为违法失职行为被追究法律责任。

第二，执法严明、公开公正。职权不仅是权力，也是义务。行政机关必须履行自己的职权，坚持法定职责必须为的原则。执法严明是行政机关必须履行的法律义务。行政机关必须依法行使职权，惩处各类违法行为，加大关系群众切身利益的重点领域的执法力度；要完善执法程序，明确具体操作流程。对涉及行政许可、行政处罚、行政强制、行政征收、行政收费、行政检查等行政行为的事项，必须予以严格规范，防止在执法中的权力误用、权力滥用和权力寻租现象。

阳光是最佳的"防腐剂"，只有通过公开才能保证权力及其行使不变质。为了有效地规范行政权力，建设阳光政府，必须使行政权力的运行公开透明。我国在这方面已经取得了巨大的进步，《政府信息公开条例》的颁布已经为权力运行的公开化、透明化构建了制度框架。保障公权力及其运行公开化、透明化，要求一切与行政相对人相关、与老百姓利益相关的信息，除依法不宜公开的事项（如为了保护国家秘密、商业秘密、个人隐私等）外，行政过程都必须公开进行。要以公开为原则，以不公开为例外，这也是阳光政府、责任政府建设的重要原则。同时，要全面推进政务公开，推进决策公开、执行公开、管理公开、服务公开、结果公开，重点推进财政预算、公共资源配置、重大建设项目批准和实施、社会公益事业建设等领域的政府信息公开。

第三，廉洁高效、守法诚信。国家治理体系的现代化不仅要求政府在法定的权限内行使权力，而且要求政府高效廉洁地利用权力。行政行为涉及成千上万的利益相关人，如何提高行政过程的效率，直接关系到人民大众的福祉，关系到人民主体地位能否得到实现。近年来，许多政府机关正在积极探索"一站式办公"，建立了行政许可"统一办理、联合办理、集中办理"的相关制度，明显改变了"门难进、脸难看、口难开、事难办"的衙门式作风，并取得了良好的示范效应。

法治政府必然是诚信的政府，我们要提高全社会的诚信意识和道德水准，进而营造和谐信任的社会环境，首先就应要求政府带头诚实守信。对此，我国《行政许可法》第8条明确规定了"信赖保护原则"，强调政府应诚实守信。[①] 政府不能朝令夕改，政府规定的程序不能因人而异，已经作出的行政行为非经法律程序不得随意改变，政府部门负责人更替不能否定过去已作出的决定，因政府失信给相关主体造成的损失，应当依法进行赔偿。

第四，遵守程序、决策科学。一般认为，行政法中的正当程

---

① 《行政许可法》第8条规定："公民、法人或者其他组织依法取得的行政许可受法律保护，行政机关不得擅自改变已经生效的行政许可。行政许可所依据的法律、法规、规章修改或者废止，或者准予行政许可所依据的客观情况发生重大变化的，为了公共利益的需要，行政机关可以依法变更或者撤回已经生效的行政许可。由此给公民、法人或者其他组织造成财产损失的，行政机关应当依法给予补偿。"

序原则是指行政权力的运行应当符合公正的程序，行政机关应当严格按照程序行使职权。① 正当程序原则起源于英国古老的自然公正原则，其最初适用于司法审判中，即"自己不做自己的法官"和"对他人做出不利行为要事先告知、说明理由和听取申辩"②。以后，正当程序包含了"防止政府权力的专断和滥用"的内涵，即只有程序控制下的权力才具有正当性，才会防止公权滥用。③ 按照正当程序原则的要求，所有行政行为都应当受到法定程序的规制，同时行政程序的设计也应当科学合理。例如，行政行为的作出要充分地说明理由，要给予行政相对人陈述和申辩的机会；行政行为作出后，还要保障相对人提起复议和诉讼的权利，为其提供寻求救济的途径和程序。目前，我国已经颁布了《行政处罚法》《行政许可法》和《行政强制法》等一系列法律，《行政程序法》的制定也已经进入立法机关的议事日程，这无疑有利于进一步贯彻和落实正当程序原则，保障行政机关依法行政。

严格遵守程序，也是保障政府决策科学性的条件。不能将程序视为对政府的约束和羁绊。事实上，某些地区出现行政官员"拍脑袋决策，拍胸脯保证，拍大腿后悔，拍屁股走人"的不良现象，就是违反决策程序的结果。程序的设置有利于保障政府在法定范围内、依据法定程序行使职权。为了确保公权力自身的廉洁和高效，最大限度地减少社会资源的浪费，必须建立并完善公

---

① 参见吕新建：《行政法视域下的正当程序原则探析》，载《河北法学》，2011 (11)。
② 转引自姜明安：《正当法律程序：扼制腐败的屏障》，载《中国法学》，2008 (3)。
③ 参见王柱国：《论行政规制的正当程序控制》，载《法商研究》，2014 (3)。

众参与、专家咨询和政府决定相结合的决策机制，进一步加强对政府决策合法性的审查、对决策可能失败的风险的评估、对决策正确性的论证以及对决策过程的监督，从而保障行政机关在整个决策过程中严格遵守法定程序，实现对公权力运行的有效制约和监督。

总之，建设法治政府就是要努力建立有限政府、服务政府、阳光政府、效能政府、诚信政府、责任政府，要坚持"执法有保障、有权必有责、用权受监督、违法受追究、侵权须赔偿"的依法行政准则。

（三）法治政府是有限政府

所谓有限政府（limited government），是指在规模、职能、权力和行为方式等方面都受到法律明确规定和社会有效制约的政府。[①] 这一理论最早可以追溯到霍布斯的《利维坦》一书，但一般认为，英国学者洛克较早提出了有限政府的概念，后被广泛接受。当然，西方所说的有限政府是从西方宪政出发的，主要目标是谋求个人权利与自由至上，构建权力受到严格限制的政府。西方"有限政府"的"有限性"主要来源于两个方面：一是来源于分权理论。按照西方三权分立的思想，行政权受到立法权和司法权的限制和制衡，这有效地限制了行政权的不当扩张。二是来源于法律，即行政权的权限范围和行使方式受到法律的严格限制，有限政府应当是法治政府。我国的政治体制与西方的不同，我国

---

① 参见陈国权：《论法治与有限政府》，载《浙江大学学报（人文社会科学版）》，2002(2)。

并未采用三权分立的政制模式，但并不意味着不能采用有限政府的概念，我们所说的有限政府是指在法律规范下的政府。政府的职权范围、行使方式等，都受到法律的限制。四中全会决定指出，各级政府必须坚持在党的领导下、在法治轨道上开展工作，创新执法体制，完善执法程序，推进综合执法，严格执法责任，建立权责统一、权威高效的依法行政体制，加快建设职能科学、权责法定、执法严明、公开公正、廉洁高效、守法诚信的法治政府。该决定虽然没有明确使用"有限政府"的表述，但其核心理念是通过法治限制政府权力。

有限政府和法治政府其实是从两个不同的角度描述的：一方面，对有限政府而言，其权力来源于宪法和法律。因此，有学者认为，衡量有限政府与无限政府的尺度在于，一个政府在权力、职能、规模上是否受到来自法律的明文限制。[①] 另一方面，政府权力的行使必须受到法律的严格限制。法治的要义就在于调解政府与社会之间的矛盾，遏制政府权力的专横和腐败，从而维护社会的民主自由和正当利益。[②] 因此，法治下的政府才可能是有限政府。法治政府与有限政府是彼此依存的两个方面，法治下的政府必然是有限政府，而有限政府又是法治得以实现的基本保障。

建立有限政府，就是为了强化对行政权的制约，这就是说，政府的权力并不是无限的。由于公权力天然地具有扩张的本性，因而应当进行严格限制，正如孟德斯鸠所指出的："有权力的人们使用权力一直到遇到有界线的地方才休止……从事物的性质来

---

①②　参见陈国权：《论法治与有限政府》，载《浙江大学学报（人文社会科学版）》，2002（2）。

说，要防止滥用权力，就必须以权力约束权力。"① 因此，要建立有限政府，就必须依法对政府权力进行限制，只有这样，才能建立一个高效、廉洁、负责任的政府。

建立有限政府，就是要实现政府和社会治理的协力互动，共同实现国家治理体系的现代化。长期以来，我国受计划经济体制的影响，政府权力过于强大，以至于形成了"强政府，弱社会"的格局，"重政府包揽、轻多方参与"的现象普遍存在，社会组织的治理能力普遍较弱，难以形成一种良好的治理状态。② 因此，通过建立有限政府，使政府管自己应该管的事情，而将大量不应当由政府管的事留给社会组织和其他治理主体去承担。尤其需要充分发挥基层群众自治组织的自我管理、自我服务的作用，发挥社会自治的功能，并有机协调政府管理和社会自治的关系。

建立有限政府，就是要处理好政府与市场的关系。经过三十多年的发展，我国已经完成了从计划经济向社会主义市场经济的全面转型。但计划经济时代遗留的陈旧思维观念还没有被完全消除，政府随意干预市场、不信任市场调节手段、过度依赖行政干预的情况依然大量存在。地方政府的一些管理部门随意干预市场的现象依然可见。这些对我国市场经济进一步发展与经济的进一步转型造成重要负面影响。针对这些问题，党的十八大进一步强调要理顺政府与市场之间的关系，发挥市场在资源配置中的决定性作用，激发市场主体自身的活力。与此相适应，中央政府明确

---

① ［法］孟德斯鸠：《论法的精神》，张雁深译，154 页，北京，商务印书馆，1961。
② 参见魏礼群主编：《创新社会治理 建设法治社会》，45 页，北京，红旗出版社，2015。

提出了简政放权、转化政府职能的一系列举措。这些都是建设法治政府的应有内容。

十八届三中全会决议指出，要实行统一的市场准入制度，在制定负面清单基础上，各类市场主体可依法平等进入清单之外领域。据此，我国在市场主体的准入方面，将以实行负面清单管理制度作为改革的突破口，并成为深化改革的重要内容。在负面清单模式下，对市场主体而言，"法不禁止即自由"；对政府而言，则实行"法无授权不可为""法无授权即禁止"。随着社会的发展，各种新的业态不断出现，市场主体能否进入这些领域，必然成为法律调整的空白地带，成为"法律的沉默空间"。按照正面清单模式，市场主体无法自由进入这些空白领域，这无疑会大大限制市场主体经济活动的自由。而在负面清单模式下，只有法律法规明确禁止的领域，市场主体才无法进入，凡是清单没有列明的领域，市场主体均可以进入，这不仅使市场主体获得了更为充分的行为自由，同时也是对政府行政审批和管理权的一种有效规范。政府管理要统筹协调好事前审批与事后监管的关系，对于能够进行事后监管的，就没有必要进行事前审批。实行负面清单管理模式，必然要求建立有限政府。要求有效处理好政府与市场的关系，建设法治政府。

1959 年国际法学家会议通过的《德里宣言》在阐述法治的概念时指出："法治原则不仅要求为制止行政权的滥用提供法律保障，而且要使政府有效地维护法律秩序。"[①] 这就是说，建立有限

---

① International Commission of Jurists, *The Rule of Law and Human Rights: Principles and Definitions*, Geneva, 1966, p. 66.

政府，限制政府权力，并不是为了使政府难以作为，而应当是为了更好地规范政府行为，通过科学、合理的权力配置，使政府更有效率地运转，这也是有限政府的应有内涵。"法无授权不可为"与"法定职责必须为"二者密切联系，缺一不可。

法无授权不可为

（一）法无授权不可为：规范公权的基本规则

"法无授权不可为"也称为"法无授权即禁止"（All is prohibited unless permissible），其实质是要实现职权法定，对公权力实行法定主义，即公权的设定、行使规则及行使程序等，都应当由法律作出规定，非依法定规定，不得自行设定权力。可见，与私权"法无禁止即可为""法无禁止即自由"（All is permissible unless prohibited）的负面清单管理模式相反，对公权力而言，其实行的是"正面清单"模式，其与私权行使的负面清单模式之间是相辅相成的关系，二者共同构成了"规范公权、保障私权"的现代法治理念。①

公权和私权的区分源于罗马法，罗马法中已经有了一些公权行使规则。根据学者的考证，"法无授权不可为"这一具体规则直接源于法国 17 世纪的法谚，即"法无授权不可为，法不禁止即

---

① 参见龚柏华：《"法无禁止即可为"的法理与上海自贸区"负面清单"模式》，载《东方法学》，2013（6）。

自由"。后卢梭、孟德斯鸠等人将其更清楚地表述为"国家公权力的行使必须经过法律授权"的原则。与此相反，在法律未明确禁止的情形下，公民实施的行为皆不违法。

法国启蒙思想家孟德斯鸠在《论法的精神》一书中曾经尖锐地指出，拥有权力的人自然地会变得自私起来，竭力保持个人的地位。之所以需要对公权进行限制，是因为"一切有权力的人都容易滥用权力，这是万古不易的一条经验。有权力的人们使用权力一直到遇到有界线的地方才休止"①。此外，法国启蒙思想家也提出了法治国的思想，认为国家的公权力应当受到法律的控制和约束，作为国家公权力之一的行政权也应当受到法律的支配。公权力不仅应当服从于制定法，而且其应当符合公平、正义的观念。例如，狄骥认为："国家必须遵守它所制定的法律，只要该法律未被废除。国家可以修改或取消某项法律；但只要该法律存在，国家限制行为：行政行为和司法行为都必须在该法律法定范围之内，而正是因为这一点，国家才是法治国家。"② 这些思想对法国宪法和行政法制度产生了重大影响。

在英国，对公权进行限制的理论基础是有限政府原则，这一原则的产生可以追溯到霍布斯的《利维坦》，霍布斯在该书中认为，如果对公权力不加规范和约束，就可能使公权力过度扩张，形成"利维坦（Leviathan）"（在《圣经》中指一种力大无比的海

---

① ［法］孟德斯鸠：《论法的精神》上册，张雁深译，154 页，北京，商务印书馆，1961。

② ［法］莱昂·狄骥：《宪法学教程》，王文利等译，30 页，沈阳，辽海出版社、春风文艺出版社，1999。

怪）现象。霍布斯的思想为有限政府理论的形成奠定了理论基础。① 按照霍布斯的观点，主权者的法律不得限制买卖或其他契约行为的自由、选择自己的住所、饮食以及生活方式的自由等②，这实际上也隐含了"权力有限"的原则。对有限政府理论进行系统阐述的是洛克，他在《政府论》一书中认为，政府所有的一切权力为什么必须依据法律行使，因为"一方面使人民知道他们的责任并在法律范围内得到安全和保障；另一方面，也使统治者被限制在他们的适当范围内，不致为他们所拥有的权力所诱惑。"③所以洛克认为，法治的真谛在于，公民的权利必须保护，政府的权力必须受到限制。哈耶克也指出，正是为了保护公民的权利，防止庞大的行政机器吞没私人领域，法治才如此重要。④ 在他看来，宪法意味着受限制的政府，宪法是最高的、支配着权力机关的具体规则和法律，对政府的一切权力加以限制，是宪法制度的目的，宪法应将个人权利放在突出地位。⑤

美国一直对公权采取严格制约的态度。在建国之初，美国开国元勋就担心公权力的庞大会对公民自由构成威胁。麦迪逊指出："如果人都是天使，就不需要任何政府了。如果是天使统治

① 参见詹福满、苗静：《有限政府理论的现代解读》，载《法律科学（西北政法学院学报）》，2005（3）。

② 参见［英］霍布斯：《利维坦》，杨昌裕译，165 页，北京，商务印书馆，1995。

③ ［英］洛克：《政府论（下篇）》，叶启芳等译，186 页，北京，商务印书馆，1964。

④ 参见［英］哈耶克：《自由宪章》，杨玉生等译，343 页，北京，中国社会科学出版社，1999。

⑤ 参见［英］哈耶克：《自由宪章》，杨玉生等译，317 页，北京，中国社会科学出版社，1999。

人，就不需要对政府有任何外来的或内在的控制了。"①以后的一些美国学者也都采纳了此种观点。例如，潘恩认为，政府是"免不了的祸害或不可容忍的祸害"，认为应当以宪法至上的共和制度来降低政府"祸害"的程度。② 伯恩斯认为："鉴于政府权力可能产生危害，我们把它分割为小块并从各方面加以约束。没有哪一个官员能够单独地剥夺我们的生命、自由或财产。"③ 所以，美国学者普遍认为，法律的真正目的应当是约束公权力，保障个人的自由和安全。美国宪法其实就是一部全面限制公权的法，美国宪法第五修正案确立了保护正当程序的权利，第十四修正案确立了正当程序条款，这些都旨在确立对财产权、人身权的保护，同时也从另一层面对公权的行使进行了限制。

在德国，法治国的概念在 18、19 世纪就已经初步形成，其基本理论是要求国家保护公民的自由、安全，国家要为公民提供必要的福利，要求对国家公权力进行限制和控制，在行使公权力的时候必须合乎法律规定，并且符合比例原则。④ "法治国要求限制国家公权力，法律成为任何国家行为的依据。"⑤ 但由于普鲁士的容克传统和法西斯主义的践踏，德国并没有实现所谓"法治国"，直到在第二次世界大战以后，才在宪法、法律和司法实践中充分贯彻了法治国的原则。这也说明了法治天然地包含了对公权进行限制的内涵。

---

① ［美］汉密尔顿等：《联邦党人文集》，程逢如等译，264 页，北京，商务印书馆，1980。

② 参见［美］潘恩：《潘恩选集》，3 页，北京，商务印书馆，1982。

③ ［美］詹姆斯·M·伯恩斯等：《民治政府》，陆震纶等译，201 页，北京，中国社会科学出版社，1996。

④ Grzeszick, in: Maunz/Dürig, GG, Art. 20. Rn. 1.

⑤ Grzeszick, in: Maunz/Dürig, GG, Art. 20. Rn. 251.

在我国，"法无授权不可为"这一法治理念是改革开放以来逐步形成的。依据我国《立法法》第 8 条，必须由法律作出规定的事项，不能由行政法规规定；第 9 条规定："本法第八条规定的事项尚未制定法律的，全国人民代表大会及其常务委员会有权作出决定，授权国务院可以根据实际需要，对其中的部分事项先制定行政法规。"这实际上也是"法无授权不可为"的具体体现。十八大以来，习近平总书记提出要"把权力关进制度的笼子"，并多次提出要实行"职权法定""法无授权不可为"。李克强总理也提出，对政府而言，"法无授权不可为"。十八届四中全会决定指出："行政机关要坚持法定职责必须为，法无授权不可为。"之所以要确立"法无授权不可为"的规则，主要是基于如下原因：

第一，依法限制公权。公权力天然地具有扩张的本性，应当进行严格限制。公权本质上是为了实现人民的福祉，但其天然地具有扩张的本性，一旦失去法律的规范，就会像脱缰的野马，强大的国家机器会损害个人的权利。行政机关是国家机关中对经济和社会发展影响最大、与公民关系最密切，因而也是权力最大、机关最多、人数最众的一个部门。① 行政机关在社会生活中的极端重要性决定了依法规范公权力，通过实行对行政机关的抽象行政行为的司法审查，加强司法对行政权的制衡是十分必要的。法律赋予行政机关必要的行政权力，使其治理国家和社会，同时行政机关必须在法律规定的范围内并遵循法定的程序行使权力。不

---

① 参见应松年：《依法治国的关键是依法行政》，载《法学》，1996（11）。

管是实施抽象的行政行为还是具体行政行为，都必须依法进行，只有这样，才能实现真正的法治。

第二，保障公权行使的合法性。一方面，只有坚持"法无授权不可为"，才能保障行政机关依法行政。行政机关是主要的执法机关，法律赋予公民和法人的权利能否实现，为维护公共利益和国家利益而颁行的禁止性的规定能否得到遵守，很大程度上取决于政府机关的执法行为。在现代社会，行政机关及其工作人员依法办事，较之于普通公民的守法更为重要。正如有学者所指出的，"现代法治的精髓是官吏依法办事，只有官吏依法办事，接受法律的约束，才有法治可言"①。另一方面，防止公权力的滥用。如果不对公权力予以规范，就会导致一些公权私用、以权谋私、徇私舞弊等公权滥用情形出现，也会损害公共利益和私人利益。

第三，保障行政相对人的利益。公权的行使具有强制性，而且公权力以强大的国家机器为后盾，如果不对公权进行严格限制，公权的不当行使会对个人的权利构成严重威胁。如果公权过于强大，就会对私权的行使和保障构成威胁。因此，只有坚持"法无授权不可为"，才能防止行政机关侵害个人的自由。

第四，维护市场秩序。如果不实行"法无授权不可为"，就会导致公权力随意介入市场，这可能影响市场的正常有序发展。市场的发展有赖于发挥市场主体的积极性，负面清单模式极大地保障了市场主体的行为自由，保障了市场主体的创新。但如果仅

---

① 张文显：《法学基本范畴研究》，286 页，北京，中国政法大学出版社，1993。

有市场主体的负面清单，而没有列举行政机关的权力清单，则公权力也可能不当地干预市场，市场主体在行为时难以有效预测政府权力介入的可能性，这就会极大地抑制市场主体的创造力，负面清单的作用也难以真正实现。

（二）如何理解"法无授权不可为"

在理解"法无授权不可为"这一规则时，具体需要解决如下重要问题：

第一，什么"法"可以授权。从有效限制公权的角度出发，应当对可以授权的法的范围进行严格限制，原则上应当将其限于宪法和法律。一是宪法，宪法是关于国家权力设置和授权的基本法，是规范公权的根本法。二是一般法律。这些法律主要是行政法，但不应当包括行政法规。如果允许行政法规可以对公权力机关授权，则等于是行政机关自己对自己进行授权，这显然不利于限制行政权力。依据《立法法》第 12 条，"被授权机关应当严格按照授权决定行使被授予的权力。被授权机关不得将被授予的权力转授给其他机关"。这也是公法的"法律保留原则""依法律行政原则"的要求。当然，具体情形不同，行政机关所享有的行政权力范围也不同，能够进行行政授权的法律规范层级也会有差别。例如，《行政许可法》第 14 条规定："本法第十二条所列事项，法律可以设定行政许可。尚未制定法律的，行政法规可以设定行政许可。必要时，国务院可以采用发布决定的方式设定行政许可。实施后，除临时性行政许可事项外，国务院应当及时提请全国人民代表大会及其常务委员会制定法律，或者自行制定行政法规。"从该条规定来看，设置行政许可一般由法律进行。再如，税收法定应当指的是具体的税种、税率等必须由法律规定。同时，行政机关和行政主体的有些职权可能是上级行政机关授予的，此种情形下，上级行政机关的授权也应当有法律依据。

第二，授权的方式问题。授权应当是立法机关对行政机关的授权，即全国人大及其常委会依据宪法和法律的规定，对国务院进行授权，以明确具体行政管理权力的方式。最高立法机构的这种授权的方式可以是多样的。一是概括授权。例如，全国人大针对上海自贸区的特殊情况而允许在自贸区暂停实施多部法律的部分条款的概括性授权。二是具体授权，即针对特定事项对行政机关进行的特别授权。具体采用何种授权方式，要依据需要授权的事项来决定，待授权的事项不同，应当采取授权的具体方式也可能存在差别。授权不一定针对每一个具体事项，法律不可能作出事无巨细的授权，因此，法律授权在特殊情形下可能会不清晰，此时，如何理解"法无授权不可为"呢？笔者认为，如果有概括授权，就要看待明确的事项是否在概括授权的范围内，如果在该范围内，则授权可以适用之；如果没有概括授权，就要看具体授权能否解释适用，如果无法解释为具体授权适用的范围内，则不能认为法律作出了授权，即应当作限制行政权限范围的解释。

第三，授权的具体内容问题。授权的内容应当包括两个方面：一是授权的内容问题，即行政机关的行政职权内容和范围。授权的方式包括授予行政机关具体的权限、管理的职责以及处罚的权限等。除此之外，还要清除以核准、备案、达标、验收等形式存在的变相许可。例如，在某小区业主诉当地政府小区办的诉讼中，业主重新成立业主委员会，但小区办提出业主行为不符合政府指导性意见，因而作出对新业主委员会"不予备案"的决定，并认为设立行为无效。① 笔者认为，依据《物权法》，只要业主经过法定程序成立业主委员会，该委员会的设立已经生效，该小区办作出的"不予备案"决定，实际上将备案作为了一种前置审批程序。事实上，备案的主要目的并不是对备案事项的许可，而主要是向主管机关报告事由存案以备查考，同时借助备案以国家承认的形式使社会成员知晓并尊重备案事项业已取得的法律效力。换言之，备案的作用仅是告知备查，不需要备案机关许可。除非法律特别规定将备案作为从事某些行为的前置条件，否则在主体没有备案时，行政机关虽然可以依法对其作出处罚，但并不会影响设立行为的法律效力。② 总而言之，依据职权法定原则，除法律明确规定的情形外，备案、达标等形式不是行政许可，即便市场主体的行为不具备这些形式要件，也不影响设立行为的效力，这也有利于减少负面清单模式实施的障碍。二是授权的程序问题，即行政机关行使权力的程序也应当是法定的。公权力的行使也应当遵循法定的程序，公权力机关即便在法定的权限范围内行使职权，但如果违反法定程序，则有违职权法定原则，也违反了"法无授权不可为"的规则。公权力机关虽然享有法定的职权，但应当按照法定程序公开、公正、透明地行使，使权力在阳光下运作。例如，根据《政府信息公开条例》，应当按照信息公

① 参见颜雪明：《业主自筹业委会，政府有无权力"不予备案"?》载《住宅与房地产》，2010（2）。

② 参见陈文曲、郑宁：《业主委员会成立备案制度研究》，载《政治与法律》，2009（2）。

开的要求行使职权，否则，也不属于依法行政。

第四，对"不可为"的理解。"法无授权不可为"，此处的"不可为"包含两方面的含义：一方面，行政机关应当在法定的权限范围内行为。行政权力的行使需要法律的明确授权，其实指的是不得在法外行使职权。在这一点上，其与私权的行使不同，就私权而言，法无禁止即可为，私权的行使享有广泛的自由。十八届四中全会决定在"依法全面履行政府职能"部分明确指出：行政机关不得法外设定权力，没有法律法规依据不得作出减损公民、法人和其他组织合法权益或者增加其义务的决定。推行政府权力清单制度，坚决消除权力设租寻租空间。另一方面，此处的"不可为"还指行政机关在实施行政行为时，应当依据法律规定的程序行为，不可违反法定的程序行为。即行政机关行使行政权力，在行政程序上也必须依照法律的规定来进行，而不能擅自突破法律规定的程序，甚至罔顾行政程序的法律规定。

第五，违反法律规定行为的后果。行政机关在没有法律授权的前提下行使行政权力，就会构成行政权力的滥用，其后果往往构成对公民权利的侵犯。此时，行政机关不仅需要承担公法上的责任，而且可能需要对个人承担私法上的责任。当然，如果行政机关违反职权行为的后果对私主体有利，则行政机关既不需要对私主体承担私法上的责任，而且就其公法上的效果而言，也不需要一概认定该行为无效。

（三）如何有效落实"法无授权不可为"规则

1. 简政放权、明确政府权力

要有效落实"法无授权不可为"的规则，首先应该加快推进行政体制改革，简政放权，减少行政审批的范围，简化行政审批的程序。由于我国长期受计划经济体制影响，大政府、小社会的格局没有根本改变，政府审批权限过大、审批程序复杂，严重压抑了市场主体的活力，一些部门以审批代替监管，加上监督制约不到位，公开透明不足，利用审批牟取私利、滥用职权、徇私舞弊的现象仍然存在。因此，首先需要行政机关转变职能，简政放权。减政放权是激发市场活力、增强社会创造力的利器，是减少权力寻租、铲除腐败的釜底抽薪之术。凡是应当由市场主体享有的权利，应当归市场调整，充分发挥市场在资源配置中的基础性作用。这也是十八大以来全面深化改革的重点。只有加快推进行政体制改革，实现简政放权，限制行政权力，才能从源头上落实好"法无授权不可为"的规则。

与此同时，应当加强对行政审批的监督和制约，防止行政机关越权审批、以权谋私。一方面，要加强宪法监督，进一步完善备案审查制度，对行政法规、行政规章、地方性法规进行审查，防止行政机关享有超越宪法、法律的权力，维护宪法和法律的权威。真正使各项规范性文件按照十八届四中全会决定"符合宪法的精神"。对于违反宪法、法律的规范性文件，应当依照法定的程序予以撤销或者变更。另一方面，要加大对行政行为的司法审查力度，对于法律没有授权而行政机关自我授权、擅自授权、滥作为以致侵害公民权利的情形，要允许公民提起行政诉讼。在行政诉讼中，司法机关应当审查行政机关此种行政权力是否获得了法律的授权，从而判断其是否具有合法性，如果没有合法性，则应判决行政机关败诉，以保障行政权力的合法行使。此外，上级行政机关也应当检查下级行政机关的行政权力行使是否合法，如果发现下级行政机关存在法无授权而作为的情形，应当及时进行纠正，通过行政机关内部的纠错机制予以纠正制止，对于负有个人责任的行政首长和相关人员，应当予以行政处分。

2. 完善行政程序

行政程序是指行政行为的作出应当依据的法定程序和方式。行政权力天然具有扩张性和自我膨胀性，而程序具有限制权力滥用的功能。因此，除了依法限定权限范围外，还应当通过法定程序对其进行限制，才能真正有效落实"法无授权不可为"的规则，防止行政权力的不当行使。要求行政执法者都必须严格依据法定程序办事，在行政执法过程中，遵守各种行政程序，才能有效地保障行政相对人的权益，保障行政机关依法行政。但长期以来，我国行政机关重视执法结果公正，轻视程序公正。行政程序本身也不完善，迄今为止，我国仍未制定一部完善的行政程序法，这也会导致一些行政机关执法过程不规范，出现野蛮执法、暴力执法等不文明的执法现象。这些行为不仅侵害了行政相对人的合法权益，也影响了行政行为本身的合法性，导致了行政相对人与行政机关的人为对立，使人民群众不能从每一例行政执法中感受到公平正义。

完善行政程序制度是切实落实"法无授权不可为"规则的重要内容，所有的行政权力都应当依法行使，这有利于防止越权行为，真正使权力在阳光下运作，通过程序能够实现对行政权力的有效制约。"法无授权不可为"的另一层含义也包括了行政行为不得违反既定的程序，超越既定行政程序的行为，即使内容具有合法性，也不是真正的依法行政。行政程序的完善是一项系统工程，其包括受理制度、告知制度、表明身份制度、说明理由制度、调查制度、证据制度、禁止单方接触制度、回避制度、听证制度、合议制度、时效制度等。行政程序的法律意义，主要表现于它与行政机关的实体行政活动的关系上。建立规范的工作程序，是减少失误、消除人为不当操作的重要措施。要坚持以公开为常态、不公开为例外原则，推进决策公开、执行公开、管理公开、服务公开、结果公开。只有通过制定一部系统、完善的行政程序法，完善行政程序制度，才能最终有利于保障行政机关严格依法行政，落实"法无授权不可为"规则。

3. 有效规范行政裁量权

如前所述，现代社会存在大量的法律未规定的空白地带，面对这些空白地带，行政机关如何行使权力，是行政法治需要解决的重大问题。按照负面清单管理模式，对于法律既没有明确允许市场主体进入也没有禁止市场主体进入的"空白地带"，市场主体原则上都有权进入。但对公权力机关而言，对于法律既没有明确允许干预又没有明确禁止干预的领域，公权力机关是否有权进行干预，也存在不确定性。这实际上就给予了行政机关一定的自由裁量权。

任何国家的行政机关都享有一定的自由裁量权，法律在一定程度上都要承认行政机关享有一定的行政裁量自由，但如何使行政机关的自由裁量权真正体现立法的目的，实现个案的正义，就要求行政机关必须尊重一定的行政裁量原则。具体而言，包括如下原则：

　　一是合法性原则。所谓合法性原则，是指行政自由裁量权的行使不能超出法律本身的规定，其包括法律所规定的权限范围，法律规定的行政权力的目的、程序以及效果。法律赋予行政机关必要的行政权力，包括行政裁量的权力，使其有效地治理国家与社会，但行政机关必须在法律规定的范围内行使权力，符合法律设置行政裁量权的目的。合法性原则既包括实体合法，也包括程序合法，即行政机关及其工作人员应当按照法定的权限行使行政权，法无授权不可为，同时，其行使行政权的程序和方式也应当合法，否则也有违合法性原则。

　　二是合目的性原则。所谓合目的性原则，是指行政裁量不能超过法律设置行政裁量权的目的，不得违背法律所体现的公平正义。通常情形下，法律设置行政裁量权都是有特定的目的的，如为了实现某种特定的公共利益。行政裁量权的设置主要是为了克服法律规定过于刚性的不足，如果严格限制行政机关的权力，就不能实现法律本身的目的，也可能使行政权力的公共利益目的难以实现。在法律设置明确目的时，行政裁量权的行使应当符合该目的，在该目的不明确时，则该权力的行使应当符合公平正义的价值。法律乃公平正义之术，因而行政裁量权的行使必须基于正义目的并服务于正义目的，也只能被用于正义目的。也就是说，通过每一个行政裁量权的行使，必须使行政相对人感受到公平正义，合法、合理的诉求应当得到合理的满足。

　　三是比例原则。所谓比例原则，是指行政权力的行使应当有法律依据，而且行政机关在行使行政权时，应当选择对相对人侵害最小的方式来行使行政权。① 比例原则是公法中评价公权力运用正当性的重要原则，也是保障自由裁量权正当行使，防止不当侵害行政相对人的合法权益的重要原则。在实践中，行政机关行使自由裁量权、实现公共利益，可能导致对公民权益的损害，此时，比例原则的适用有利于保障行政机关选择对行政相对人损害最小的方式行使裁量权。

比例原则是限制行政权力的重要方式，行政权力天然地具有扩张性，在行政权力符合合法性与合目的性的同时，也有可能出现滥用行政权力的行为，这不仅导致社会资源的浪费，也有可能损害行政相对人的利益。例如，在拆迁过程中，如果仅仅是个别人漫天要价影响拆迁，就不宜动辄动用大量的警察来拆迁，形成过度执法，否则，可能会违反比例原则。比例原则具有丰富的内容，从实体上看，比例原则要求行政权力的行使不能给相对人造成超过行政目的之价值的侵害；从程序上看，比例原则要求行政主体所采取的措施与要达到的行政目的之间必须具有合理的对应关系。② 比例原则的运用不仅要求行政行为本身合法，也包括行政行为的合理，还包括行政行为手段与目的的一致。一要行为适当，即行政机关采取的措施及方法应有助于行政目的之实现。二要行为必要，亦即最小损害，即在有多种同样可达成行政目标之方法可供选择时，应选择对相对人权益侵害最小的方法。三要行为相当，即行政机关采取的方法对相对人权益造成的侵害不得与

---

①② 参见张坤世：《比例原则及其在行政诉讼中的适用——由一个具体案例引发的思考》，载《行政法学研究》，2002（2）。

欲实现之目的显失均衡。[①]

四是平等对待原则。平等是法律最基本的含义，"法无授权不可为"包含了行政权力的行使对任何人要实行平等对待。一方面，对任何行政相对人，无论是个人还是组织，无论是国家还是私人，无论是涉及公共利益还是私人利益，都应当平等对待。另一方面，在不同的情形下，又应当区别对待，但是区别对待必须有正当的、充足的理由。[②] 如果情形发生变化，在具有正当理由的情形下，还仍然实施原来的行政行为，这也是一种对法律适用平等性的违反。平等对待也是行政权力得以有效实现的基础。实践中，特别是在征收过程中，补偿的不平等、不透明，往往是诱发社会矛盾的重要原因，一些必要的征收无法顺利进行，这也进一步诱发了"漫天要价"行为，而理性的被征收人也感到其正当利益受到了侵害。平等对待原则是行政权力权威与公正性的重要保障。

五是信赖保护原则。所谓信赖保护原则，是指为了维护法律秩序的安定性，保护社会成员的正当权益，如果社会成员对行政行为已经形成了合理信赖，则这种合理信赖应当受到法律保护，如果因行政主体变动相关行政行为，导致社会成员上述信赖的损失，则行政机关应当予以合理补偿。[③] 例如，在征收过程中，行政机关已经发布了征收公告和补偿标准，如果被征收人基于对该公告的信赖，已经做了准备，购置了新房，但后来行政机关主动撤销了征收决定，由此给被征收人造成的损失，行政机关应当予

---

① 参见张坤世：《比例原则及其在行政诉讼中的适用——由一个具体案例引发的思考》，载《行政法学研究》，2002（2）。

② 参见郑成良：《权利本位说》，载《政治与法律》，1989（4）。

③ 参见李春燕：《行政信赖保护原则研究》，载《行政法学研究》，2001（3）。

以赔偿。信赖保护原则起源于德国。我国现行立法并未明确规定信赖保护原则，但实践中普遍采纳了这一原则，实行这一原则的主要意义在于：一方面，维护行政机关的权威性，防止政府朝令夕改，维护法律秩序之安定。另一方面，有利于保护人民群众的合法利益。由于行政行为在行使过程中常常涉及行政相对人的合法利益，如果朝令夕改，则可能使得行政相对人无所适从，不利于维护行政行为的权威，也会损害行政相对人的利益。

（四）"法无授权不可为"与"法定职责必须为"

所谓"法定职责必须为"，是指公权力机关及其工作人员必须严格履行其法定职责，按照法定权限和程序行为，不得懒政、怠政。"法无授权不可为"与"法定职责必须为"是密切联系在一起的。党的十八大以来，习近平总书记多次强调要严格遵守宪法和法律规定决策，做到法定职责必须为、法无授权不可为，使各项行政行为有法可依、于法有据。党的十八届四中全会决定指出："行政机关要坚持法定职责必须为，法无授权不可为，勇于负责、敢于担当，坚决纠正不作为、乱作为，坚决克服懒政、怠政，坚决惩处失职、渎职。"这也反映了二者的密切关联性。

"法定职责必须为"，这首先是由权力的性质所决定的。公权力不同于私权，私权归属于特定的个人，体现的是个人的私益，正如一些德国学者指出的，私权是"一种由法律赋予个人的权利力量，其目的旨在满足人的利益"[1]。因此，个人可以放弃私权。

---

[1]　Enneccerus-Nipperdey, Allgemeiner Teil des Bürgerlichen Rechts, 15. Aufl., 1959, pp. 429-430.

而公权本身不归属于个人，它是归属于人民的，人民将权力授予国家机关行使，这种权力具有不可转让、不可抛弃、不可处分的特点。所以，"法定职责必须为"体现了人民的利益，人民的愿望，是实现人民主权的需要。具体而言，"法定职责必须为"具有如下几个原因：

第一，维护公共利益的需要。"公权"具有国家强制力，其作用在于保障国家机器的正常运转，最终实现公共利益和最广大人民群众的利益。公权力的具体行使常常涉及公共利益，公权行使的最终目的也是维护公共利益，如果行政机关不履行法定职责，其公共利益的职能就无法实现，人民赋予行政机关行政职权的目的就会落空。

第二，建立法治政府的需要。法治政府要求官吏严格守法，依法行政，但这种守法应当包含两方面的内容：一是在法定的权限范围，依据法定的程序行为；二是法定职责必须履行。缺少任何一方面，都不可能真正建立法治政府。如果行政机关懒政、怠政，行政机关工作人员在位不谋其政，尸位素餐，根本没有履行法定的职责，就不可能真正构建法治政府。

第三，社会治理的需要。社会治理是一项系统工程，在这项工程中，政府既是参与的主体，更是发挥主导作用的主体。尤其是在我国从人治社会向法治社会转型过程中，政府在社会治理中的作用尤为重要。政府要承担领导责任，肩负发展使命，把握战略方向，确保制度供给。政府还要提供社会服务，维护社会稳定，保障公民安全，保障竞争秩序，保护生态环境。可以说，社会治理方方面面都需要发挥政府的主导作用。"法定职责必须为"是行政权力最基本的要求，如果政府不能够履行职责，则社会治理将会一片混乱，经济无法发展，最终影响人民利益的实现，也不可能真正建成法治国家和法治社会。

第四，保护公民利益的需要。法律赋予行政机关行政权力的目的是保护公民的权利。公权力是一项公共产品，尤其是当公民的人身、财产权利受到侵害，需要行政机关保护时，如果行政机关不作为，就是对公民的重大利益的不负责任，这也违背了行政权力设置的根本目的。

所以，"法无授权不可为"与"法定职责必须为"的关系犹如硬币的两面，缺一不可，如果只是强调"法不授权不可为"，而忽略"法定职责必须为"，则对行政权力的理解就是片面的。

以权力清单规范公权

党的十八大报告强调深化重点领域和关键环节的改革，要求健全反腐败法律制度，把权力关进制度的笼子里，把强化对权力运行的约束和监督作为反腐败工作的核心。从已经查处的腐败案件来看，几乎所有的腐败分子都是利用手中的权力来谋取个人利益，而且涉案数额不断递增、职务犯罪的案件数量日益增加、所涉高官级别越来越高、查办案件人数进一步上升、各种权钱交易和官商勾结现象令人震惊。例如，原国家能源局煤炭司副司长魏鹏远家中搜查发现现金折合人民币2亿余元，成为新中国成立以来检察机关一次起获赃款现金数额最大的案件之一。2亿余元人民币的数值究竟有多少？据有人统计，单张百元的纸钞摞起来，

1万元的厚度在1厘米左右，2亿元摞起来就有200米高，相当于66层楼房的高度。这也印证了近代西方法治理论的倡导者之一——英国的詹姆斯·哈林顿提出的必须实行权力制约的观念，因为"权力导致腐败，绝对的权力导致绝对的腐败"。法国启蒙思想家孟德斯鸠也指出："一切有权力的人都容易滥用权力，这是万古不易的一条经验。"① 如果说"权力必然被滥用"是一条规律，表明权力一旦缺乏监督，便极易诱发腐败，那么，要根治腐败，就必须治本，必须从限制和规范权力着手。正如习近平同志指出的："把权力关进制度的笼子里，就是要依法设定权力、规范权力、制约权力、监督权力。"如果法治的堤坝被冲破了，权力的滥用就会像洪水一样成灾。要把权力关进制度的笼子里，这才是反腐倡廉的根本之道。

如何把权力关进制度的笼子里呢？对此，四中全会决定在强调要坚持职权法定、法无授权不可为的原则基础上，进一步提出要"推行政府权力清单制度，坚决消除权力设租寻租空间"。权力清单可以说是在负面清单基础上的进一步发展，其内容是通过清单的方式详细列举各个政府机构享有的行政审批、管理和处罚等权力，并向社会公开，接受社会的监督。这是规范公权、防范腐败的一项重要举措。

权力清单制度有助于将权力关进制度的笼子里，其原因在于：

第一，有利于实现权力的法定化、明晰化、具体化。现代法

---

① ［法］孟德斯鸠：《论法的精神》，张雁深译，104页，北京，商务印书馆，1995。

治的核心是规范公权力，保障私权利。由于公权力本身天然存在着自我膨胀和扩张的趋势，如果不对其依法进行规范，将可能导致对私权利的侵害。[①] 政府是执法主体，我国一些法律法规虽然也规定了政府机关所享有的权力，但这些规定过于笼统和原则，这就难以对公权力的行使形成有效的约束。在实践中，一些政府机关究竟享有哪些权力，权力的边界如何确定，始终是模糊的。有的政府机关甚至不知道自己有多大权力，认为没有政府机关做不了的事情。权力边界不清也无法保障权力的正确行使。这就需要通过实行权力清单，梳理各级政府及其工作部门的行政审批、管理以及行政处罚权力，并向社会公开，从而有效地约束公权力。要对公权力的内容和范围进行全面的列举，详细列举公权力部门及其工作人员的权力范围、内容、行使等相关要素。通过权力清单对公权力的内容和范围列举得越详细，就越能有效约束公权力的行使、为公权力套上"紧箍咒"，切实做到"法无许可不可为"、"法无明文允许即为禁止"、"无法律则无行政"。

第二，有利于实现对权力行使的监督。制定清单的目的并不只是划定公权力的范围，更需要将清单向社会公开，这样可以对公权力的行使形成外在的监督。从各地关于权力清单的经验来看，在"列单"之外，还需要进行"晒单"和"跟单"。所谓"晒单"，即各公权力部门应以合适的方式向社会公开其各项权力行使的实际流程及产生的具体结果；所谓"跟单"，就是由社会公众对公权力的行使进行监督。从"列单"到"晒单"、"跟单"，

[①] 参见罗豪才、宋功德：《行政法的治理逻辑》，载《中国法学》，2011（2）。

实际上构成统一的整体，形成了对公权力及其行使的全方位监督。长期以来，由于法律法规所规定的一些公权力机构享有的权力范围比较模糊、笼统，不仅老百姓不清楚这些权力范围有多大，这些部门自己也说不清楚，以致在实践中，不能有效地把权力关进制度的笼子里，出现了所谓"牛栏关猫"效应，导致权力行使的行为是否正当、是否越位、应否追究其责任等的认定都成为难题。实践中出现的以权寻租、野蛮执法、暴力执法等都与此有关。权力清单是有效约束权力的一项工具，为了加强对公权力行使的监督，除了依靠私权对公权力的行使进行限制以外，还应当积极借助公权力之间的相互制约，实现对公权力运行的监督与制约。

第三，有利于实现简政放权，真正实现权力的"瘦身"。权力清单的制定也应当与当前的简政放权、简化政府职能结合起来，为政府机构权力的"瘦身"和"健身"提供制度保证。防范腐败最有效的办法是简政放权。据统计，我国目前在国务院层面的行政审批项目就有 1 700 余项，2012 年取消了 221 项，本届政府提出要再取消 1/3。减少和规范行政许可，还要清除以核准、备案、达标、验收等形式存在的变相许可，要防止明放暗不放、中间截留、中间梗阻现象。按照负面清单管理模式，凡是未明文禁止的法律空白地带，市场主体即享有行为自由和经营自由，而无须政府机构的审批和干预。权力清单应与负面清单结合起来，在制定权力清单的过程中，既要明确权力运行的边界，又要按照简政放权的精神，限缩行政权的范围。

第四，有利于构建问责机制，加大对违法、失职行为的追惩力度。权力清单一旦制定，为判断行政机关是否依法行政提供了明确的依据，这也有利于追究行政机关违法、失职行为的责任。如果说私权上的权利对应的是义务，无义务的权利是特权；那么与公权力对应的则是责任，无责任的权力也是特权，必然导致权力的滥用。要避免公权力成为可滥用的特权，公权的行使就必须遵守法律规定的权限和程序，否则，就应当通过相应的问责机制追究公权力部门及相关人员的法律责任。

在权力清单公开之后，公权力机关必须按照清单所列举的权力依法行使，不能不作为，也不能乱作为。公权力与私权利不同，后者是否行使，个人有权自由决定；但公权力一旦列举出来，政府部门即应当积极履行其职责。公权力的行使通常关系到特定的公共目的或公共利益的实现，因此，公权力部门不仅有权行使权力，而且有义务行使权力，因为行使权力是其应履行的职责。不过，需要指出的是，虽然权力清单可以明确列举公权力机关的权力范围，但并不意味着，公权力的行使事无巨细都要由清单作出规定。社会生活纷繁复杂，具体事件又千差万别，给公权力机关一定程度的自由裁量权也是必要的，但这种自由裁量权必须是合理的，且应限定在必要的范围内，其行使也要受到必要的监督。

哈耶克曾说过，法治的含义不是政府以法律来治理社会（Rule by Law），而首先是政府的行为在法律约束之下（Rule under Law）。这句话表明法治的核心是规范和限制公权力，在判断一个社会是否为法治社会时，就是要看其能否有效地制衡公权力，而相对人在受到公权力的侵害之后，能否给其提供充分的救济。① 也就是说，法治的关键是要把权力关进制度的笼子，这正是法治的核心要义和精髓；建立权力清单制度，有助于建立决策科学、执行坚决、监督有力的权力运行体系。这也正是规范公权、实现权力在法治之下运行的有效措施。

纵观历代得失，横览各国成败，要想实现国家长治久安、人民安居乐业，唯有让权力在阳光之下运行，把权力关进制度的笼子里！而用权力清单来规范权力，不失为一项值得探索的路径。

私权越发达　公权越规范

十八大以来的反腐斗争取得一系列重要成果，"拆迁大佐"、"推土机市长"、"一手指市长"等纷纷落马，这也在一定程度上折射出实践中野蛮拆迁、暴力拆迁等现象的存在，也反映出社会中的物权观念仍然淡薄，老百姓物权受侵害的现象依然时有发生。针对此种现象，学界一般认为，应通过公法规范公权，但往往忽略了张扬私权对规范公权的作用。

中国古代法制最突出的特点就是以刑为本，重刑轻民。《说文》有云："法，刑也。"汉代桓宽在《盐铁论》中也认为："法者，刑罚也"；"法者，所以督奸"。明代丘浚也直接将法等同于

---

① 参见宋功德：《建设法治政府的理论基础与制度安排》，5 页，北京，国家行政学院出版社，2008；卓泽渊主编：《依法治国理论学习读本》，15 页，北京，中国法制出版社，2008。

刑，他认为："法者罚之体，罚者法之用，其实一而已矣。"① 这种以刑代法、重刑轻民的观念对我国影响深远，也造成了我国古代私权不发达，民权受到压抑的现象。虽然儒家倡导"民本"思想，但始终未能将此种民本观念转化为民权思想，也没有形成体系化的保障私权的法律规则。

新中国成立以来，我国一直实行高度集中的计划经济体制，导致政府干预社会生活的方方面面，以至于形成了"大政府、小社会"，"强政府、弱社会"的格局。一方面，公权力的边界不清晰，常常不正当地延伸到私人生活领域，并对私权形成一些不正当的干预。例如，有的地方政府在招商引资时，在一些农田还没有被征收前，就对商人承诺将该地征收用于商业经营，丝毫没有考虑到农民的承包经营权。对这些地方政府官员来说，似乎没有政府做不到的事。另一方面，由于市场经济不发达，市民社会未能建立，也不能形成对公权的必要制约。还要看到，由于我国民事立法不完善，私权体系未能建立起来，且私法规范体系存在漏洞，缺乏具体的规则，从而给公权力介入私人关系留下了缺口，甚至赋予其正当性。

改革开放以来，随着我国市场经济的发展和民事立法的不断完善，私权得到一定程度的保护，财产神圣、契约自由在一定程度上得以贯彻，行政机关对公民合法财产权的不正当剥夺以及对合同关系的不正当干涉得到一定程度上的限制。"民告官"案件的不断增长，本身也表明私权对公权的约束在不断增强。不少学

① 丘浚：《大学衍义补》。

者认为，正是因为《物权法》确认了物权，保护了老百姓的财产权利，使得公民能够以其财产权对抗公权力的"任性"，也在一定程度上遏制了非法拆迁现象的发生。《物权法》全面确认了公民对其财产所享有的各项物权，不仅丰富和完善了公民所享有的民事权利体系，保障了私权；而且《物权法》对公民财产权的确认也对公权力的行使提出了更高的要求，即公权力的行使不得非法侵害公民的财产权，从而规范了公权。因此，《物权法》的颁行，对推进我国的法治建设具有里程碑式的意义。

一般认为，规范公权主要是由公法来完成的，例如，通过法律明确限定公权力机关的职权范围，或者通过法律明确公权力的行使程序、行使方式等，这些方法都有利于对公权力进行限制。这一看法不无道理，但私权的发达也是规范公权的一种方式，单纯依靠公法规范公权，有可能增加行政行为的成本，降低行政效率，因为公权力的行使方式涉及很多裁量和判断，法律对此裁量权的限制过于严格，也会有负面的影响。而且从正面规范公权还需要对行政体制进行必要的改革，这一改革本身在推进中时常是艰难的。我国近年来一直提倡简政放权，但效果并不明显，这也在一定程度上反映了公权改革的困难性。事实上，除了从正面明确限定公权力的权限范围和运行程序外，还有一种方法可以有效规范公权的行使，即通过保障私权规范公权。此种方式的特点在于：通过基本的民事法律（即民法典）全面确认主体所享有的各项民事权益，鼓励个人的私法自治，赋予民事主体通过自己的行为安排自己的私人事务，对私权进行全面的救济和保护，排除政府的非法干预；同时，在民事权益受到侵害时，可以通过私法规则获得救济。另外，由于私权具有普遍性，不仅人民群众是私权主体，而且公权力主体在行使公权之外也是私权主体，它们在行使公权时理应尊重私权。因而，通过私权规范公权，社会成本较低。

私权之所以能够对公权的行使进行限制，是因为二者存在天然的联系。卢梭曾经在《社会契约论》中指出，个人都让出一部分私权，设置公权，根本还是为了保障个人私权的实现。可见，公权的产生、运行等，都与私权具有天然的联系。公权设置的根本目的是更好地保障个人权利的实现，实现人民的福祉，从这点来看，公权和私权本质上是一致的。现代法治的核心理念在于"规范公权，保障私权"，事实上，"规范公权"与"保障私权"之间并非完全隔离的：一方面，"规范公权"的目的在于"保障私权"，即通过划定公权的范围和行使方式，有效约束公权力的运行，有利于减少公权力对私权的不当干预，从而实现"保障私权"的目的。另一方面，"保障私权"也有利于"规范公权"。学界一提到现代法治的理念，一般只是认识到"规范公权"对"保障私权"的重要作用，但却忽略了"保障私权"在"规范公权"方面的作用，这种对现代法治内涵的理解是不完整的，法治社会不仅是公权得到规范、私权得到保障的社会，更是私权能够有效制衡公权的社会。私权的发达有利于市民社会的发展，私权越发达，其对公权力的制约也越强，市民社会也就越成熟。

私权之所以能够对公权进行规范，还具有如下原因：

第一，明确私权的范围也有利于明确公权的边界。权利不仅赋予权利人以自由和利益，同时，也使权利人享有了能够对抗他人（包括政府）的不当干涉的能力。从这个意义上说，私权制约着公权的范围，有利于明确公权的边界。公权与私权的区分来源于公法与私法的划分，此种划分可以追溯到罗马法，公权与私权在内容、来源、行使方式等方面存在本质差别，此种分类具有一定的意义。罗马法视私人平等和正义为法的价值，对于权力扩张抱有高度的警戒之心，以至于试图用公法、私法的严格界分来限制公权的扩张。后世许多学者认为，私权本身就是对国家权力的限制，私法自治与国家权力的限制之间具有正相关的关系，私法自治越扩张，国家权力越狭窄。私权与公权可能形成此消彼长的关系。在我国，就私权与公权的划分而言，私权是公权行使的目的，法律之所以设定公权，在一定程度上也是为了保障私权的行使与实现。私权一定程度上体现了私人利益，也为个人的生存和发展提供了基础。公权的行使不得损害私权，不得违法损害私人利益。因此，私权界定得越清晰，公权的范围也就越明确，这样就为公权确定了不可擅自逾越的界限。例如，《物权法》确认了个人所有权的归属，在物权归属确定的情形下，除非是基于公共利益征收外，不得非法侵占和剥夺个人的物权。

第二，私权越发达，个人主张权利、行使权利的积极性也就越高，这也可以对公权形成一种制衡。从美国的经验来看，隐私权刚开始只是用于规范私人关系，但最终发展为对国家公权力的限制规则。可见，对隐私权的保护有利于准确划定国家公权力和私人生活之间的界限。从我国的情形来看，在改革开放初期，隐私的观念很不发达，公安机关到各家各户查户口被认为是司空见惯的事，但随着隐私观念的发达，人们现在普遍认为，到各家查户口应当有合法的依据，私闯民宅会侵害个人物权和隐私权。这说明，私权的产生和发达也会对公权的行使形成一种制衡。同时，私权具有利益性，其涉及社会生活的方方面面，权利人在其权利受到侵害之后，依法维护其权利，在一定程度上也可限制公权力的滥用。我国"民告官"的实践也可以证明这一点。因此，私权越发达，公权越规范。所以，必须要对国家的公权力予以一定的限制。例如，法律保护个人的隐私权，确定个人隐私的界限有助于防止国家公权力的滥用，有助于区分政府和个人之间的行为界限，为政府依法行政确定明确的标准。

第三，对私权的救济也可以对公权的行使形成一定的制约。如果公权力不当行使、侵害私主体的权利，造成私主体的损害，私主体即有权请求公权力机关承担赔偿责任，这也可以督促公权力机关依法行使职权。例如，在不动产登记中，如果因登记机关未尽审查义务导致登记错误，造成权利人损害的，权利人有权请求登记机关承担赔偿责任，这也有利于督促登记机关依法行使职权。

第四，一些私权本身就可以作为对公权行使的限制。例如，德国民事判例中承认一般人格权，以后一般人格权上升到基本法的高度，这就对公权力形成了强有力的制约。通过宪法上的一般人格权保护了个人自由发展、人格利益不受国家非法干预的权利。在我国，《物权法》为保护私人所有权，从而对政府机关行使征收权形成了有效的制约，这对于规范公权力的行使具有重要意义。《物权法》颁行后，一些地方的被征收人依据《物权法》对抗野蛮征收、非法征收、暴力征收，也证明了《物权法》保护物权对公权力所形成的制约。

第五，私权越发达，个人的自治能力越强，越能够减少公权力的不当介入。在历史上，市民社会本身是相对于王权而存在的，市民社会的内部治理通常通过市民的自治而实现，现代市民社会也延续了这一传统。成熟的市民社会包括完善的私法和成熟的市民自治，前者为私人交往提供法律规范，后者可以在国家公权力不便介入或介入成本很高时，提供基本的社会治理功能。在自治不发达的社会，市民找市长，而在自治发达的社会，市民找市场。在具有完善私法的情况下，国家公权力要介入私人关系，需要有充分的正当性理由，尤其是需要遵守私法规则，这样也可以限制公权力的不当行使。市民社会越发达，对公权力的制约越强。例如，个人的物权意识越强，则业主自我管理的权利意识也就越强，业主可以通过业主大会和业主委员会管理自己的物业，就不需要街道办事处等政府派出机构过多地介入业主事务。私人事务对国家介入的需求越少，则抵御国家干预的能力也就越强。

当然，保障私权也有赖于公权的规范行使，这也是私权保障的基础。从我国社会治理存在的问题来看，公权的缺位、软弱以及不作为甚至滥作为也是重要的原因。例如，我国的食品不安全、环境污染、生态破坏等现象日益突出，对人民的生命财产安全构成了极大威胁，其中很重要的原因是公权不作为和乱作为。在基层社会治理方面，公权力不作为的现象同样普遍。例如，在有些地方，乡村垃圾成堆、污水横流、道路残破不堪，一些基层水利设施常年失修。一些县城的马路一片乱象，地摊摆在大街小巷乃至马路中间。① 这也反映了基层社会治理中公权力失职、不作为的现象严重存在。因此，通过私权规范公权并不是为了完全束缚行政机关的手脚，使其无所作为，而是为了更好地规范公权力的行使方式和行使程序。同时，在社会治理方面，如果因为公权力不作为造成私权损害的，权利人有权依法请求公权力机关承担责任。可见，通过私权规范公权，还有利于督促公权力机关切实履行法定职责，减少公权力失职、失语现象。

耶林曾经指出，"为权利而奋斗，就是为法律而奋斗"。私权的发达是法治社会构建的一个重要基础。在法治中国建设过程中，既需要规范公权，也需要不断完善私权法律体系，从而发挥其对私权观念的启蒙作用，制定民法典的意义也即在此。只有当法律赋予权利的人在内心深处充分地意识到了其法定权利，并积极主动地去行使这种权利，相应的权利才可能真正变成公民的福利。换言之，全面确认主体所享有的各项民事权利，可以起到一种教化和启蒙的作用。例如，在我国民法典编纂过程中，通过独立成编的人格权法全面确认个人所享有的各项人格权益，有助于对公众宣示关于人格尊严和人格发展的美好前景，并引导公民产生发自内心的人格权观念，激励公民以实际行动去主张自身的人格权和尊重他人的人格权，从而形成一种维护人格尊严的新观念和新境界，进而对公权的行使形成有效的制衡，通过"保障私权"实现"规范公权"的目的。

最后需要指出的是，我国市场经济发展到今天，虽然公权绝

① 参见范勇鹏：《马路乱象背后的公权缺位》，载《环球时报》，2016－05－20。

对控制市场的治理模式难以适应现代市场经济环境下的治理需求，但这不是说应强调私权的无限膨胀和对公权的极度控制，后者同样也不利于社会的高效治理。西方社会近三十多年来的发展趋势之一，就是过多地受到新自由主义的影响，因而过于强调私权的无限扩张甚至否认公共利益，其结果是在经济治理结构上出现了某种失衡，近年来的经济危机也有力地说明了这一点。[①] 坚持行政机关职权法定，与保障市场主体行为自由的负面清单模式衔接配合，不仅能在规范和约束公权的同时，实现对私权的培育和强化，还能合理划分政府和市场的边界，这既是构建和谐社会和法治社会的要求，也是完善社会主义市场经济的必然要求。

"依法行政"与"依罚行政"

据报载，某省工商行政管理局网站系统内部业务网发出了一张图片，标题是《关于迅速贯彻落实省财政厅专项督导省工商局罚没收入工作安排意见的通知》，其中提出，11月底前完成罚没收入目标，并且，目标完成将与各种经费款项挂钩、与年终奖惩挂钩。通知要求各单位要全员上阵、分解任务、责任到人，确保11月底前完成年度罚没收入任务。[②] 可见，在实践中，有的行政机关仍把罚款指标作为量化考核的重要指标。有人把这种方式概

---

① 参见吕海霞：《论走向衰落的新自由主义》，载《生产力研究》，2010 (1)。
② 《某省工商局发文催罚款：11月底前完成全年任务》，载《京华时报》，2014 - 10 - 14。

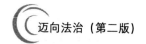

括为"依罚行政"，不无道理。

应当承认，法律法规赋予行政机关一定的处罚权限是十分必要的，否则，作为执法主体，行政机关在执法时缺乏必要的手段，相关的执法行为也难以实现预期的效果。行政处罚也是行政机关特有的权限，保证了行政机关的强制力，也保证了相关法律法规得以执行和有效实施。但是，处罚只是执法的手段，而不是目的。如果完全以处罚为目的，就本末倒置了。"依罚行政"把处罚当做创收的手段，这完全是一种行政权的异化，使行政处罚成为行政机构及相关工作人员变相牟取经济利益的工具。行政机关以严格执法、公正执法、为民执法为目的，但把行政处罚当成创收手段之后，就会使执法完全变味，处罚是为了牟取利益，从而与行政执法的目的相背离。受利益驱动，就会使行政执法行为出现一些怪异现象，实践中出现的"钓鱼式执法"、"养鱼式执法"、"选择性执法"等，都与此相关，这些行为都有违行政执法的目的。例如，"选择性执法"即有违行政执法的平等性原则，"法定职责必须为"，行政机关在应当执法时不执法，本身也是一种渎职行为。

"依罚行政"与依法行政、建设法治政府的目的是背道而驰的。一方面，政府在行使职权的过程中，应该严格遵守法律设定的权限边界，既不能超越职权行政，也不能曲解其职权。法治政府、依法行政要求处罚得当、遵守程序、高效便民、诚实守信。但一旦"依罚行政"，就会使行政机关以追求利益最大化为目标。正如前述某省工商行政管理局要求其各单位全员上阵、把罚款任务分解到个人，确保年底完成罚款任务，这就完全把行政罚款当做一种创收手段，正当的行政执法变成了牟利的工具。久而久之，必然容易造成公权力的任性，导致部门利益、个人利益凌驾于公共利益之上。另一方面，依法行政要求建立法治政府，而法治政府应当是服务型的政府。如果只强调罚款，行政机关就不会想到如何为人民提供行政服务，如何想到便民、利民、惠民呢？行政机关就会仅仅关心如何通过罚款获取利益，而不想如何去维护社会秩序，改善为老百姓服务的水平，这也会影响行政权目的的实现。尤其应当看到，"依罚行政"会使公权力变成牟利的工具，也容易造成公权力的膨胀，最终损害行政相对人的合法权益。

"依罚行政"会使行政执法以罚款为中心，"依罚行政"本质上有违依法行政的要求，其危害性表现在：一是不该罚的也罚。例如，高速公路上设置摄像头拍摄超速行驶的车辆，目的是控制车辆速度，避免因车辆速度过快而发生交通意外，但由于超速之后可以对其进行罚款，有的地方交通部门在利益驱动下，不合理地设置过低的限速要求，并且将摄像头安置在隐蔽的灌木丛、树枝上等，导致许多驾驶员不清楚限速或不知道交通部门在何处放置了摄像头，最后因超速而挨罚。二是处罚不公正。在"依罚行政"的情形下，为了创收，执法人员可能会想方设法去敛财，产生"钓鱼执法""养鱼执法"等恶劣现象。三是"罚了不管"。因为一旦处罚完毕，行政机关就认为其已经履行了职责，至于违法行为是否继续、如何降低其危害后果等，作出处罚的行政机关并不过多关注，所以，在接受行政处罚后，一些违法企业依然我行我素，甚至变本加厉地从事违法行为。四是以罚代刑，无法形成行政执法和刑事司法的衔接机制。例如，现在很多食品安全案件，尽管违法行为已经触犯刑律，应依《刑法》承担刑事责任，但有关行政机关往往一罚了事，应追究刑事责任的也不追究。因此行政机关以罚代刑，从而导致行政责任与刑事责任的脱节。事实上，两种责任的构成要件不同，在行为人的行为符合相关的责任构成要件时，应当分别依据行政法和刑法认定其责任，且两种责任应当相互配合。五是"无罚不行政"。在"依罚行政"的情形下，相关行政机关对于设有利益，或难以处罚的行政违法行为，就睁一只眼闭一只眼、怠于行使行政职权。按照十八届四中全会的要求，在将来深化行政执法体制改革中，应当健全行政执法和刑事司法衔接机制。这种"依罚行政"的做法不可能形成行政执法和刑事司法的有效衔接。

"依罚行政"也赋予执法人员过大的自由裁量权。职权法定是基本原则，但法律规则的内容通常较为抽象，规定的都是一般情形，难以应对千差万别的具体情形，这就需要赋予执法人员一定的裁量权，但这种裁量权应当在法定的范围内行使。相反，一旦完成罚款任务和指标，行政机关往往就不再管理，导致该罚不罚，该管不管。有的就在罚款权限范围内，任意进行自由裁量，或重或轻，就由执法人员自己决定。

"无法律则无行政"。"依罚行政"看起来是遵守法律行使职权，但实际上背离了依法行政的宗旨。因此，要真正做到依法行政，就要从源头上对"依罚行政"进行治理，从根本上规范行政权，把权力关进制度的笼子中。为此，需要按照十八届四中全会决定的要求，深入推进依法行政，加快建设法治政府。这就要把权力关进制度的笼子里，保障权力正当行使，严防通过"依罚行政"的方式把权力变成牟取个人或者少数人利益的工具，对通过"依罚行政"方式牟取私利者，应当依法严肃处理。此外，也应当加强对行政机关执法行为的监督，对行政机关的执法行为形成外在的约束机制，以保障行政机关严格依法、正当行使权力。

现代法治的核心之一是规范公权，依法治国的"法"是制约权力的法，是治官的法。一个成熟的法治社会应当是公权力得到有效规范和制衡的社会。依法行政的核心是政府的权力范围及其行使程序都应当受到法律的有效规范，而"依罚行政"属于法外行政，必须彻底根除。

七、公正司法

十八届四中全会提出，公正是法治的生命线。司法公正对社会公正具有重要的引领作用，司法不公对社会公正具有致命的破坏作用。因此，必须完善司法管理体制和司法权力运行机制，规范司法行为，加强对司法活动的监督，努力让人民群众在每一个司法案件中感受到公平正义。十八届四中全会决定提出了一系列有关司法改革的新举措，落实这些新举措对于保障司法的独立性、公正性，维护司法权威和司法公信力具有重要作用。

保障司法机关独立行使职权

司法是社会正义的最后一道防线。改革必须为了人民、依靠人民、惠及人民。只有深化司法改革，切实保障司法机关依法独立、公正行使审判权和检察权，才能促进和保障司法公正。十八届四中全会决定提出了全面推进司法改革的任务，我国司法改革也已经进入了最佳历史机遇期。

十八届四中全会决定提出，"建立领导干部干预司法活动、插手具体案件处理的记录、通报和责任追究制度"，该规定对于保障人民法院、人民检察院依法独立行使审判权和检察权，保障司法独立和司法公正具有重要意义。司法机关依法独立行使职权是公正地解决各种纠纷，维护公民的合法权益，保障法律正确实施的关键，本质上也是一种公正程序的体现。程序正义概念最早起源于古老的"自然公正"（Natural Justice）原则，而这一原则又起源于自然法的概念。古罗马法中便流行着一条重要的程序规则，即"人不能裁判有关自己的诉讼"，其中便蕴含了裁判者必须独立的内涵。裁判者独立本质上要求其必须排除一切非法干扰，依照法律和案件事实依法作出裁决。① 正如埃尔曼所指出的，"如果司法过程不能以某种方式避开社会中行政机构和其他当权者的摆布，一切现代的法律制度都不能实现它的法定职能，也无法促成所期望的必要的安全与稳定"②。

然而，我国目前的司法体制并没有为司法机关依法独立行使职权创造良好的环境，许多外来不当的干涉仍然是客观存在的事实，尤其是在我们这样一个"重人情"的社会，如何通过制度的完善避免各种人情关系对司法的干预，防止一些领导干部通过打

---

① 1959 年，在印度召开的国际法学家会议发表的《德里宣言》中宣称，司法独立是一项法治原则，也是一项公正的程序。

② ［美］埃尔曼：《比较法律文化》，贺卫方、高鸿钧译，134 页，北京，三联书店，1990。

招呼的方式干预具体案件的审理。保障司法机关依法独立行使职权，是一个迫切需要解决的问题。有鉴于此，十八届四中全会决定提出，"建立领导干部干预司法活动、插手具体案件处理的记录、通报和责任追究制度"，为具体落实该要求，笔者建议通过司法解释，建立完善的防止领导干部干预案件的实施规则。该制度至少需要明确如下几项问题：

第一，明确"领导干部"的范围。为充分保障司法机关依法独立公正行使审判权和检察权，保障司法独立公正，应当对"领导干部"的范围作相对宽泛的理解，既包括党委、政府、人大、政协等党政机关的领导干部，也包括法院、检察院等司法机关内部的领导干部；既包括在任的领导干部，也包括已退休领导干部。因为，从实践来看，这些领导干部干预司法裁判活动的现象时有发生，因此，他们都应当纳入"领导干部"的范围。

第二，明确"干预司法活动、插手具体案件处理"的类型。总体来说，领导干部干预、插手司法活动主要有两种情况：一是一般的干预，如一般性的过问，为一方当事人打招呼、批条子，要求承办法官尽可能地给予关照。二是严重干预并妨碍司法公正，甚至造成冤假错案或给当事人造成重大损失。由于这两种情况对司法公正的影响程度存在差异，因而，对这两类领导干部课加的责任也有必要加以区别。如果因领导干部干预、插手具体案件的处理，严重妨碍司法秩序，造成严重损害后果的，应当依法追究法律责任。而对于前一种情况，主要还是一个违纪的问题。当然，如果其中涉及贪污受贿等违法犯罪活动的，也应当依法承担相应的法律责任。

第三，关于记录、通报和责任追究制度。要建立领导干部干预、插手案件的记录、通报制度，关键在于使相关规则具有可操作性，解决法官、检察官不敢记录、不敢公开的问题。从实践来看，司法工作人员不愿意记录、不敢记录的现象十分普遍。要真正落实该制度、解决现实问题，首先应当将相关记录活动规定为司法工作人员的一项明确的法律义务。也就是说，应当将记录规定为司法工作者的一项法定义务。同时，为保障记录及时、真实、准确，还应当制定相关的法官、检察官职业保障和身份保障制度，以解决他们的后顾之忧，真正让领导干部干预司法活动、插手具体案件处理的记录、通报和责任追究制度发挥其应有的作用。

第四，关于通报制度。这里所说的通报制度，主要是指将相关的记录公开。笔者认为，该项记录的公开也应当纳入司法公开的范围。如果不公开，社会公众也就无法起到一般的关注和监督作用。具体而言，应当改变原来将相关记录置于"副卷"的做法，将其放在"正卷"中。但通报制度的内容并不限于案卷公开，还应当包括其他方式的公开。例如，针对过问干预案件比较频繁的单位或个人，应当定期向其所在单位或相关部门（如纪检监察部门）报告，由相关纪检部门予以通报和处理。

第五，责任追究。建立领导干部干预司法活动、插手具体案件处理的记录、通报和责任追究制度。应当依据领导干部干预、插手具体案件情形的不同，分别确定其责任。此种责任既包括法律责任，还可能包括因违反相关的党纪党规而产生的责任。在处

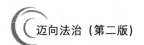

理领导干部干预、插手具体案件时，应当依据具体情形分别追究相应的法律责任，或由相关的纪检部门给予党纪处分。当然，两类责任的产生依据、功能不同，不可互相取代。

积极探索巡回法庭制度

四中全会决定提出，最高人民法院设立巡回法庭，审理跨行政区域重大行政和民商事案件。按照这一部署，最高人民法院目前已经分别在深圳和沈阳设立了最高人民法院第一巡回法庭和最高人民法院第二巡回法庭。设置巡回法庭是司法体制改革的重要举措，对于推动最高人民法院审判重心下移、就地解决纠纷、方便当事人诉讼等，具有重要意义。

巡回法庭制度并非我国独创，该制度来源于英美法。早在诺曼征服以后，英国国王就派遣专员赴各地进行司法视察，这些视察的专员后来变成了巡回法官，专门负责重大刑事案件的审理。英国设置该制度最初是为强化中央司法权威，宣示中央权力，在客观上也有利于方便当事人诉讼。此种经验后来传到美国，早在1789年美国《司法法》中，就规定建立三个巡回法院（南部、中部和东部巡回法院），每个法院由最高法院的两名法官和一名地区法院的法官组成。由于最高法院的法官每年要到各地巡回审理案件，经常旅行也十分辛苦，最高法院强烈要求国会修改司法法。于是1801年国会通过《法官法》，不再要求最高法院的法官赴各地巡回审理案件，而要求指定16名巡回法院的法官专门在巡回法院工作，该法也扩大了巡回法院的职权，将许多原来由最高法院审理的上诉案交给巡回法院审理。1891年国会通过了一个法案，建立9个巡回上诉法院，每个法院管辖来自几个州的联邦地区法院上诉案件，从而使绝大多数在联邦法院审理的上诉案件都到巡回法院审理。1911年，国会通过一个立法，正式确认巡回法院专门负责上诉审的案件，1948年的司法法典将巡回法院称为上诉法院。目前，美国共有11个巡回法院，负责联邦地区法院审理的上诉案件。在其他国家，如日本、加拿大等，都设置了巡回法庭。从世界各国来看，各国设置巡回法院（法庭）的模式有多种，有的设常设机构，有的设临时机构，有的采用设置分院的方式，有的采用法庭的方式，有的形成了独立的审级，有的还没有形成独立的审级。但总的来说，巡回审判制度对于保障司法独立、公正，提高审判效率发挥了重要作用。

我国在司法体制改革中，借鉴国外司法的有益经验，逐步推行巡回审判制度。2010年，最高人民法院出台了《关于大力推广巡回审判方便人民群众诉讼的意见》，其旨在规范地方法院的巡回审判，通过巡回审判便于人民群众诉讼、便于法院办案，面向农村、面向群众、面向基层，但是巡回审判并不跨行政区划，且不是常设性的机制。四中全会为推进司法改革、保障司法公正，进一步就司法体制改革作出重大部署，要求最高人民法院设立巡回法庭，审理跨行政区域重大行政和民商事案件。此种举措的主要意义在于：

一是便民利民。我国实行四级法院建制、两审终审制。各高级人民法院的上诉案件以及全国有影响的重大案件，由最高人民法院负责审理。但因为我国幅员辽阔，如果许多跨行政区域重大行政和民商事案件都集中到北京审理，必然给当事人带来诸多不便。设置巡回法庭后，一方面，许多当事人不必到北京最高人民法院本部起诉、应诉，而可以直接在巡回法庭起诉、应诉，这就为当事人诉讼提供了很大的便利。另一方面，近年来，社会矛盾增多，导致审判接访压力增大，息诉罢访难度增加，最高人民法院通过设置巡回法庭，实现审判重心下移，就地解决信访问题，也有利于在当地及时化解矛盾。

二是去除司法的地方化。一方面，巡回法庭主要负责审理跨行政区域重大行政和民商事案件，由于这些案件本身因为是跨区域的，如果一审二审都交给地方法院审理，则难免出现地方司法保护主义，出现司法的"主客场"现象。而由巡回法庭审理，就可以尽量避免上述问题。另一方面，巡回法庭作为最高法院的派出机构，人、财、物不受地方管辖，而且法官定期巡回（目前是两年轮换），这样也能避免出现人情案、关系案。众所周知，中国社会仍是人情社会，如果法官长期在一个地方工作，就可能与当地存在千丝万缕的关联，如果相关的监督措施不完善，法官就可能被腐蚀，滋生腐败。建立巡回法庭之后，法官不断轮换，在陌生的环境中，其就不会受到太多的人情关系的影响。还应当看到，巡回法庭可以有效监督、指导、支持地方法院依法独立、公正行使审判权，推进法律正确实施，防止司法地方保护主义的发生，保障司法公正。

三是提高审判效率。巡回法庭受理的大量案件大多为再审审查案件。过去，最高人民法院的再审一般采用书面审理，很少调阅案件材料、查勘现场、询问当事人，这种做法可能不利于全面了解案件情况，也可能影响司法公正。而在设立巡回法庭之后，法官调卷阅卷、询问当事人更为方便，这也有利于提高审判效率，大幅降低诉讼成本。而且法官也可以就近了解社情、民情，有利于公正审理案件。

四是保障法律的统一适用。裁判中统一适用法律使类似问题得到类似结果，是保持法的确定性（Certainty）和可预测性（Predictability），实现公平正义所必需的。大量的案件由巡回法庭审理后，最高人民法院本部主要负责制定司法解释、政策，制定指导性案例，这就有利于最高人民法院本部集中精力制定司法政策和司法解释、审理对统一法律适用有重大指导意义的案件，这也有利于更好地发挥最高人民法院的功能。

我国并不是一个联邦制国家，而是单一制国家，设置巡回法庭并不是要建立两套司法机构。巡回法庭是最高人民法院的派出机构，而非独立的法院，巡回法庭所作出的判决本身就是最高人民法院所作出的判决。巡回法庭设置与《宪法》和《人民法院组织法》关于人民法院设置的相关规定并不矛盾。《人民法院组织法》第 30 条第 2 款规定："最高人民法院设刑事审判庭、民事审判庭、经济审判庭和其他需要设的审判庭。"这也是最高人民法院根据实际审判需要设立巡回法庭的法律依据。

由于巡回法庭是最高人民法院的派出机构，其与地方法院的巡回审判制度不同。最高人民法院的巡回法庭与地方法院相互独立，只接受最高人民法院的领导和监督，对最高人民法院负责并报告工作。问题在于，巡回法庭是否享有监督地方法院的职权？笔者认为，既然最高人民法院享有监督地方人民法院的职权，则巡回法庭也应当享有此种职权，巡回法庭可以通过抽查案卷、接受信访等方式，如果发现存在重大疑问的案件，可以依据《民事诉讼法》的相关规定依法改判、发回重审或者启动再审程序。

关于巡回法庭负责受理的案件性质，根据四中全会精神，其原则上受理跨区域的重大民商事和行政案件。一是跨行政区域的案件。所谓跨行政区域，是指两个当事人是跨省、市的，如果只是在同一省、市的案件，则不属于巡回法庭的受理范围。原有的案件管辖主要是按照标的确定的，没有突出其跨行政区域的特征。二是重大案件。何为重大案件？目前没有统一标准。笔者认为，在判断某一案件是否为重大案件时，可以综合考虑案件标的、案件的社会影响、当事人数量、案件复杂程度等因素，这与过去简单地依据标的确定最高人民法院受理的案件范围不同。一般来说，在全国范围内重大、复杂的第一审行政案件，或在全国有重大影响的第一审民商事案件，应当属于重大案件。三是主要限于行政和民商事案件。这就是说，巡回法庭主要是为了解决"民告官"的重大案件和重大的民商事案件中的地方保护主义，主要是为了解决司法的地方保护主义问题。至于涉外、海事海商、知识产权、执行、国家赔偿等案件，应由原来的专门法院或者地方法院审理。当然，将来巡回法庭受理案件的范围和类型也可以根据实际需要进行调整。

巡回法庭的法官应当不断流动，以减少法官与当地的各种联系，从而防范司法腐败。巡回的特点并不在于设置派出机构，而在于审理法官的流动性。因此，巡回法庭的法官应当不断流动。

这些法官应当具有丰富的实践经验，并且有较高的法律素养和业务能力，这样才能保障巡回法庭的案件审理质量，维护司法权威。需要指出的是，巡回法庭作为一项司法改革的重要举措，应当与司法改革的其他措施结合起来，共同发挥作用，这就是说，在设置巡回法庭的过程中，应当落实十八届三中、四中全会精神，实行主审法官负责制、员额制。一是实行主审法官负责制。巡回法庭的主审法官应当对案件的审理负责，改变"审者不判、判者不审"的审、判分离现象，真正去行政化，增进司法审判的独立性。二是实行法官员额制。巡回法庭的机构和人员设置应当尽量精简，而不能膨胀。巡回法庭的每个主审法官都可以形成独立的单元，即围绕主审法官，配备助理和书记员，其独立性和专业性更强。

推进跨行政区划司法机构的设置

十八届四中全会决定要求"探索设立跨行政区划的人民法院和人民检察院"，办理跨地区案件。此种做法有利于排除对审判工作和检察工作的干扰、保障人民法院和人民检察院依法独立公正行使审判权和检察权。随着社会主义市场经济深入发展和行政诉讼的出现，跨行政区划乃至跨地区案件越来越多，涉案金额越来越大，导致法院所在地有关部门和领导越来越关注案件处理情况，甚至利用职权和关系插手案件处理，司法的地方保护主义也日益严重。习近平同志将这种现象形象地概括为诉讼的"主客场"现象。而设置跨行政区划司法机构，有利于平等保护外地当事人合法权益，保障法院独立审判，监督政府依法行政，维护法律公正实施。

为落实十八届四中全会关于"探索设立跨行政区划的人民法院和人民检察院"的要求，北京市成立了第四中级人民法院和北京市人民检察院第四分院，上海市也分别成立了第三中级人民法院和上海市人民检察院第三分院。其他省、市也在陆续设置类似的跨行政区划司法机构。笔者建议，"两高"有必要在设立跨区法院和检察院方面加强沟通，相互协调，统筹安排，通常应当在设置跨区法院的同时设置相应的跨区检察院。当然，这并不是绝对的。例如，北京市知识产权法院就没有设置对应的知识产权检察院。对于我们目前正在开展的跨行政区划司法机构的设置工作，如下方面值得注意：

第一，不宜在区县层级上设置跨行政区划的法院和检察院。我国是一个单一制国家，不是联邦制国家，应当保持国内司法体制的统一性，如果在区县层级上设置跨行政区划的法院和检察院，就必然在全国形成众多的跨行政区划的法院和检察院。在现有的依行政区划设置法院和检察院基础上，另行设立一套独立的司法机构，不仅会造成司法机构的重叠和矛盾，而且不符合我国单一制的国家结构形式。事实上，设置跨行政区划的法院，根本目的是解决司法地方保护主义以及"民告官"难的问题，而这些问题在省级法院人、财、物直管之后，已有所缓解。设立跨行政区划的基层法院的必要性已有所减弱。尤其是将行政案件管辖上提，可以在一定程度上缓解"民告官"难的问题。在此背景下，就不宜在区县层级上设置跨行政区划的司法机构。

第二，不宜设置省级的跨行政区划的法院和检察院。一方面，最高人民法院将设置巡回法庭，跨省级行政区划的法院必然与巡回法庭制度在功能上重叠，甚至相互冲突。另一方面，设置省级的跨行政区划法院和检察院也可能形成两套司法体系，这也不符合我国单一制的国家结构形式。

第三，应当主要在中级法院层面探索设立跨行政区划法院，在地市级探索设置相应的跨行政区划检察院。这样一种司法机构的设立，与《宪法》《人民法院组织法》和《人民检察院组织法》的相关规定并不冲突。北京市、上海市设立的跨行政区划法院和检察院在这方面已提供了较好的经验。事实上，在此之前，有的地方也已经设立了跨行政区划的中级法院，这对于去除司法地方化、保障司法机关独立行使职权发挥了重要的作用。按照十八届四中全会的要求，设置跨行政区划的司法机构目前尚处于探索阶段，其主要解决重大民商事案件中的地方保护主义，重大刑事案件中的办案难，以及"民告官"难的问题。笔者建议，可以考虑先从中级法院层面进行探索，积累经验之后，再探索其他形式的跨行政区划司法机构的设立。

深化司法公开　构建阳光司法

在我国，审判公开是一项宪法原则。《宪法》第 125 条规定：

"人民法院审理案件，除法律规定的特别情况外，一律公开进行……"我国三大诉讼法也都对审判公开原则作出了具体规定。与审判公开密切联系的概念是司法公开。后者是一个更广泛的概念，除了审判公开外，还包括立案公开、庭审公开、执行公开、听证公开、文书公开和审务公开等从立案到执行的众多司法公开内容。

近两年来，最高人民法院采取了一系列深化司法改革的措施，其中最大的亮点就是要全面深化司法公开，紧紧抓住立案、庭审、文书、执行等关键环节，建设审判流程、裁判文书、执行信息公开三大平台，充分运用信息技术和新媒体推动司法公开。短短两年时间，开通了中国审判流程信息公开网、中国法院庭审直播网、中国裁判文书网、中国执行信息公开网、最高人民法院官方微博、微信，在全国范围内搭建了统一的网络平台，便于文书的查询和研究，有效地满足了信息时代当事人和社会公众对司法公开的多元需求。可以说，这是一项史无前例的浩大工程，是全面推进司法公开的重要举措。执行信息上网公开，有利于让当事人及时了解所涉具体案件的执行进展，督促被执行人及时履行生效判决，同时让公众了解司法判决的执行状况并进行监督。最高人民法院与人民银行在执行方面正在构建信息共享机制，这也有助于化解执行难的问题。此外，在举国关注、全球聚焦的"薄案"审判中，法院通过网络直播"薄案"的审判过程，人们可在第一时间直观案件审理，该案审判的公开、透明受到社会的普遍赞扬。

习近平同志强调，要坚持以公开促公正、以透明保廉洁，增强主动公开、主动接受监督的意识，让暗箱操作没有空间，让司法腐败无法藏身。四中全会决定提出，"保障人民群众参与司法……构建开放、动态、透明、便民的阳光司法机制"。可以说，深化司法公开、构建阳光司法既是全面深化改革的内容，也是促进司法改革、保障司法公正的重要举措。

司法是社会正义的最后一道防线。以公开促公正，深化司法公开是目前深化司法改革、提高司法公信力的一项重要举措，对于保障司法公正具有重要意义。从不同的角度和层面，可以多维度地理解司法公开的意义：

——对社会大众而言，深化司法公开有利于对法院进行外部监督，预防司法腐败。司法活动关乎社会公共利益，在性质上属于国家政治权力的重要组成部分，为了实现人民监督权力、确保司法廉洁公正，必须通过司法公开，让司法权在阳光下运行。历史经验表明，阳光是最佳的防腐剂，司法越公开、越透明，监督越到位，越能防止"暗箱操作"。现在流行的一句话是，"案子一进门，两头都找人"。这也说明，司法不公开本身也为人情案、关系案打开了方便之门。司法不公开，难免出现权力寻租、滋生腐败，妨碍司法公正。还要看到，司法公开也有助于保障人民群众对司法活动的知情权、参与权和监督权，实现司法民主。

——对当事人而言，深化司法公开有利于保护当事人的诉权。程序公正是看得见的正义，没有公开就很难谈得上正义。实践中出现的"先定后审"等妨碍司法公正、损害当事人诉讼权利的做法，从本质上也违背了审判公开的原则，也有违程序正义。如果没有司法公开的压力，司法审判人员就缺乏依照公开的程序严格审案的动力。依程序公开，就要求人民法院须严格履行法律规定的公开审判职责，切实保障当事人依法参与审判活动、依法享有的要求公开审判、辩护等权利，使宪法、法律所规定的审判公开真正落到实处。例如，在"薄案"审判过程中，法庭给予了被告人充分的陈述和辩论自由，证据也得到了充分的展示和质证，控辩双方都围绕证据辩论。法官始终采取中立、平和的态度，平等对待双方当事人，审理时间也没有预先设置限制。被告人享有充分的辩护权，其自我辩护也十分充分。这些都充分地体现了程序正义，保护了当事人的诉权。

——对司法审判人员而言，深化司法公开有利于提高司法审判人员的法律素养。丹宁法官说："正义不仅要实现，而且要以看得见的方式实现。"公开在客观上要求司法审判人员以审判为中心、提升审判的业务素质；要求判决书强化治理、以理服人，判决书要经得起时间检验和社会评判；为使判决经得起公众评判，必然要求法官提高自身司法能力和素质。例如，"薄案"的判决书长达5万字，法官在判决书中讲事实、摆道理，进行了充分的说理论证，充分展现了法官在案件审理过程中的逻辑推理和说理论证艺术，这就是人民群众所期待的公开。应当说，司法公开对法官而言，既是一种压力，也是一种动力。深化司法公开对审判人员而言也会形成一种倒逼机制，激励法官不断提升自身的业务能力，努力提升法官的司法能力，促进法官职业化建设。

——对法院而言，深化司法公开有利于以公开促公正，提高司法公信力。在人民群众的法律意识普遍提高的情况下，司法神秘主义只能加剧人们对法院的不信任。司法公开要求释法说理，法官公开其作出判决过程中的心证过程，使当事人心服口服，要求执行环节公开、透明，通过这些方式，使当事人从个案中看得见正义。深化司法公开，增强了社会公众对司法活动的认同感，拉近了司法和民众的距离，必然会提升司法的公信力和权威性。例如，"薄案"审判过程始终贯彻公开、透明的司法理念，在案件审理过程中，通过网络直播案件审判过程，使人民群众在第一时间了解案件审理的过程，其司法公开程度超出了人们的想象。人民群众在该案的审判中切实感受到了司法的权威和法律的公平正义，这次审判可以说在法治中国的建设中留下了永久的印记。因此，深化司法公开，通过公布审判流程、裁判文书和执行信息等措施，使人民群众能够清晰地了解到案件的裁判过程、裁判理由。如此一来，就不会怀疑司法活动是一个"暗箱操作"的过程，司法公信力自然就会得到显著提升。只要我们敢于依法及时全面公开，对司法公开充满制度自信，司法的权威和公信力必将得到明显提升。

此外，深化司法公开，将法庭中的举证、质证以及法官心证的过程公开，也有利于增加社会公众对法官的裁判过程以及对法律规范、程序正义的认识。可以说，司法公开本身也是一个普法过程，通过一个个鲜活的案例，可以增进人民群众对法律和司法活动的认知，提高社会公众的法律素养。

从根本上说，推进司法公开是手段，实现司法公正是目的。目前，深化司法公开、构建阳光司法，已经取得了阶段性成果，但根据四中全会的要求，应当不断建立和完善阳光司法机制。为此，首先应当完善司法公开的各项制度，促进各级法院实现"四个转变"，即变被动公开为主动公开，变内部公开为外部公开，

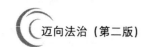

变选择性公开为全面公开，变形式公开为实质公开。在司法公开的范围上，应当坚持"以公开为原则，以不公开为例外"的原则，除依法不应公开的外，所有的司法活动都应当公开。公开的对象既包括向社会公开，也包括向当事人公开。就依法不应当公开的情形而言，可以考虑采取负面清单的方式列举不予公开的范围或内容。凡是清单以外的事项，原则上都应当予以公开。同时，对清单范围内不宜公开的事项，也应当明确其具体内涵，避免法院在公开范围上享有过大的自由裁量权。例如，《民事诉讼法》第134条第1款规定"人民法院审理民事案件，除涉及国家秘密、个人隐私或者法律另有规定的以外，应当公开进行"。依据该条规定，涉及国家秘密、个人隐私的案件，可以不公开审理。但这些情形应属于司法公开的例外情形。为保障司法公开，应当明确"国家秘密"、"个人隐私"的准确内涵，以防止法院对其作出较为宽泛的解释，对应当公开的不予公开。

深化司法公开，需要完善以审判为中心的诉讼制度改革，确保整个审判过程公开、透明，保证庭审在查明事实、认定证据、保护诉权、公正裁判中发挥决定性作用。从我国的司法实践来看，虽然向社会进行司法公开的范围较广（包括审判流程公开、庭审公开、裁判文书公开、执行公开等司法环节的公开），但在一些关键问题和环节上仍存在不足。例如，一些法院在裁判过程中仍存在"先定后审"的现象，使得审判活动的公开流于形式，甚至出现"你说你的，我判我的"的辩、审"两张皮"现象。同时，因为层层汇报、领导审批、内部请示等做法还在一定程度上存在，也会妨碍当事人诉权的行使；有些审判委员会经常讨论重大民商事疑难案件，并要对案件的处理作出决定，但诉讼当事人对审判委员会的组成结构和决定过程知之甚少，无法行使对审委会委员的回避申请权。因此，要进一步深化司法公开，确保当事人通过行使知情权、参与权、监督权，对法院的行为形成制约，最终实现公正。

深化司法公开，还需要借助于多种现代化的信息手段，如自媒体、网络、数字技术、数据库技术等，将相关的司法信息向社会公开，并且便于社会公众查阅。此外，在实践中还存在着老百姓旁听法庭审理难的问题。有的法院的审判大楼越盖越高，但老百姓想进法庭旁听庭审却越来越难，需要履行很多审查手续。有的法院还对公众旁听庭审设置了种种障碍。例如，有的法院将那些广受关注的案件安排在旁听席数量非常有限的法庭审理，使得社会公众难以获得旁听的席位。因此，需要完善庭审旁听制度的主要内容、运行规则，建立公开透明、开放有序的旁听制度。

公开是正义的灵魂。深化司法公开是司法公正的基础和核心，也是司法廉洁的重要保障。党的十八届四中全会提出构建开放、动态、透明、便民的阳光司法机制，对人民法院司法公开工作提出了更高的要求。在全面推进依法治国方略过程中，在信息科技高速发展和新媒体日新月异的时代，如何进一步推进司法公开，促进司法公正，提升司法公信力，仍然是人民法院所面临的重大挑战。

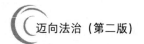

以判决书说理促公正

　　四中全会决定提出，"加强法律文书释法说理，建立生效法律文书统一上网和公开查询制度"。司法公正涉及方方面面，要把公正司法的壮丽和声奏得更响，要在个案中实现公平正义，离不开用判决书说理讲法。2013 年，《民事诉讼法》修改时新增第 152 条，明确要求"判决书应当写明判决结果和作出该判决的理由"。这就意味着，法官在判决书中说理是其应履行的法定职责。

　　强化判决书说理是提高判决质量的重要途径。在不少判决中，法官在叙述案情之后，本应对案件的裁判详细说理，但却直接援引法条直接得出裁判结论，而为什么依据该法条则语焉不详。有的判决不针对当事人的诉求说理，虽讲出了一些道理和理由，但毫无针对性。有的判决甚至根本不援引具体法律规则，而只是援引法律原则（如诚信原则、公平原则）裁判，此种情况俗称"戴高帽"的判决。意思就是说，判决的依据直接从民法的基本原则而来，看起来层次很高，但实际上，由于这些基本原则放之四海皆准，可以适用于任何案件，因而等于没有援引法条裁判。许多判决书，不要说当事人看不懂理由，就是法学专业人士，在看完之后也是一头雾水。

　　判决书之所以需要说理，就是要让人民群众真正从个案中感受到司法的公平正义。俗话说："有理走遍天下，无理寸步难行。"司法的固有特性决定了法院是最讲逻辑、最讲道理的地方，人民群众之所以将纠纷提交到法院，正是为了寻找说理的地方。如果判决书不讲道理，就意味着司法不讲道理，老百姓也就没有其他的地方可以说理了。法谚有云：正义是从裁判中发声的。司法的正义不是抽象的，而是具体的，它正是通过每一份判决书中的理由彰显出来的。可以说，判决的说理性越强，其公正性越强，也就越能够为当事人所接受，起到案结事了的作用。在实践中，某些判决从结果上看，对当事人双方是公平合理的，但因为欠缺说理，导致一方或双方都不相信该判决是公正的，甚至出现无休止的缠讼、上访，从而引发很多社会问题。

对法院而言，判决书说理是践行司法公开、促进司法公正、增进司法权威的重要举措。司法公开不仅仅是程序的公开，还表现在裁判结果、裁判过程的公开。尤其是法官应当将其在裁判过程中的心证公开，即将其内心确信的形成过程向社会公开。判决需要强化说理，首先就是为了说服法官自己。这就要求案件裁判结果必须要有正当理由的支撑，如果缺少充分的说理论证，法官连自己都无法说服，如何说服别人？只有强化判决书说理，才能实现裁判的公正。一份充分说理的判决，本身就表明法官在裁判过程中是公正司法、不偏不倚的，这也是法院裁判正当化的重要依据。

对当事人来说，裁判的说理也是辨明是非、使当事人服判息诉的重要方式。判决书说理也是"努力让人民群众在每一个司法案件中都感受到公平正义"的重要方式，判决书说理是

"以事实为依据、以法律为准绳"原则的基本要求，如果法官充分展示了裁判理由，当事人知道究竟赢在哪里、输在何处，大多数当事人是能够理解和接受的。裁判的说理本身具有引导人们正确行为的功能，因为在判决中辨法析理、定分止争、阐释规则，不仅是使具体案件的当事人能够感受公平正义的方式，也是让整个社会感受司法公正的重要方式。人们可以从充分说理的裁判中形成合理的预期，知道自己应该做什么、不应该做什么，这也是判决与调解在功能上的一个重大差异。

对整个社会而言，充分说理的判决才经得起社会的评价。尤其是在信息畅通的网络时代，网络监督的功能已经发挥着很大作用，每一个个案都可能在网上公开，引起社会公众的普遍关注。社会的关注不限于对判决结果的简单关注，而更体现在对判决是否详细说理的关注。这不仅反映了我国公民法律素养的普遍提升，也反映了公民对司法公正的强烈期待。从这个意义上说，判决的说理是回应人民群众对司法公正期待、强化社会监督的重要内容。判决的充分说理，可以有效地减少社会对法官的质疑，能够有效地规范自由裁量，防止司法专横、恣意裁判。

每一份判决都是法官向社会呈现的一份答卷。在国外，一份判决可能就是一篇绝佳的论文。当然，要求判决书都成为学术论文，这显然是不现实也是不必要的，但每一份判决书至少都要讲出充分的理由，这样的要求并不过分，甚至是社会对法官提出的基本要求。民事诉讼法将判决书说理作为法官的一项职责，也是当前促进司法公正、全国推进依法治国的必然要求。

在推进司法公开中，人民法院强化了判决书的说理，出现了一大批优秀的、说理充分的裁判文书。例如，在"薄案"的判决书中，法官摆事实、讲道理，进行了充分的说理论证，对案件裁判进行教科书式的分析，充分展现了法官在案件审理过程中的逻辑推理和说理论证艺术。通过不断深化司法公开，必将进一步强化裁判文书的说理论证。

刑事诉讼以审判为中心

四中全会决定提出，"推进以审判为中心的诉讼制度改革，确保侦查、审查起诉的案件事实证据经得起法律的检验"。该决定是在以人民法院庭审为中心的基础上形成和发展的，是对人民法院依法公正审理刑事案件的重大改革，对刑事诉讼制度的完善具有重要的指导意义。

以审判为中心就是要强化庭审功能。司法是解决纠纷的最后一道防线，庭审则具有质证、查明案件事实等重要功能，以审判为中心，就是要强化"庭审"在诉权保护、证据认定、查明事实等程序中的决定性作用。这既是司法规律的反映，也是优化司法职权配置的重要措施。我国《宪法》第135条规定："人民法院、人民检察院和公安机关办理刑事案件，应当分工负责，互相配合，互相制约，以保证准确有效地执行法律。"《刑事诉讼法》规定公检法三机关在刑事诉讼活动中应当各司其职、互相配合、互相制约，这是符合中国国情、具有中国特色的刑事诉讼制度。但在实践中，一些地方为了司法机关办案的便利和效率，形成了"以侦查为中心"的格局，侦查机关提交什么证据，检察机关就予以提交，法院一般就予以采信，并没有真正依据证据规则对其效力进行认定。三机关相互之间"强调配合多，相互制约弱"，这是对宪法原则和诉讼制度的背离，"以审判为中心"就是要纠正这一状况，重新回到三机关相互配合、相互制约的宪法原则上来。

以审判为中心旨在实现程序正义。由于审判是案件事实认定、证据采信、法律适用和依法裁判的中心环节，也是维护司法正义、保护当事人合法权益的最后一道防线，因而，应通过法庭审判的程序公正，保障案件裁判的实体公正。程序正义要求在刑事案件的裁判过程中，法官应当坚持中立裁判的原则，依照法定程序裁判。对于难以认定有罪的案件，应当坚持疑罪从无的原则，而绝不能先入为主，一开始就把被告人认定为罪犯。在庭审中，法官要严格按照证据规则，确保侦查、审查起诉的案件事实证据经得起法律检验，保证庭审在查明事实、认定证据、保护诉权、公正裁判中发挥决定性作用，而不能完全根据侦查机关和公诉机关的证据标准来认定证据的证明力。在审判过程中，要充分尊重被告的辩护权。法谚有云，"律师多的地方最安全"。在裁判作出以前，应当保障被告能够充分地陈述其意见，充分行使其辩护的权利，充分尊重辩护律师的意见，坚决改变"你辩你的，我判我的"现象。

以审判为中心是有效防范冤假错案的重要措施。一直以来，冤假错案是法律人心中"永远的痛"。近几年来，从"佘祥林案"、"赵作海案"、"二张案",再到"呼格案",都让无辜者遭受牢狱之灾,甚至付出生命的代价。冤假错案对当事人造成的损害,仅依靠国家赔偿难以完全填补。正如河南省高院院长张立勇在评价"赵作海案"时所指出的,这个冤案造成赵作海家庭破裂、妻离子散,其四个子女因为没钱上学成为文盲,可以说祸及三代。但赵作海等毕竟保住了性命,而呼格吉勒图则因为办案人员的失职失去了生命。值得注意的是,这几个案件都是因为真凶出现或"亡者归来"导致真相大白后才被纠正,而事实上,真凶出现或"亡者归来"的概率较小,可能还有一些冤假错案尚未得到有效纠正。要防范冤假错案的发生,就要坚持以审判为中心,认定被告有罪,必须达到"案件事实清楚、证据确实充分"的法定要求,对案件事实的认定,必须达到排除一切合理怀疑的标准。要坚决纠正刑讯逼供现象。"棰楚之下,何求不得?"我国《刑事诉讼法》第54条已经明确规定了"非法证据排除"规则,但刑讯逼供的现象仍时有发生,要真正贯彻这一规则,就必须从程序上将刑讯逼供取得的证据作为非法证据予以排除,才可能遏制刑讯逼供的发生,这也在客观上要求"以审判为中心",由法官按照证据规则对检察机关所提供的证据的效力进行认定,从而有效防止冤案的发生。

以审判为中心要求进一步完善证据制度。以事实为根据实际上是要求以证据为根据,证据是认定事实的基础,证据规则的完善也是保障司法公正的重要条件。以审判为中心就是要求证据必须在法庭出示,由法庭根据质证等法定程序认定其效力,从而依据证据认定案件事实,也就是说,要贯彻"证据裁判主义"。然而，多年来，在证据制度方面过分注重口供，证人、鉴定人不出庭的现象十分普遍。据统计，证人平均出庭作证的比率不足 1%。因此，必须要完善证人、鉴定人出庭作证制度，采取直接言词原则，推动更多的关键证人出庭作证。要求"事实证据调查在法庭"，证据必须在法庭上出示，经过控辩双方的质证、认证，法庭才能最终予以认定。如此，才能保障程序的公开、公正。

以审判为中心要求进一步完善庭审程序。应当改变"审者不判、判者不审"的现象，真正落实主审法官负责制。要求实行"审判案件以庭审为中心，事实证据调查在法庭，定罪量刑辩论在法庭，裁判结果形成于法庭"，这将有助于推动庭审制度的改革和完善。以审判为中心要求落实宪法关于三机关相互配合、相互制约的原则，尤其需要强调三机关之间分工负责、互相配合、互相制约。

多从法律职业共同体中选拔法官

四中全会决定提出，加强立法队伍、行政执法队伍、司法队伍建设，畅通立法、执法、司法部门干部和人才相互之间以及与其他部门具备条件的干部和人才交流渠道，推进法治专门队伍正规化、专业化、职业化，完善法律职业准入制度，建立从符合条件的律师、法学专家中招录立法工作者、法官、检察官制度，健全从政法专业毕业生中招录人才的规范便捷机制，完善职业保障体系。由此可见，四中全会决定实际上提出了要从法律职业共同体中选择法官和检察官的机制，从而推进司法队伍的职业化和专业化水平。

2015 年，来自学界、律师界和检察系统的 5 名人选经过激烈竞争、层层选拔，从 195 名报名者中脱颖而出，被确定为最高人民法院公开选拔的高层次审判人才人选。这是最高人民法院深化干部人事制度改革，创新选人用人方式的重要举措。面向社会开展公开选拔工作，有利于推动社会优秀法律人才向法院有序流动，这对于拓宽法官来源渠道，进一步优化法官队伍结构，提高司法队伍的法律素养具有重要意义。

本次选拔有三个特点。第一个特点就是选拔程序公开透明，从程序上保证了选拔结果的客观公正。此次选拔设置了严格的报名、资格审查、专业评审、面谈、体检、考察、公示等一系列程序，以确保选拔过程公开透明，从而实现了最大限度的选贤任能、择其优者而录之的队伍建设目标。

第二个特点在于从法律职业共同体中选拔优秀人才担任法官。本次公开选拔的最终结果是两名法学家、两名检察官和一名律师脱颖而出，进入最高人民法院的法官队伍之中，充实了审判力量。众所周知，现代社会法律关系日益复杂多元，人民群众对于公正司法的需求也在不断增长，没有一支精良、专业的法官队伍，无法满足人民群众的需求。而建设这样一支队伍，有赖于法律职业共同体的形成。法官、检察官、律师、法学家、立法者等法律工作者共同构成了一个法律职业共同体。其中最为典型者，是法官、检察官和律师，他们常常被称为推动法治进步的"三驾马车"。法律职业共同体具有相同的理念，接受相同的训练，掌握相同的技巧，因此能够共同护佑法治之舟的平稳航行。正是因为法律人接受了共同的训练，具有共同的思维，他们才能够在司法实践过程中对法律规则形成共同的理解，并且能够以法律思维而不是以普通的经验思维来看待每一个具体的争议个案，从而保证法律的确定性和可预期性。从法律职业共同体的大范围中选拔优秀人才，既有利于实现法官来源渠道的多元化，也有利于推动法官、检察官、学者、律师等法律行业之间的良性流动。

第三个特点是注重被选拔者的实践经验。霍姆斯曾说："法律的生命不是逻辑，而是经验。"现代社会，法律成为规范人们生活重要的行为规则，法律部门越来越细化，法律知识越来越庞杂，尤其是审判活动，是一门复杂的艺术，需要依靠长期的经验积累才能有效把握。所以法官必须具有丰富的实践经验，才能依法公正进行裁判，实现法律效果和社会效果的统一。本次公开选拔法官，一个重要的条件，就是报考者必须具有长期的法律实践经验，这充分反映了最高人民法院对法官职业要求的深度把握。

面向社会开展公开选拔工作，有利于推动社会优秀法律人才向法院有序流动，这对于拓宽法官来源渠道，进一步优化法官队伍结构具有重要意义。期望最高人民法院进一步总结经验，将公开选拔与内部选任、逐级遴选等方式结合起来，不断提高法官队伍的整体素质。

推进法院人员分类管理^①

四中全会决定提出，推进法治专门队伍正规化、专业化、职业化，提高职业素养和专业水平，完善法律职业准入制度。这就为深化司法体制改革，推进司法审判人员的职业化和专业化指明了方向。最高人民法院在"四五改革纲要"中提出，要"推进法院人员分类管理制度改革，将法院人员分为法官、审判辅助人员和司法行政人员，实行分类管理"。法院人员分类管理已成为司法改革的一项重要内容。

对法院人员分类管理，根本原因是为了顺应司法规律、推进法官的职业化和专业化建设，以此保障一线办案法官的数量，并使优秀法官能够真正充实在办案一线。当前，许多干警虽有法官的头衔，但实际从事的是非审判工作。久而久之，这种人员结构造成案多人少、办案法官工作负荷过重，且容易导致优秀审判业务骨干升迁困难、人才流失。一些优秀法官因办案压力大、责任大、负担重，天天加班加点，还要经常接待信访人员、处理涉诉信访案件，不堪重负，导致其不愿留在审判岗位。还有的优秀法官因业务庭的庭长、副庭长职位非常有限，竞争激烈，长期得不到职务升迁，不得不想办法转到宣传处、办公室等部门，以获得行政级别的晋升，因此逐渐脱离了审判岗位；有的法官因上述原

---

① 原载《人民法院报》，2014 - 08 - 01。

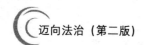

因干脆离开了法院，导致人才流失。

此外，一些优秀法官在提升为庭长、副庭长之后，或者到非审判部门担任领导职务之后，便脱离了办案一线，忙于行政事务的管理，出现"提拔一位庭室领导，就少一名好法官"的局面。由于这种升迁主要是以行政级别的提升为唯一目的，自然也以行政干部的考核为标准，因而并不必然与升迁者的办案水平、能力、专业素质等挂钩。在以行政级别升迁为导向的情况下，难以真正激励法官提高其业务水平、全面提升专业素质，而只能导致法院行政化的加剧。长此以往，如果不对法院人员实行分类管理，法官队伍的专业素质将逐渐下降，而法院行政化的色彩将越来越重，法官队伍的职业化、专业化建设也将越来越困难，这也违背了司法部门自身的规律。

在非分类管理的情况下，许多法官追求的是行政级别，而不是法官固有的专业性和技术性，从人员优化配置的角度来看，其不能将最优秀的法官留在办案第一线，在这种情况下，要实行法官责任制其实是非常困难的。例如，一些法院推行终身追责制，有的法官认为自己待遇低、级别低、风险大，还不如转到非审判部门或者干脆离开法院。因此，终身追责制很难落实。在实行分类管理以后，将有助于把那些具有良好的职业道德和较高专业水准的法官选拔并保留到办案法官队伍中来，让他们真正充实在第一线办案，并真正使责任制落到实处。

对法院人员进行分类管理，还为落实法官单独序列、法官单独薪酬标准创造了条件。目前，许多在一线办案的法官责任大、任务重、待遇低，要改善一线法官的待遇问题，只能借助于分类管理，建立少而精的法官队伍。道理很简单，如果法官队伍数量庞大，将很难从根本上改善法官的薪酬待遇；而在分类管理后，法官的薪酬待遇与法官级别挂钩，而非与其行政级别一致，这样有利于激励法官在第一线办案，并全面提升法官的办案水准。

对法院人员进行分类管理，也有助于加强司法权威。如果在一个法院，什么人都能获得"法官"的称号，甚至有的地方，法院的后勤工作人员都被称为法官，加上第一线办案的法官水平参差不齐，就会给当事人和社会公众一种"什么人都可以当法官、都可以办案"的印象。在此情况下，就很难使社会公众对法官这一职业产生尊重和崇敬，也很难真正树立司法的权威。甚至法官自身也缺乏对法官的职业荣誉感，一些法官从事法官职业不是为了追求高级法官、大法官的目标，而是为了追求当个科长、处长等，随时希望转到一些行政级别晋升更快的党政部门，或者转到晋升更快的非审判岗位，在此情况下，无法真正提高司法的权威和公信力。

那么，应该如何全面推进法官分类管理呢？首先，要对法官和审判辅助人员进行分类。从国外经验来看，统计显示美国法院法官的年平均办案数在300到400件，比我国法院法官的年均办案数高出15倍。但是与此似乎相矛盾的是，实践中经常有法官反映工作压力大、办案数量太多、天天加班加点，有些基层法院的法官每年办案数量甚至达到500到600件，以至于许多法官不堪重负。造成这种矛盾的根本原因在于我国法院中顶着法官头衔、但是不办案的人太多，真正从事一线办案的法官则太少，所以统计起来人均办案数量就很低。因此，法官的队伍要少而精，应当将法官和审判辅助人员进行分类管理，把那些具有良好的职业道德和较高的专业水准的人士选拔到办案法官队伍中来，让他们真正在第一线办案，同时，为他们配备必要的审判辅助人员，使法官从事务性、文秘性的工作中脱身，将主要精力投入到案件的审理中，这有利于从根本上减轻法官负担、保证办案质量。

其次，要实行法官与司法行政人员的分类管理。许多基层法院所设置的非业务部门的数量几乎与审判庭的数量相当。例如，一些基层法院除了民庭、刑庭等业务部门之外，想方设法设置各种机构（如宣传室、老干部室等）以解决编制和级别问题，由此带来的问题不仅仅是非审判人员越来越多、办案人员越来越少，还导致法院的行政化倾向越来越严重，法官队伍的专业化、职业化水平越来越低。而实行法官与司法行政人员的分类管理，明确划定审判人员和非审判人员、业务管理与行政管理之间的职责边界，这也是真正落实法官责任制的前提和基础。此外，司法行政人员也应当优化，不能为了解决法官的级别而放任非审判机构膨胀，并导致优秀的法官脱离审判岗位。

再次，要严格按照法官法所规定的法官级别来落实法官的序列。应当将法官等级做实，让法官的薪酬与法官等级挂钩、法官的荣誉与法官等级同步，法官级别越高则待遇越好、荣誉越高，法官的待遇不应当套用行政级别，而应当严格按照法官法的规定予以评定，确保一线办案法官即使不担任领导职务，也可以正常晋升至较高的法官等级，保持较高的地位和待遇。为此，迫切需要制定各个法官级别的评定标准和办法，以保障法官级别评定工作的有序进行。

最后，要真正落实法官负责制，依法对法官实行必要的监督。只有真正实行法院人员的分类管理，才能实行法官的责任制。因此，在全面推进法院人员分类管理时，需要强化对法官的监督机制，使权力与责任一同落实，使待遇、荣誉与职责相联系，让司法权运行在阳光之下。

正确应对员额制改革中的四类问题

最近，在司法改革过程中，员额制改革已经开始从试点向全国推开了。员额制改革的根本目的是要把优秀司法人才吸引到办案第一线，全面提升办案质量。从试点情况看，员额制改革取得了一定成效，司法人员逐步回归办案本位，优秀司法人才向办案一线流动，一线办案力量明显增强。与改革前相比，实行员额制后，有的法院、检察院员额制法官、检察官人数虽有所减少，但由于实行了法官＋法官助理＋书记员的团队制，办案团队人数实际有所增加，办案质量稳步提升。有的法院在案件数量增长40％的情况下，结案数量增长了60％，这也改变了过去一些人顶着法官、检察院头衔却不办案、人浮于事的现象。

万事开头难。从员额制改革试点来看，虽然取得了一些成绩，但也暴露出不少亟待解决的问题，也有人据此认为员额制改革不成功，对改革信心不足，因此，有必要对员额制改革试点中存在的问题进行分类研究，厘清认识上的误区，对改革举措加以完善：

第一类问题是因改革不到位、相应配套措施未跟上所引发的问题。改革是个循序渐进的过程，改变原有不合理的制度安排，重构新的制度体系，不可能一蹴而就。在员额制改革中，确有一些法官、检察官在进入员额后，因办案量显著增加，且需要对所办案件终身负责，出现错案终身追责，因而感到办案压力较大，而其所需要的职业保障又没有跟上，由此出现了一些法官、检察官辞职的现象。应该看到，员额制改革的大方向是正确的，但各项保障措施确实需要尽快到位，否则可能从整体上影响员额制改革的成效。这就需要尽快落实中央有关员额制改革后法官、检察官工资待遇等职业保障的政策；尽快明确法官助理、书记员的新职责，减轻法官各种额外的工作负担；加快司法人员分类管理改革，对各类人员职务晋升作出明确规定，使法官助理、书记员即使不入额，也能在各自序列中晋级，为他们事业的发展提供更大的空间。如此才能有效稳定司法工作队伍，特别是年轻的法官、检察官队伍。

第二类问题是因改革措施相互不协调、掣肘而导致的问题。司法改革本身是一项系统工程，具有体系性、全面性的特点，牵一发而动全身，应当统筹推进。但由于各项改革措施的推出有先有后，尤其是处于试点阶段的改革，还在摸索中进行，这就导致各项改革措施之间难免出现不协调的现象，最突出的就是立案登记制改革后，法院受理的案件量激增，导致法院"案多人少"矛盾加剧。据了解，立案登记制改革后，许多地方法院受理的民事案件数量增长 40％以上，行政案件数量增长了 60％以上，执行案件数量增长了 50％以上。但与此同时，实行员额制之后，入额法官数量比此前有办案资格的法官大幅度减少，而法官助理、书记员又尚未配齐，人案矛盾十分突出。有观点认为，立案登记制把方便带给了群众，把困难留给了法院。此种看法不无道理。对于这类问题，只能分清轻重缓急，注重统筹协调，使改革举措相互衔接、配套。例如，为解决"案多人少"的矛盾，要加快推进案件繁简分流，通过建立多元化纠纷解决机制等措施来逐步解决。

第三类问题是因改革"一刀切"、改革措施脱离本单位实际而导致的问题。确定员额应当从实际出发。例如，有的地方案件多、司法人员少，而有的地方案件少、司法人员多，如果都按照 39％以内的同一比例确定员额，势必导致人案不平衡。在推进员额制改革中，要准确测量法官、检察官的工作量，以案定员，从实际出发，不能搞一刀切。即使在一个法院内部，也要根据案件的类型、工作量来确定员额。例如，立案登记制实施后，大幅度增加的主要是民事案件和行政案件，那么这两部分就需要增加更多人手。另外，对于员额，也要进行动态管理，即员额应当根据案件量的变化而变化。不可一次定额，长期不变，或者简单地搞"一刀切"。

第四类问题是因某些改革措施偏离改革精神而导致的问题。中央对司法改革进行了顶层设计，但改革措施还要依靠司法机关正确把握中央改革精神，稳步、扎实地推进改革。但一些地方在法官、检察官入额选拔中，搞论资排辈，主要以资历定员额，这就导致许多年轻的业务骨干入不了额，而只能做助理，不仅待遇不能提升，而且感觉尊严受损，看不到入额的希望，因而不愿意继续在法院、检察院工作。再如，有的地方主要通过书面考试的方式选拔员额制法官、检察官，而忽略了对司法人员实际办案能力和办案业绩的考核。这种方式并不能把那些办案能力较强，特别是实践经验丰富、业绩突出的司法人员纳入员额中，这在一定程度上也会挫伤他们的积极性。对于此类问题，应该加强改革督导，坚持正确的选人、用人导向，真正使优秀人才进入员额制中，使中央的司法改革意图得到正确落实，坚决防止能办案的人进不了员额，进了员额的人办不了案的现象。

在入额选拔上，还有一类问题比较突出，即院长、庭长入不入额？怎么入额？应该说，实行员额制改革的目的是选拔优秀人才担任法官、检察官，把司法决策权交到真正专业的人手中。在实践中，许多院长、庭长曾经是业务骨干，因为办案业绩突出、综合能力强，被选拔到领导岗位，他们入额，有助于发挥其业务才能。但院长、庭长入额也必须严格按照程序选拔，同时，院长、庭长在入额后必须办案，而且应当带头办疑难案，形成带动示范效应。有的地方规定，庭长办案数不低于法官平均办案数的 70%，副院长办案数不低于庭长平均办案数的 50%，院长办案数不能低于副院长平均数的 30%，这些规定具有一定的合理性。

一切改革都来源于问题倒逼，只有积极解决改革中的问题，才能不断深化改革，使改革产生应有的效果。员额制改革也不例外。面对改革中出现的上述问题，不能退缩，而应当通过加快改革的方式予以解决。

推行立案登记制应明确立案标准

（一）推行立案登记制意义重大

党的十八届四中全会决定提出，"改革法院案件受理制度，变立案审查制为立案登记制，对人民法院依法应该受理的案件，做到有案必立、有诉必理，保障当事人诉权"。推行立案登记制，对于纠正实践中出现的有案不立、有诉不理现象，保障广大人民群众的诉权，有效化解社会矛盾具有重要意义。

推行立案登记制有利于保障人民群众的诉权。司法是保障人民权利、实现社会正义的最后一道防线。在我国，行政调处、领导的平衡或干预曾经是解决民间纠纷的重要方式。但随着市场经济的发展，这些形成于旧体制下的争议解决方法已被证明无法适应变化了的社会需要，而必须要充分发挥司法在解决社会矛盾中的重要作用。但我国长期存在"立案难"问题，主要表现在立案条件严格、门槛过高，不仅相关司法解释为立案设置了诉前程序等门槛，有的地方法院甚至额外增设立案条件，许多对立案限制的规定既不公开、也不透明；人为地制造司法壁垒，导致许多当事人状告无门，严重影响了当事人诉权的实现，阻断了当事人通过诉讼获得救济的可能。通过建立立案登记制，就是要达到"有案必立，有诉必理"的法律效果，从而更有效地保障当事人的诉权。

推行立案登记制有利于化解社会矛盾。我国当前处于社会转型时期，各种社会矛盾频发，社会纠纷大量产生，迫切需要通过司法程序予以化解。但由于"立案难"，一些当事人不得不采取信访以及法外方式解决纠纷，反而引发了更多的社会问题，加剧了"信访不信法"的现象，使许多本来可以通过程序化解的纠纷不能得到及时化解，导致"大闹大解决，小闹小解决，不闹不解决"等现象的盛行，影响了社会的安定。立案登记制有利于将社会矛盾通过诉讼和审判机制予以吸收和综合，把尖锐的矛盾转化为技术问题，可以有效地化解社会矛盾，维护社会稳定。

推行立案登记制有利于推进法治建设进程。法治的一个重要特征是"司法程序人人可及"。司法是社会正义的最后一道防线，是社会秩序的基本维护方式，公民和法人之间的各种纠纷，不论是民事、经济的，还是刑事、行政的，只有依法院的裁判，才能得以最终解决。而通过司法有效化解社会矛盾，使人民群众切身感受到社会公平正义，就必须降低立案门槛，"有案必立、有诉必理"。

（二）立案登记不等于"是案就立"

所谓"有案必立、有诉必理"，只是指那些符合法律规定的立案条件的案件，起诉到人民法院以后，法院都必须立案。但对于不符合法律规定的起诉条件的案件，法院就没有必要受理。所以，推行立案登记制并不意味着"是案就立"。对此，可能有人认为，设立立案标准等于为立案设置了门槛，很难保障当事人通过诉讼解决纠纷的权利。其实，任何权利都有其限度，不存在没有边界的权利，当事人通过诉讼解决纠纷的权利同样如此，只有符合立案标准，这种权利才能通过法院诉讼得以实现。由此可以说，推行立案登记制改革，首先必须明确立案标准。

明确立案标准，符合司法规律。不少人认为，在立案登记制下，只要当事人有一纸诉状，法院都应当受理和审理。这实际上是对立案登记制的一种误解，立案登记制虽然强调"有案必立、有诉必理"，但不是说法院要敞开门受理当事人解决一切纠纷的诉求，法院只应受理符合立案标准的案件。司法虽然通常被称为社会正义的最后一道防线，但它只在必要的限度和领域内介入社会生活，而绝非无所不能、无所不在、无所不管。在任何国家，法院都不是"是案就立"的，相反，任何国家对于立案总是有一定条件限定的，只有符合这些条件，相关的纠纷才能纳入法院受理的范围。

明确立案标准，有利于保障双方当事人的合法权益，减少滥诉现象的发生。法院在解决纠纷时，应当妥当平衡双方当事人的合法权益，这就必须明确哪些纠纷可以立案，哪些不可以立案，否则，就很容易使一方当事人滥用诉权，形成恶意诉讼，把另一方当事人拖入不必要的诉讼。换言之，为了保护当事人一方的正当诉权，又要防止对方当事人不因诉讼而受不必要的损害，首先应在立案环节明确立案标准。

明确立案标准，有利于节约司法资源。我们必须清醒地认识到，法院司法资源是有限的，司法资源作为一种公共产品，不可能无限的供给，法院不可能解决所有的社会矛盾和纠纷。例如，某人考研后，学校认为其专业水准不符合录取条件，该考生对此持不同意见，在法院提起诉讼，要求学校录取。此类案件涉及学术评价问题，法院很难作出判断，即使能够作出判断，也需要投入巨大的人力、物力，最终也很难作出要求大学录取该考生的判决。因此，立案登记制要求有案必立、有诉必理不是没有条件限制的，而是只有符合立案标准的纠纷，才能因当事人的起诉，而获得法院的受理。

（三）如何明确立案标准

推进立案登记制，明确立案标准，对此，建议采用正、反两方面结合的方法，即除了正面规定立案的条件，同时采用负面清单管理模式，把不宜受理的具体情形进行明确的规定，明确列举不宜受理的情形。为此，应当根据法律规定，并结合我国的实际情况，明确不予受理的情形。为了实现保障正当诉权和防止滥用诉讼的目的，最高人民法院印发的《关于人民法院推行立案登记制改革的意见》，已经列明了不予立案登记的四种情形，即：（1）违法起诉或者不符合法定起诉条件的；（2）诉讼已经终结的；（3）涉及危害国家主权和领土完整、危害国家安全、破坏国家统一和民族团结、破坏国家宗教政策的；（4）其他不属于人民法院主管的所诉事项。可以看出，这四种情形较为笼统，不够具体。立案登记制实施一年多来，滥诉现象和虚假诉讼较为严重，与这四种情形较为笼统和不够具体有关。为完善立案登记制，解决滥诉、虚假诉讼等问题，应该加快制定司法解释，制定统一、明确的立案标准，特别是制定更为详尽的不予立案的负面清单。结合司法实践，笔者认为，以下案件不应属于法院的受理范围：

第一，纯属专业评价问题的纠纷。专业评价已经超出了法官的专业特长，不应属于法院的受案范围。此类纠纷最为典型的是因学术评价问题而引发的争议。例如，某考生是否符合博士或硕士研究生录取条件，某学生论文答辩是否合格通过，是否应被授予学位，某高校老师是否应该被聘为教授，某项科研成果是否应当获奖等。此类争议只宜由专家根据相应的专业程序予以评价，如果要求法官超出其专业特长处理此类纠纷，相关的裁判结果也难以获得专业人士的认可，这也会影响司法的公信力与权威性。

第二，明显浪费司法资源的案件。对于明显浪费司法资源的案件，法院也无须受理。这并不是要为法院推脱社会责任，而是司法规律的客观体现，因为法官擅长适用法律，能最恰当地把法律用于对应的纠纷事实。这也是国外法院的通行做法。比如，在美国，法院不受理鸡毛蒜皮的纠纷（Frivolous matters），司法具有自我限制（self－restraint）和自我谦抑（moderation）的特征。对于我国司法实践中出现的当事人可能为了出点怨气打"一块钱官司"等纠纷，甚至出现"赵薇瞪我"等奇葩案件，如果受理这些案件，则司法资源的投入、产出明显失衡，会造成司法资源的浪费。

第三，可以通过行业协会进行专业评判的纠纷。例如，对律师在法庭上的行为是否违反了职业道德、职业操守等的裁决，应当由行业协会根据行业标准评判，不宜纳入法院的受案范围。

第四，法律明确规定了前置程序的案件。例如，法律专门就劳动纠纷、土地纠纷等设置了一定的前置程序，在此情况下，应当注重发挥前置程序的作用，而不应当一概直接由法院受理。

第五，民事再审、刑事申诉案件，不能一概进入立案登记的范围。因为这些再审、申诉案件，相关法律已经作出了规定，其能否立案，应当依据法律规定判断，而不应当直接纳入立案登记的范围。

另外，立案标准应当公开透明，让当事人了解法院应受理哪些情形，哪些情形不能受理，否则，良法再好，标准再合法合理，也会因信息不对称产生不合法、不合理的结果。我国《民事诉讼法》、《刑事诉讼法》、《行政诉讼法》等都对立案的条件作出了规定，在推行立案登记制时，法院也应当对当事人的申请是否符合法定的立案条件进行必要的审查。

总之，推行立案登记制已经产生了良好的效果，对于保障当事人诉权、实现社会矛盾向法院的回流起到了积极的作用。当然，由此也带来了案件数量井喷的问题，甚至出现了案件大量积压的现象，给法院带来较大的工作压力，但不能因此而否定立案登记制改革本身。未来应当加快推进案件繁简分流，制定科学的案件审理流程，提高案件审判效率，鼓励当事人采取多元化的纠纷解决机制，引导当事人优先选择成本较低、对抗性较弱、有利于修复关系的途径化解纠纷。通过采取上述措施，以更好地实现立案登记制改革的目的。

逐步完善检察院提起公益诉讼制度

四中全会决定明确提出要"探索建立检察机关提起公益诉讼制度"，这是优化司法职权配置、完善行政诉讼制度、推进法治政府建设的重要举措。

公益诉讼是与私益诉讼相对应的概念，其目的在于保护社会公共利益，该制度最早可以追溯到古罗马时期，当时，除法律另有规定的情形外，任何市民均可提起公益诉讼。近代以来，公益诉讼案例日益增多，公益诉讼制度逐步发展、完善，尤其是自20世纪中期以来，面对日益恶化的生态环境，各国都普遍对环境公益诉讼制度作出了规定。自21世纪初以来，我国各地法院陆续受理了一批环境民事公益诉讼的案件。其中一些案件就是由人民检察院提起的，且社会效果良好。例如，2003年11月，四川省阆中市人民检察院针对该市群发骨粉厂的生产经营活动对环境的侵害，向阆中市人民法院提起民事公讼，要求法院依法判决被告停止对环境的侵害，并在1个月内改进设备，直至排出的烟尘、噪声、总悬浮颗粒物不超过法定浓度限值标准为止。法院审理后认为，被告的排放污染物的行为已对周边群众的工作、生活构成了侵害，并依法支持检察院的请求。这个案例是否属于检察院提起公益诉讼的第一例，尚不得而知，但该案的效果却受到了社会的一致好评。

检察院提起公益诉讼，其必要性主要在于，一方面，在现实生活中，对一些行政机关违法行使职权或者不作为造成侵害国家和社会公共利益或者有侵害危险的案件（如国有资产保护、国有土地使用权转让、生态环境和资源保护等），由于与公民、法人和其他社会组织没有直接利害关系，他们没有也无法提起公益诉讼，所以，通过检察院提起公益诉讼，有利于加强对公共利益的保护。另一方面，检察院在提起公益诉讼方面具有显著的优势，因为检察机关居于法律监督者的特殊地位，其作为国家利益和社会公共利益的代表者、维护者和实现者的职能角色，决定了由其提起公益诉讼，与公益诉讼的目的具有高度契合性。尤其是与享有公益诉权的其他社会组织相比，检察机关在收集证据、调查证据的权限、担负诉讼成本的能力以及进行诉讼所必需的法律专业素养等方面具有明显的优势，由其提起公益诉讼，对于保障公益诉讼目的的实现也具有重要意义。还应当看到，由检察机关提起公益诉讼，有利于完善行政诉讼制度，推进法治政府建设。例如，在环境保护诉讼中，往往因为行政机关不作为，影响生态环境的保护，检察院才提起公益诉讼。因而，通过此种公益诉讼，有利于督促行政机关依法行政、及时履行法定职责，严格执法。

根据四中全会决定，需要总结检察院提起公益诉讼的经验，不断完善这一制度。不过，在推进建立由检察院提起公益诉讼制度的过程中，还有几个问题需要在法律上解决：

一是应当在法律上明确规定检察院有权提起公益诉讼，从而为检察院提起公益诉讼提供法律依据。应当看到，《民事诉讼法》第55条、《消费者权益保护法》第47条以及《环境保护法》第58条等并没有规定检察机关有权提起民事诉讼。古人云，名不正则言不顺。在法律依据尚不具备时，检察院提起公益诉讼的动力十分有限。因此，我国应当尽快修改法律，将检察机关提起公益诉讼的资格写进法律，这样由检察机关提起公益诉讼也可以做到于法有据，便于更系统地发挥检察院的公益诉讼职能。

二是应当明确检察院提起公益诉讼的范围。从实践来看，有的国有企业因交易不成功，或者招标、投标出现问题，就希望检察院介入，在法院提起宣告合同无效的诉讼。这种做法虽然可能在短期内维护国有资产、防止国有资产的流失，但从长远来看，其不仅可能导致检察机关不适当地介入经济案件，而且可能挫伤非国有企业与国有企业开展平等交易的信心，损害市场的公平竞争和自由交易。事实上，对公益诉讼案件而言，并非所有涉及公益的案件都需要检察院提起公益诉讼，特别是涉及国有资产保护的案件，哪些情况需要起诉，哪些情况不宜检察机关介入，要作出明确的界定。

三是应当明确检察院、行政机关、有关组织的公益诉权发生竞合时的处理规则。2013年《消费者权益保护法》第47条规定："对侵害众多消费者合法权益的行为，中国消费者协会以及在省、自治区、直辖市设立的消费者协会，可以向人民法院提起诉讼。"2014年《环境保护法》第58条第1款规定："对污染环境、破坏生态，损害社会公共利益的行为，符合下列条件的社会组织可以向人民法院提起诉讼：（一）依法在设区的市级以上人民政府民政部门登记；（二）专门从事环境保护公益活动连续五年以上且无违法记录。"因此，依据上述法律的规定，消费者协会和有关社会组织可以提起公益诉讼。例如，因倾倒废酸污染河水，江苏省泰州市环保联合会提起环保公益诉讼，状告江苏常隆农化有限公司等6家化工企业，要求其赔偿环境修复费用1.6亿余元。一审和二审都支持了该环保联合会的诉讼请求。2015年，最高人民法院颁行了《关于审理环境民事公益诉讼案件适用法律若干问题的解释》，该司法解释第2条规定了可提起公益诉讼的社会组织："在设区的市级以上人民政府民政部门登记的社会团体、民办非企业单位以及基金会等，可以认定为环境保护法第五十八条规定的社会组织。"这就使得可以提起公益诉讼的社会组织的范围具有开放性，而且该解释规定，相关社会组织提供公益诉讼也不受地域限制，这些都为社会组织提起公益创造了有利条件。

问题在于，如果这些组织能够提起公益诉讼，检察机构是否也有必要提起公益诉讼？如何处理多个主体提起公益诉讼的关系及先后顺序？笔者认为，凡是有关组织能够起诉的，检察机关都不必再起诉，原因在于：一方面，毕竟检察机关在性质上是法律监督机构，主要应当发挥司法监督功能，而不宜过多介入具体的民事案件。检察院提起诉讼之后，一旦败诉，将会影响检察院作为法律监督机构的权威。另一方面，检察机关起诉之后，如果败诉，也难以通过抗诉的办法实现进一步的监督。因此，凡是有关社会组织能够提起公益诉讼的，应当支持和督促其提起公益诉讼，而不应由检察院首先提起公益诉讼。这就是说，检察院应当注重发挥法律监督功能。

四是关于检察院提起公益诉讼与检察院提起检察建议、支持起诉、督促起诉的关系。依据我国现行做法，检察院可采取支持起诉、督促起诉的方式。在这两种方式中，检察院都不属于诉讼当事人，而是支持或督促一方当事人起诉的监督主体，只是在诉讼外发挥作用。而公益诉讼的提起，使得检察院不能再置身事外，而成为诉讼案中的原告。因此，有必要对提起公益诉讼的条件和范围作出规定，同时要规定，凡是通过支持起诉和督促起诉能够达到应有预期效果的，就没必要由检察院亲自提起诉讼，这样才有助于检察院发挥法律监督的作用。

检察院提起检察建议书也是有必要的。例如，出现环境污染案件后，检察机关可发出检察建议，建议企业对治污设施进行整改，并将整改情况限期报送检察机关，逾期不整改将对污染企业提起民事诉讼。这种做法也会收到良好的效果。因此，如果检察院能够通过检察意见书的方式解决问题，则主要应当采取此种方式，毕竟此种方式的成本更低，所取得效果也更好。

检察院提起公益诉讼制度的建立，实际上对检察官的法律素养和专业能力提出了更高的要求。为此，需要进一步提高检察机关的工作人员的法律素养，尤其是要提高在民商事法律方面的业务能力。

切实落实法官、检察官职业保障制度

十八届四中全会决定提出，全面推进依法治国，必须大力提高法治工作队伍思想政治素质、业务工作能力、职业道德水准，着力建设一支忠于党、忠于国家、忠于人民、忠于法律的社会主义法治工作队伍。同时提出了"建立健全司法人员履行法定职责保护机制"。司法人员职业保障制度是现代司法制度的重要内容，是保障司法人员依法独立行使审判权和检察权的重要措施。该制度主要包括如下三个方面：

（一）司法人员的身份保障

十八届四中全会决定提出，"非因法定事由，非经法定程序，不得将法官、检察官调离、辞退或者作出免职、降级等处分"。这就准确地概括了司法人员身份保证制度的具体内容。一是非因法定事由，非经法定程序，不得将法官、检察官调离、辞退，从而解除司法人员依法行使职权的后顾之忧，使其免受外部干扰。法律规定法官和检察官一经任命，便不得随意更换，不得被免职、转职或调换工作。我国《法官法》和《检察官法》对法官、检察官的调离、辞退的原因和程序都作出了相应的规定。对法官和检察官的此种处分，必须要严格依据这些制度和程序展开。二是非因法定事由，非经法定程序，不得对司法人员作出免职、降级等处分。司法人员违法违纪理应受到相应的处分，但为了保证他们严格行使职权，应当由法律对这些处分的原因、内容和程序作出严格的规定，并必须依据这些制度来作出处分。

（二）经济保障制度

自立案登记制推行以来，全国各地法院受理的案件大幅度增长，许多地方的增长量甚至超过了 20%，案多人少的矛盾更加尖锐，不少法官超负荷工作，有的基层法院的法官每年甚至要处理 400～500 件案件，因此被戏称为"司法民工"。加之责任大、压力大，因此，不少法官要求调离法院。产生这一问题的重要原因在于，法官、检察官职业保障制度不健全。司法人员的待遇低下，难以使其真正产生职业荣誉感，也未必有利于司法的廉洁。只有提高司法工作人员的待遇，才能形成廉政的基础。我们既要严明法纪，又要关心司法工作人员的物质待遇，使其不受经济利益的诱惑，洁身自好，公正司法，从而形成一种不能贪、不想贪、不敢贪的局面。总之，为了吸引优秀人才，稳定法官队伍，树立司法职业荣誉感，必须建立职业保障制度。

在法治发达的国家，法官的收入一般都较为丰厚，法官收入高于一般公务员。这一经验值得我们借鉴。我们要在坚持党管干部的原则下，将法官、检察官作为特殊类型的公务员，以区别于一般的公务员；由于法官掌握着最终解决纠纷的裁判权，位高权重，因而，不可将一般公务员的标准适用于法官。从各国的经验来看，法官的收入高于一般公务员的收入是正常的，这不仅有利于突出法官的地位，对于增进司法的权威性也具有重要意义。因此，应当按照《法官法》和《检察官法》的有关规定，落实法官十二等级制度和检察官十二等级制度，强调法官和检察官的技术级别，而不应当强调其行政级别。

（三）执业保障

所谓执业保障，就是法官、检察官独立行使法律所授予的审判权和检察权，不受外在因素的不当干预。我国宪法、法律都规定了法官、检察官应当独立行使职权，不受任何外在的非法干预。但关键是如何通过一系列制度保障，防止外来的不正当干预对法官、检察官独立性的不当影响。十八届四中全会决定提出，"建立领导干部干预司法活动、插手具体案件处理的记录、通报和责任追究制度"，这就是一项执业保障的重要内容。

长期以来，我国已经注意到了法官、检察官司法职业共同体的特殊性，要求法官、检察官执业取得司法职业资格证，但是这只是解决了司法职业的准入制度，而忽视了司法职业共同体的建设。司法职业共同体与其他的群体有所不同，其中一个重要方面，就是要保证其裁判的公正性和独立性，不受外来因素的影响，因此，要注重建立司法职业成员的身份保障、经济保障、执业保障制度，从而为培育司法职业共同体，为公正司法、依法裁判创造条件。

谈谈律师的职业定位

所谓律师的职业定位，是指律师在社会生活中究竟发挥何种作用。律师的职业定位不仅包括律师在法律职业共同体中的作用，还包括律师在维护社会公平正义等方面的作用。由于我国尚未形成法律职业共同体的观念，因而，对律师的职业定位并不清晰，律师究竟是法律专业人士，还是自由职业者？一直存在争议。根据《律师法》第2条第1款，律师是指依法取得律师执业证书，接受委托或者指定，为当事人提供法律服务的执业人员。由此可以看出，律师属于提供专业法律服务的人士。但在实践中，人们常常将律师定位为自由职业者，以显示其与公职人员，特别是与公务员之间的区别。笔者不赞成这种定位，因为此种看法没有突出律师的专业性、职业性特点，且容易使人们误以为律师是游离于体制之外的人，忽略了其在法律职业共同体中的应有作用，也很容易导致律师与法官、检察官等的对立。另外，此种定位既不利于对律师的管理，也不利于律师行业自身的健康发展。

笔者认为，对律师最恰当的职业定位，是将其作为法律职业共同体中的一类人员对待。所谓法律职业，按照美国著名法学家庞德的观点，是指"一群人从事一种有学问修养的艺术，共同发挥替公众服务的精神，虽然附带地以它谋生，但仍不失其替公众服务的宗旨"①。从历史上看，在早期罗马法时代，出现了一批以专门为罗马贵族服务的法律专家，称为法学参议。在罗马帝国时期，已有一批以专门收取法律服务费为生的法律专业者。所以也有人认为，从这个时候开始，法律职业共同体初露端倪。在英国，法律职业共同体是伴随着普通法一起成长的。在 14 世纪初，一些通晓罗马法的人士聚集在一起创立"法学会（Inns of Court）"，这就是最早的法律职业组织。该组织不仅自己训练律师，而且为法官提供候选人。这个组织像基尔特组织（一种商人联合会）一样具有自己的职业纪律和规则，从而保证了法律职业者（无论是律师还是法官）不仅训练有素，而且能够秉持良好的职业道德。在中世纪后期，法律职业者已经形成。可以说，从历史发展的角度来看，律师向来都是法律职业共同体的重要组成部分。对此可予以佐证的是英语"律师"一词"lawyer"，它既可以指律师，也可以指法律人，其包括了律师、法官在内的所有法律

---

① ［美］哈罗德·伯曼编：《美国律师讲话》，陈若桓译，208 页，北京，三联书店，1988。

职业共同体的成员。

但我国历史上并没有形成独立的律师阶层，也没有形成法律职业共同体。春秋战国时期郑国人邓析可以称为中国最早的"律师"，但他因为私自解释法律而被杀害。我国古代虽然很早就出现了讼师职业，但始终没有形成独立的职业阶层。

"徒法不足以自行"，在任何法治国家，法律职业者都是法治的操作者和实践者，是一群精通法律专门知识并实际操作和运用法律的人，包括法官、检察官和律师等。他们不仅受过良好的法律专业训练，具有娴熟地运用法律的能力和技巧，还因为具有相同的理念、接受相同的训练、掌握相同的技巧，其专门从事法律工作，或提供法律服务，履行法定职责，从而形成了法律职业共同体。这个共同体是基于法律理性、法律知识、法律思维和法律技术的专业共同体，是有共同的知识背景、思维方法、话语体系的职业共同体。这个共同体是法治的基础，能护佑法治之舟的平稳航行，也能有效地保护交易安全。恩格斯对此曾经指出，"产生了职业法学家的新分工一旦成为必要，就又开辟了一个新的独立领域，这个领域虽然一般地依赖于生产和贸易，但是它仍然具有对这两个领域起反作用的特殊能力"[1]。在法律职业共同体之中，律师是重要的支柱之一，可以说是三分天下有其一。按照哈佛大学昂格尔教授的观点，法律职业共同体的存在是法治的重要标志。[2] 把律师视为法律职业共同体的一员，对于推进法治建设

---

[1] 《马克思恩格斯选集》，3 版，第 4 卷，610 页，北京，人民出版社，2012。

[2] 参见［美］昂格尔：《现代社会中的法律》，吴玉章、周汉华译，46～47 页，北京，中国政法大学出版社，1994。

十分必要：

——准确认识律师在法治社会中的地位和作用。在近现代，法律职业的分工是和现代法治文明的发展、诉讼程序的完善联系在一起的，而律师的产生与发展，与正当法律程序的产生和发展密不可分，可以说，没有律师，就没有现代的诉讼制度，就没有正当的程序。就此而言，律师是法治文明发展到一定阶段的产物，也是法治文明的标志；律师是程序公正的保障，不仅捍卫着程序公正，其对法律案件的介入本身就是程序公正的体现。作为实现程序正义和实体正义的重要力量，律师担负着和其他法律人一样的共同使命。我国的法律实践业已表明，律师在庭审等法律活动中发挥的作用越大，对法官的帮助就越大，因此，律师和公检法机关不是对立的，而是和公检法机关一起，共同构成法治建设的重要力量。既然如此，我们要推进社会主义法治建设，就必须承认法律职业共同体这一概念。

——推进以审判为中心的诉讼制度改革。律师在整个法律正当程序中是不可或缺的一环，其对法治的发展具有重要意义。正如《律师法》第2条第2款的规定，律师除维护当事人的合法权益外，还有维护法律的正确实施，维护社会的公平正义等重要功能。而这些功能主要是在庭审过程中发挥出来的。从我国的司法实践来看，"庭审虚化"是一个颇为常见的现象，其产生的一个重要原因即在于法律职业共同体观念的缺乏。有的法官认为，法官是官，律师是民，法官有一种高高在上的感觉，对律师的辩护或代理采取"你辩你的，我判我的"的立场，甚至听不得不同意见，结果就屡屡出现法官在法庭上禁止或武断地打断律师发言，甚至把律师赶出法庭的现象。要杜绝这些不良现象，就应切实把律师纳入法律职业共同体之中，使法官树立起大家都是法律职业共同体一员的观念，法官在庭审中要尊重律师的意见，只有这样，才能真正实现以庭审为中心。

——推进法官、检察官和律师之间的交流。有人认为，律师是自由职业者，法官是公务员，律师职业与法官职业之间不能设立"旋转门"，因为它们之间存在鸿沟。其实这是一种误解。党的十八届四中全会决定指出，应当建立从符合条件的律师中招录立法工作者、法官、检察官的制度。这实际上确认了法律职业共同体的概念，并将律师也纳入法律职业共同体之中。为什么可以从律师中选拔法官、检察官呢？其主要原因在于：律师是法律职业共同体的重要组成部分，律师与法官、检察官拥有同样的思维方式，掌握共同的法律技巧，分享相同的法治理念和实践经验，因而可以从律师中选拔法官、检察官。如果不认为律师身处法律职业共同体，就无法实现律师向法官、检察官等职业的身份转变。

——加强律师行业自身的建设。不可否认，有的律师只是把律师职业看作是谋生手段，或养家糊口的职业，而并没有将律师职业看得非常崇高。其实，律师客观上以为公众服务为宗旨，不同于虽有一定技巧但完全追逐私利的工匠。而且在现代社会，律师与法官等其他法律人一起，实际操作着法律机器，保障着社会机制的有效运作，对推进社会的法治进程、保障人权、维护公平正义，具有重要的作用。既然律师实际发挥着如此重要的作用，那么就应当使每一个律师认识到自己是法律职业共同体的一员，形成职业荣誉感，要像爱护自己的眼睛一样珍惜自身的职业。同时，为了保障律师职业的健康发展，律师协会和有关主管机关也应当制定相关律师职业道德规范、执业规则等，推动律师职业的建设，使每一个律师都能够真正按照职业道德和规则活动，对于损害法律职业共同体的害群之马，也应当依法予以惩戒。

实践表明，律师的地位关系到公民的人身安全保护，甚至关系到国家法治的兴衰。党的十八届四中全会决定提出，要发展律师、公证等法律服务业，政府要聘请法律顾问，建立从符合条件的律师、法学专家中招录立法工作者、法官、检察官制度，等等，这些都表明律师行业迎来了一个大好的发展机遇。为此，我们需要进一步维护律师的合法权益，保障律师依法参与诉讼活动，充分发挥其在法治建设中的应有作用。更为重要的是，我们应当树立法律职业共同体的观念，把律师视为法律职业共同体的重要组成部分，一起为了实现法治的理想而奋斗。概括而言，包括律师在内的法律人必须要有宪法、法律至上的信念，秉持法律人的职业理念和操守，具备法律人应有的专业素养和解决纠纷的能力。知法、懂法并信仰法律，心存正义并公正廉洁，不忘初心，努力践行法治的理想。

八、建设法治社会

四中全会提出坚持法治国家、法治政府、法治社会一体建设。在"三位一体"建设中，法治社会建设是其中的重要内容。推进依法治国必须要人人守法，这意味着要把法治社会建设作为法治建设的基础。

加快推进法治社会建设

从多层次法治建设的关系来看，法治国家建设是总目标，法治政府建设是关键，法治社会建设是基础。具体而言，法治社会更多地是指社会的依法治理，即通过法治的手段治理社会，保障社会的有序发展，使法治国家、法治政府、法治社会三者相互配合、相互促进，最终保障法治中国建设目标的实现。建设法治社会，要强化社会自治，促进国家、社会治理的协力互动。社会自治程度反映了一个国家政治文明的程度，一般而言，社会自治越发达，民主政治也就越发达，社会也就会更加稳定和巩固。在我国，重政府包揽、轻多方参与的现象较为普遍，社会组织的治理能力普遍还较为薄弱，还难以成为一种独立自主的主体性力量，各类治理主体之间平等合作、民主协商的体制机制仍不够畅通。① 为此需要通过建立法治社会，推进多层次、多领域的依法治理，充分发挥社会自治的作用，发挥乡规民约、行业规章、团体规章等软法的功能。此外，还需要增强全民法治观念，使全体社会成员均有序参与到法治建设进程中，增强全社会厉行法治的积极性和主动性，形成守法光荣、违法可耻的社会氛围，使全体人民都成为社会主义法治的忠实崇尚者、自觉遵守者、坚定捍卫者。

从广义上理解法治社会，它是指社会生活的法治化，其实也涉及公权力机构的设置及其权力行使的法治化。但是从狭义上理解，法治社会主要是指公权力之外的公民、法人、社会组织等在社会生活中相互关系的法治化，包括人们的社会生活、思维方式、生活秩序等内容的法治化。其实，法治国家从广义上理解，也包括了法治社会建设。例如，在德国对应的是"Rechtsstaat"一词，在法国对应的是"Etat de droit"一词，意思均指"法治国"，这一概念中包含了法治社会的含义。但是，在我国，将法治社会建设单独作为法治建设的一项内容，并与法治国家建设相

---

① 参见魏礼群主编：《创新社会治理　建设法治社会》，45 页，北京，红旗出版社，2015。

区别，具有重要意义。表现在：一方面，建设法治社会，就是要增强全民法治观念，使民众理解法律、尊重法律和信仰法律，做到人人信法、人人守法。我们以往的法治建设，有时是由国家基于一种管理思维而推行的，没有从制度上保障公民对法治建设的主动参与。另一方面，有助于推进市民社会（Civil Society）的法治化。所谓市民社会，原指伴随着西方现代化的社会变迁而出现的、与国家相分离的社会自治组织状态。市民社会是对私人活动领域的抽象，与此相对应，政治国家是对公共活动领域的抽象。市民社会的发育和繁荣不仅是建立市场经济的基石，也是完善社会主义民主政治的条件。建立法治社会，推进市民社会的法治化，需要强调在发挥社会自治功能时，通过法律引导和规范，形成法治建设的良好社会基础。

法治社会建设不是一个空洞的概念或口号。事实上，完全依靠国家自上而下地推行，也难以真正建成法治社会，其最多只能形成社会生活的法制化。法治社会的建设需要具备一定的社会基础，主要体现在以下几个方面：

——建立法治社会，首先要树立对法治的信仰。四中全会提出，法律的权威源自人民的内心拥护和真诚信仰。这是在党的文件中第一次提出要将法律作为一种信仰来对待，具有重要的理论价值与现实意义。法治的根基在于人民发自内心的拥护，法治的权威也来自于人民的全力维护。要营造"全民信法、全民守法"的社会氛围，关键是全体社会成员信仰法律。美国法学家哈罗德·伯尔曼指出："法律必须被信仰，否则它便形同虚设。"卢梭指出："法律既不是铭刻在大理石上，也不是铭刻在铜表上，而是铭刻在公民们的内心里。"对法律的信仰是依法治国最坚实的基础。只有把法律作为一种信仰，才能引导公民树立法治理念、养成遵纪守法和用法律途径来解决问题的良好习惯，真正使法治精神深入人心。中国目前不缺具体而成体系的法，而缺乏对法的精神的正确理解，缺乏对法的敬畏与尊重。为此，需要加大普法宣传力度，尤其是要严格执法，公正司法，切实贯彻法律面前人人平等，让所有人"听得懂良法"，并能从一个个个案中"看得见公正"，真正使法律成为人民群众合法利益的保护神，成为社会公平正义得以实现、社会矛盾及时化解的有效手段。这样人们才能从内心切实感受到法律的权威和尊严，树立对法律的信仰。

——建立法治社会，需要引导民众通过法律维护权利和解决纠纷，养成依法理性表达权利诉求的意识。过去，一些地方在"维稳"工作中注重运用法律外的方式（如信访等）解决社会矛盾和纠纷，而忽略了法治的作用，造成了"信访不信法"的现象。实践中曾出现了"大闹大解决，小闹小解决，不闹不解决"的错误现象。这种做法不仅不利于社会矛盾和纠纷的合理解决，而且与法治社会的构建也不相吻合。要做到人人信法、全民守法，就必须引导公民自觉守法、遇事找法、解决问题用法、化解矛盾靠法。发生纠纷后遵循法定的程序来解决。要坚持诉访分离、导访入诉和依法终结的原则，主要通过法定的程序依法解决涉法涉诉信访问题，从而公平、合理、有序地化解社会纠纷和矛盾。

——建立法治社会，需要通过法治确保社会自治、依法自治。一是要深化基层组织、部门和各行业的依法治理，支持各类社会主体自我约束、自我管理，充分发挥市民公约、乡规民约、行业规章、团体章程等社会规范在社会治理中的积极作用。例如，在我国，城市要发挥自治功能，可以通过管理规约来规范小区的生活。截至 2015 年年底，我国城镇化率已达 56.1%，城镇常住人口达 7.7 亿，其中绝大多数居住在各种社区之中，时常因为物业费、管理费等事项发生各种摩擦和纠纷，如果都要政府进行管理，则是不可行的，只能通过私法自治由当事人进行协商、订立管理规约，实行社区自治，才能有效化解纠纷，实现和谐。二是通过法律对公权力的约束，保障社会自我调节的空间，确保社会自治得以有效进行。实现从社会管理向社会治理的转化，发挥社会组织的自我管理、自我服务、自我约束的功能，使社会自治和国家管理保持良性互动。三是促进社会组织自身的法治建设，健全社会组织有序参与社会事务的机制和渠道。

——建立法治社会，要依法治国与以德治国相结合。四中全会决定强调一手抓法治，一手抓道德。法律是成文的道德，道德是内心的法律。道德是内心的自觉，法律是外在的行为规则。司马迁在《史记·太史公自序》曾言，"夫礼禁未然之前"而"法施已然之后"。中国的传统文化重视法律与道德的互补，古人讲"德主刑辅"、"礼法合治"，就是强调了两者的相辅相成关系。目前，由于社会诚信缺失、道德水平滑坡，也导致人们缺乏规矩意识，这也在一定程度上影响了法律实施的社会效果。我们要从传统文化中汲取精华，高度重视道德对公民行为的规范作用，引导公民既依法维护合法权益，又自觉履行法定义务，做到享有权利和履行义务相一致。"民有私约如律令"，严守契约、信守诺言，也是构建法治社会的基础。法治本身就是一种规则之治，只有全社会人人诚实守信，崇法尚道，遵规守矩，才能奠定法治的基础。

——建立法治社会，实现从管理到社会综合治理的转化。习近平同志强调，治理与管理仅一字之差，体现的是系统治理、依法治理、源头治理、综合施策。从管理向治理转化，标志着国家治理体系现代化的提升，必将对中国的法治建设产生深远的影响。比较而言，管理具有单方性，强调政府对社会进行单方管理，注重行政强制力和行政处罚；而治理则具有多面性的特征，要吸纳多元主体共同参与到社会事务的治理之中。在治理的模式下，政府依法行使公权力时，需要与被管理者进行必要的协商和沟通，注重吸纳公众广泛参与社会治理；政府在从事管理行为过程中，需要建立一整套有效的社会治理体系，包括形成信息机制、决策机制、评价机制、监督机制等各种机制的有机整体。而在治理模式下，尤其注重强调法治的作用，注重发挥党规、道德等的综合调整作用。

建设法治社会是一项长期的基础性工作，触及人们的思想、理念、观念、意识等多个方面，与有形的法律制定、制度设立或机构建设不同，更多体现为无形的、润物细无声式的工作。只有全面建成法治社会，才能最终建成法治体系和法治中国。

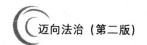

"法不禁止即可为"是个人自由的保障

"法不禁止即可为"是指在法律没有明确禁止的情况下，个人即可以按照自己的意志行为，不受他人的非法干涉。一般认为，在法律上，"法不禁止即可为"准确概括了法和自由的关系，即通过反面排除的方式，确定个人行为自由的边界，个人只能在法律规定的范围内享有行为自由，而不得在法律规定的范围外享有行为自由，这就确定了个人行为自由的范围。

在西方文化中，法律规范和个人自由是不可分离的孪生兄弟。在古希腊哲学家看来，自由和法治（法律之治）是良好政体是相辅相成的两面。亚里士多德认为，自由并不意味着人们可以随心所欲、各行其是，人们享有的自由应以法律为尺度，法律规则既是衡量人们行为的准则，又是判断是非正义的标准，所以他说，"法律不应被看作奴役，法律毋宁是拯救"①。在古罗马，法也被认为是个人自由的保障。例如，西塞罗指出，如果没有法律所强加的限制，每一个人都可以随心所欲，结果必然是因此而造成自由的毁灭。他还有一句名言："为了自由，我们才做了法律的臣仆。"这种思想对近现代西方的法律传统产生了深远影响，自由首先在宪法领域获得承认。例如1776年的《美国独立宣言》明确宣布："不言而喻，所有人生而平等，他们都从他们的造物

---

① ［古希腊］亚里士多德：《雅典政制》，日知、力野译，276页，北京，商务印书馆，1965。

主那里被赋予了某些不可转让的权利，其中包括生命权、自由权和追求幸福的权利。"1789 年法国的《人权宣言》第 7 条规定："除非在法律所规定的情况下并按照法律所指示的手续，不得控告、逮捕或拘留任何人。"1791 年美国的《人权法案》第 5 条规定："不经正当法律程序，不得被剥夺生命、自由或财产。"自此以后，西方国家的成文宪法都相继规定自由是公民的一项基本权利。

我国传统上没有法律意义上的自由的概念。但自由的哲学精神一直为我国学者所提倡，道家便反对所谓的社会治理的秩序、控制，例如，老子主张无为而治，顺其自然，人来自天道，顺其自然最好，所有事物依道而行，自然而然，是从本性发展出的自由。但一般认为，道家所主张的人性自由并不是一种真正的规则之下约束的自由，没有将自由与法律结合在一起进行讨论。所以在中国传统社会中，自由始终不能形成为一种制度，原因就在于缺乏一套规范人们行为的规则，因此并不享有真正的法律约束下的自由。可见，道家的自由思想并没有与现代意义上的规则设计相联系，这也是一大缺憾。严复认为，中国人对自由常误解为放诞、恣睢、无忌惮等劣义，因此，传统中国文化中，自由成为带有贬义色彩的概念，他在翻译约翰·斯图亚特·密尔（John Stuart Mill）的《论自由》（"On Liberty"）一书时，因为找不到 Liberty 对应的概念，所以他采用了一种意译的办法，译为《群己权界论》，不过严复将自由称为群己关系，确实界定清楚了自由的本质。晚清时期，新式学堂在政法科的《学务纲要》中提出了自由作为政治学的核心概念，其用权利来彰显自由的价值，并将二者视为一体二物。"五四"运动时期，胡适等人呼吁过自由，以自由的概念开启民智，但并没有成为全社会能够接受的响亮的口号，也没有被社会广泛认可。

从这一点可以看出，在自由这个问题上，中西传统文化存在显著差异。一方面，是否存在系统的自由理论不同。西方受古希腊和古罗马哲学和法学思想的影响，一直存在自由的观念和理论。例如，希腊和罗马都承认公民享有自由权，这种观念对近代启蒙思想家产生了巨大的影响。近代以来，随着思想启蒙和资产阶级民主革命的发展，自由观念才开始深入人心。许多启蒙思想家如卢梭等人都主张人生来是自由的，并认为，自由是个人享有的、与生俱来的、超越实体法的权利，无论是政府还是立法者都不得干涉个人的基本自由。否定个人依自己的意愿选择自己行为的自由，就等于否定了个人的人格，因此人身自由神圣不可侵犯。而我国传统社会虽有部分关于自由的理念和主张，但并未形成体系化的自由理论。另一方面，是否将自由与法律规则相联系不同。在西方社会，自由和法律规则是密不可分的，正如阿奎那所指出的，人类无法离开规则而生活，但是有规则的生活并不意味着美好幸福的生活，美好幸福的生活在很大程度上取决于规则本身；法的正当性在于它谋求公共幸福。[①] 法律科学本身就是一门同时关于法律和个人自由的学问，离开自由则法律不复存在、没有法律则自由更无从谈起。而从我国传统社会中的自由观念和主

---

① 参见［意］阿奎那：《阿奎那政治著作选》，马清槐译，109 页，北京，商务印书馆，1997。

张来看，其虽然主张实现个人精神的自由，但主要是将其与道德、伦理等联系在一起，而没有与法律规则相关联，没有将自由视为法律规则下的自由。

在当代中国，自由仍然是我们要追求的重要价值，也是中国社会能否真正成为充满创新活力社会的根本保障。中国改革开放三十多年的历史，其实也是中国社会公众自由权不断增加的过程。例如，我国《宪法》没有规定公民享有迁徙自由，但实际上，目前人口频繁的自由流动已经使得社会公众事实上享有了迁徙的自由。再如，我国《宪法》没有规定公民享有择业的自由，但实际上，人们通过自由选择自己的职业现实地享有了择业自由。改革开放前，农民被限制在农村土地上，不能随意流动，不论到哪里去，都要凭介绍信、通行证，否则买车票、住宿、吃饭都无法实现，寸步难行。改革开放成就的取得，其中一个重要原因就是人民群众享有的自由不断增长。农民工自由进城、老百姓自由择业、企业自主经营，都是社会主体自由权不断增强的体现，客观上也促进了中国社会经济的发展。自由意味着机会，自由意味着创造，自由意味着社会主体潜能的发挥。中国社会的每一次进步，都表现为人民自由的扩大。因此，为了更好地发挥中国社会中个人和企业的创新意识，应当更大程度地保障社会公众的自由。所以，十八大报告第一次将"自由、平等、公正、法治"作为社会主义核心价值体系的重要内容，成为全体人民的共同价值追求。

因此，我们在讨论自由的概念时，不能泛泛地从道德上理解，而必须将其与法律相结合。马克思有一句名言："法典就是人民自由的圣经。"① 其本意就是指，自由必须依赖于法律的保障，且必须在法定范围内才具有真正的自由。现代社会是一个多元社会和市场高度发达的社会，人口众多，社会群体分化，社会组织越来越严密，利益冲突频发。在这样一个社会中，我们要提倡自由，首先必须要具有良好的法律为我们确立自由的规则。我们所追求的自由，必须是法律保障下的自由。在法治社会，保障自由最重要的途径就是确立"法不禁止即可为"规则，主要原因在于：

第一，确立了法律保障个人行为自由的基本原则。这就是说，个人所享有的自由都是法律保障下的自由，否则就不是真正的自由。法定的自由维护了人与人之间的和谐。自由确实是一种群己关系，法律下的自由就明确界定了此种群己关系。个人生活在一定社会环境中，为了人类生活共同体的延续，为兼顾公共利益和他人利益，应当对个人自由进行必要的限制，因而自由也不是随心所欲，无界限的。自由应当以不损害他人的利益为界限，一个人的自由应当以不损害甚至促进社会共同体的繁荣和发展为目的。因此，个人的自由不是绝对的，必须受到一定的约束。在一个法治社会，自由是法律范围内的自由，不存在所谓的绝对自由的可能，没有所谓的无拘无束的自由。自由止于权利。也就是说，任何人的自由必须受到他人权利的制约。我们从事任何行为都不能妨害他人的权利和利益。例如，夜半唱歌是个人的自由，但不能因此损害他人休息的权利；饲养宠物是个人的自由，但不

---

① 《马克思恩格斯全集》，2版，第1卷，176页，北京，人民出版社，1995。

能因此妨碍他人生活的安宁。在私法领域"法无明文规定视为自由"，但如果法律对个人权利的行使方式有明确的限制，则必须服从法律。

第二，广泛确认个人在法律规范下的行为自由。按照"法无禁止即可为"规则，只要法律没有明确禁止个人实施某项行为，个人即享有相应的行为自由，这实际上是采取了"非禁即入"的方式，肯定了个人享有广泛的行为自由空间。因此，对个人行为自由的限制应当以法律明确规定为限，真正的良法应当以维护个人自由为价值，而不得不合理地过多限制个人的自由。良法善治，意味着对于禁止的事项只能进行负面清单式的立法，而禁止的事项不会太多，除此之外都是个人行为自由的空间，这就确保了个人享有较大的行为自由空间。

第三，保障了个人在法律"空白地带"的自由。在法律上有许多"空白地带"，个人能否进入，存在争议。但按照"法不禁止即可为"的规则，法律的"空白地带"其实并不是法律禁止的范围，因此，个人应当有权进入。因为法律的"空白地带"并不是法律明确禁止个人进入的领域，行政机关不得随意对个人进行处罚，这也有利于排除行政机关对人行为自由的不当干预。从这一意义上说，"法无禁止即可为"也确立了私权和公权的关系，即一方面，只要法律没有明文禁止，个人即享有相应的行为自由，公权力机关不得非法干预个人的行为；另一方面，该规则广泛确认了个人的行为自由空间，有利于防止公权力的不当扩张。

第四，有利于保障个人行为的可预期性。因为禁止性规定属于负面清单事项，负面清单则必须向全社会公开，任何人都可以查询知晓，因此，人们对于哪些是行为的禁区是明确的，这样就使得人们在为任何行为之前，知道哪些事情可以做而哪些事情不能做，从而最大限度地保障个人合理的行为预期。对于法律未明确禁止个人行为的事项，任何机关和个人不得随意否定该行为的效力，这就极大地保障了个人行为的可预期性。

当然，按照"法不禁止即可为"规则，只有法律才能"禁止"个人实施某项行为，而且只有个人自由违反了法律的禁止性规范，才应当承担法律责任。道德、纪律、家规、家训、乡规民约等，虽然也可能对个人的行为自由进行限制，但上述行为规则不同于法律规则，其主要是一种劝归、训导，其强制力主要来源于社会交往与人际关系，十分有限。个人违反此类规则，可能会受到道德上的谴责等，但并不需要承担法律责任。因此，只有法律规则才能真正划定个人行为自由的"禁区"，以保障他人行为的自由。

需要指出的是，除了法律的禁止性规定以外，自由也应当与义务相结合。我们生活在社会共同体中，必须遵守一定的共同的行为理念，为了维护社会共同体的和谐有序，法律规定个人应当履行对他人、对社会的义务，这些义务也同样构成了对自由的限制。中国的文化传统重视集体主义，缺少个人自由理念，但是传统上也重视个人对他人、对社会的义务，这种理念在今天仍然具有重要意义。19 世纪法国法社会学家杜尔克姆曾提出了社会有机体学说，认为社会是一个整体，每个人是这个整体不可分割的部分，为了社会的整体利益，个人自由应当受到一定的限制。在法治社会，对于自由的限制，实际上是对他人自由的保障。所以，我们应当培养良好的公民理念，遵守法律也是为了更好地维护自己的自由。因此民法典确定了人民所享有的各种权利，而权利就是自由意志的法律体现。它清晰化了人民私权相互之间的界限，使个人之间的权利与自由并行不悖。

法治的终极目的是保障公民的自由，自由不仅是社会主义核心价值观的内容，而且应当是现代法治的核心理念，共产主义的最终目的就是要实现自由人的联合体，从而实现每个人的自由和全面发展。在法律上确立"法不禁止即可为"的规则，也反映了我国行政管理与社会治理观念的重大转变，即从行为规制到自由保护，从依靠法律法规对人们能够作为的事项进行正面列举，到对不允许人们作为的事项进行负面清单列举，这是法治观念的体现，表明我国在赋予公民充分的私权利方面取得了重大的进步，也是建设法治中国、法治政府的具体体现。

负面清单与社会治理

（一）负面清单管理模式是转变经济和社会治理模式的积极探索

中国（上海）自由贸易试验区率先在外商投资的准入领域实行负面清单制度，将原来的正面清单管理模式转变成"非禁即入"的负面清单管理模式。负面清单管理模式是指只有法律法规明确禁止的领域，市场主体才无法进入，凡是清单没有列明的领域，市场主体均可以进入。该模式符合"法不禁止即可为"（All is permissible unless prohibited）的法治理念。实行负面清单管理模式有利于充分发挥市场作用、降低经济运行成本，这是转变经济和社会治理模式的积极探索，也是在新时期治国理政方法的重大转变。

负面清单又称为"否定清单""负面列表""否定列表"，它是与正面清单相对应的概念。据学者考证，该理念最早出现在古希腊的政治准则中。[①] 在古罗马时期，法学家也提出了类似的思想，如西塞罗指出，如果没有法律所强加的限制，每一个人都可以随心所欲，结果必然是因此而造成自由的毁灭。因此，"为了自由，我们才做了法律的臣仆"。孟德斯鸠等人已经阐述了这种思想，他指出："在一个有法律的社会里，自由仅仅是：一个人能够做他应该做的事情，而不被强迫去做他不应该做的事情"[②]。这些观点揭示了私法主体应当在法律范围内充分地享有自由的思想。但该模式在经济交往中被采用则始于第二次世界大战后美国与相关国家订立的《友好通商航海条约》（FCNT）。例如，美国与日本于 1953 年签订的《友好通商航海条约》第 7 条规定："缔约方应当给予另一方的国民或企业国民待遇，以在其境内从事商贸、工业、金融和其他商业活动，但公用事业、造船、空运、水运、银行等行业除外。"[③] 目前公认的运用负面清单的代表性法律文件是 1994 年生效的北美自由贸易协定（NAFTA）。[④]

---

① 参见龚柏华：《"法无禁止即可为"的法理与上海自贸区"负面清单"模式》，载《东方法学》，2013（6）。
② ［法］孟德斯鸠：《论法的精神》上册，张雁深译，154 页，北京，商务印书馆，1993。
③ 任清：《负面清单：国际投资规则新趋势》，载《中国中小企业》，2013（12）。
④ 参见陆振华：《"负面清单"简史》，载《21 世纪经济报道》，2014-01-01。

我国现行立法也采取了这一原则。例如，依据《民法通则》、《合同法》等法律，对于主体的民事行为或者合同而言，只要其不违反法律的强制性规定和公序良俗，原则上都肯定其效力，这实际上也极大地保障了民事主体的行为自由。上海自贸区实行负面清单制度，已经形成了在全国范围内可复制、推广的管理模式。李克强总理指出，清单以外，一律不得实施行政审批，更不得违规新设审批事项，这实际上是在整个经济管理中认可了负面清单管理模式。

负面清单管理模式的确立有利于社会管理模式的转变，具体而言：一方面，负面清单管理模式有利于有效规范公权。私权行使采取负面清单模式，在客观上要求公权应当按照正面清单模式行使，二者是相辅相成的关系，即公权力应当在法律规定的权限范围内、依据法定的程序行使，这有利于有效规范公权。另一方面，负面清单管理模式有利于有效保障私权。按照负面清单管理模式，只要是法律没有明确禁止个人进入的领域，个人均有权自由进入，公权力机关不得随意干预，这有利于最大限度地保障个人的行为自由。此外，负面清单管理模式有利于建立新型的政府与市场的关系。我国经济体制改革的核心问题就是妥善处理政府与市场的关系，此种关系本质上是公权与私权的关系问题。确立负面清单管理模式有利于保障市场主体的行为自由，有效限制政府公权力对市场的不当介入，这有利于逐步建立新型的政府与市场的关系。

负面清单管理模式是法治理念和社会管理理念的根本转变，遵循了市民社会管理的基本规律，也是市场经济内在发展需要的体现。同时，从法治层面看，负面清单管理模式体现了私法自治的基本价值：在负面清单管理模式下，市场主体的行为，除非法律明确限制，否则都属合法；而行政机关的行为，除非法律明确许可，否则都是非法。这充分彰显了"规范公权、保障私权"的法治理念，对于建设社会主义法治国家具有重要的现实意义。

（二）负面清单管理模式保障市场主体在法律规范下的自由

从目前来看，我国从计划经济体制向市场经济体制的转化，虽然取得了巨大的成就，但在整个转型过程中，旧的观念和制度仍然存在，政府对市场的过度干预也仍然存在。由于大量的行政规章设置了过多的限制，束缚了人们的行为自由，影响了市场主导性和基础性作用的发挥，最终可能影响经济体制的成功转型。随着改革的不断深化，通过负面清单的方式促进简政放权、简化政府职能，最终有利于真正保障私法自治。实行简政放权，减少和规范行政许可，有利于减少负面清单实施中的障碍。然而在实践中，削减行政审批遇到重重障碍，中央减少的，地方变相又增加了。有些行政许可表面上减少了，实际又通过各种核准、备案、达标、验收等变相许可的形式出现。甚至旧文件明明废止了，仍当做权力"把着不放"。负面清单的管理模式，将彻底改变正面清单的规范模式，成为贯彻与实现简政放权、激活市场活力目标的重要措施。负面清单管理模式也能有效联结私法与公法，让公法上的管制安排借由这一管道，对私人自治的广度和深度产生深刻影响。与正面清单管理模式相比较，负面清单管理模式在保障市场主体自由方面具有以下优越性：

第一，激活了市场主体的活力。在正面清单管理模式下，只有法律法规明确规定的事项，市场主体才有相应的行为自由。但社会经济生活纷繁复杂，法律列举的事项是极为有限的，对于大量的经济生活领域，法律法规都没有作出明确规定。例如，随着社会的发展，各种新的业态、新的领域不断出现，市场主体能否进入这些领域，必然成为法律调整的空白地带或称为"法律的沉默空间"。按照正面清单管理模式的相关原则，市场主体就无法进入这些领域或业态，这就严格限制了市场主体的经济活动自由，并可能导致如下结果：只要法律不明令禁止，行政机关都敢做；只要政府没有明确准许，市场主体都不能做。然而，在负面清单管理模式下，只有法律法规明确禁止的领域，市场主体才无法进入，凡是负面清单没有列明的领域，市场主体均可以进入。因此，与正面清单管理模式相比，负面清单管理模式赋予了市场主体更充分的行为自由——凡是法无禁止的，即推定市场主体有行为的自由，在"法律的沉默空间"，政府机关也不得设置额外的审批程序，变相规避行政许可法定的原则。所以，负面清单管理模式是一种激活主体活力、促进社会财富创造的法律机制。

第二，限制了政府的裁量权。正面清单管理模式具有比较浓厚的计划经济色彩，其基本理念仍然是由政府对社会经济活动进行更大程度的管理。在此种模式下，政府享有极大的裁量权，因为对于大量的"法律的沉默空间"，市场主体能否进入，在很大程度上取决于政府的自由裁量，由此也产生了权力寻租等社会问题。负面清单管理模式在基本理念上发生了变化，政府的裁量权受到了较大的限制。尤其是，此种模式将"法律的沉默空间"都视为主体的自由行为空间，市场主体可以自由进入，政府无权设置障碍，这也真正保障了市场主体的行为自由。

第三，促进了政府行政行为的公开化、透明化。如上所述，在正面清单管理模式下，市场主体是否可以进入"法律的沉默空间"，取决于政府的自由裁量。而政府在审查和决策过程中，因为缺乏法律是否许可的明确依据，其主要采取一种非公开的自由裁量方式，这就难免出现暗箱操作等现象。在负面清单管理模式下，需要行政机关审批的领域仅限于法律明确列举的事项，对于"法律的沉默空间"，市场主体享有经济活动的自由，政府部门如果要在这些领域设置市场准入的限制条件，则必须有明确的法律依据，并且需要对相关限制条件的设置进行合理的说明。这就有利于推动政府行为的公开化、透明化。

第四，对市场主体的监管更为高效。在正面清单管理模式下，市场主体要进入特定的市场领域，需要经过行政机关的审批，这也是所谓的"事前监管模式"。在此种模式下，烦琐的审批程序很可能导致权力寻租现象的出现，而市场主体获得批准后，如果缺乏事后的监督机制，行政机关就难以准确把握市场经济状况。因此，事前的监管在效率上是相对低下的。在负面清单管理模式下，市场主体只要符合法定的准入条件，行政机关就应当许可和批准。批准就自然转化为一种备案，核准制自然就变成了备案制。更为重要的是，监管形式实现了相应转变——变成了准入之后、运营之中的监管。这种从事前监管到事后监管的转变，必然要求政府形成一套高效而完善的备案体系和其他公示公信制度，如信息公示、信息共享、信息约束等，并加强事后监管力度，积极处理备案制度中可能产生的问题，以管控市场风险、保障市场秩序。由于事后的监管模式更有利于准确掌握市场主体的实际经济活动状况，并采取相应的管理措施，因而，与事前的监管模式相比，事后的监管模式更有效率。

（三）负面清单管理模式是私法自治的重要保障

由正面清单向负面清单的转化，本质上是社会管理模式的转变，其不仅保障了市场主体的市场准入自由，而且扩大了市场主体的行为自由，从而真正落实了私法自治的基本要求。

私法自治，也称为意思自治，是指民事主体有权依法安排自己的私人生活，管理自己的事务，自主选择、自主参与并自负责任。我国长期存在的"民有私约如律令"观念，就是私法自治的集中体现。在很大程度上，私法自治也是契约精神的体现。"君子一言，驷马难追"，"言必行，行必果"，这也是儒家诚信观念的体现。私法自治赋予私人以自主决策的空间，有助于激励私人提高决策的质量。历史经验也反复告诉我们，公权力在社会经济活动领域要尽量保持谦抑性，在没有获取完全的信息和进行科学的考据之前，政府不宜轻易对私人社会生活施加管制性措施。改革开放以来，中国经济的迅速发展与市场主体自由的扩大密不可分。正是因为我们采用了以私法自治为基本理念的市场经济制度，我们的经济迅速增长、国民财富快速增加，人们生活水平也才获得了极大的提高。民法应当充分确认自由的价值，进一步落

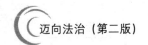

实私法自治原则，尤其是要充分保障市场主体的行为自由。

从私法自治的实现可能性上看，负面清单制度无疑是一种重要的举措。一方面，负面清单管理模式通过界定公权力介入私人生活的边界，让私人对未来的自主决策和行为空间有了一个明确的预期。在法律有限列举的公权力介入空间之外，私人享有广阔的空间自由行为和创新。反之，在正面清单管理模式下，政府不仅有审批权，还可能附带设置了很多监管权力，动辄以各种条件不符合为由罚款、查封、扣押，这就会严重影响市场主体经营活动的稳定预期和安排。另一方面，负面清单不仅表达了对"法无禁止"的空白地带的态度，而且对公法设定的准入条件和程序等也作出了规范和限制。按照负面清单的本来含义，只有法律才能规定市场主体不得进入的领域，这从反面对设置市场准入门槛进行了规范和限制，从而极大地保障了私法自治的实现。

但私法自治并不意味着市场主体可以从事一切行为，只是可以自由进入负面清单列举事项之外的领域。而若要进入负面清单所列举的领域，政府当然有权进行事前监管，市场主体要进入这些领域，也必须要遵守公法所确定的审批等程序。当然，为了更好地发挥市场在资源配置中的基础性作用，也要大幅度减少公法所设定的审批事项。公法规范也应适应政府从管理到治理，从事先审批到事后监管的转变。这些都有利于从制度层面厘清公法和私法的界限。

（四）负面清单管理模式有助于企业创新

在我国社会转型过程中，简政放权、转变政府职能、激活市场主体的活力，是加快完善现代市场体系的关键所在。负面清单管理模式通过简政放权、扩大市场主体自由的方式，可从制度上保障私法自治。"自由以及私法自治是私法的出发点。"① 但是，市场主体在自治过程中也面临经营失败的风险，尤其是对于某些新业态，实行自主创新，常常伴随着一系列不可预测的市场风险，私法自治原则本身又难以为克服这些风险提供有效的解决办法。而负面清单模式的采用有助于克服这种风险。

1. 负面清单管理模式有利于减少市场主体所面临的新业态准入风险

现代市场经济是非常复杂的体系，大量的新业态层出不穷，2015 年中国网络购物市场规模达 3.8 万亿元，总量为全球第一，并呈现出迅速扩张的态势。新业态的发展虽然挑战了原有的监管框架，但的确促进了市场的繁荣和经济的发展，增进了民众的福利。然而，在新业态产生之初，因立法并未对其作出明确的规范，故常常处于法律未作规定的"空白地带"。在这种情况下，市场主体能否进入以及进入以后将遇到何种风险，均有不确定性。在正面清单管理模式下，市场主体进入新业态中，将面临三重风险：一是不能进入的风险；二是进入后面临过度监管或处罚的风险；三是进入无效所造成的投资损失和浪费的风险。正是因为存在这些不确定性，可能阻碍市场主体进入此种新业态，或者造成对创新的阻碍，或者造成投资的浪费。现代市场经济条件下，政府应当是有限的服务型政府，政府的行为应当局限于法律

---

① ［德］迪特尔·梅迪库斯：《德国民法总论》，邵建东译，144 页，北京，法律出版社，2000。

的授权范围内，凡是涉及社会成员私人生活的领域，只要不涉及公共利益、公共道德和他人的利益，都应当交给任意法来处理，即允许社会中私人之间的财产关系、人身关系由私人依法依据自己的意思加以创设、变更或消灭。这就需要明确强行法的控制范围和任意法的调整范围，对于本属于私人之间的事务应当更多地交给其自行处理。

当然，对于新业态，我们并非采取完全放任自流的态度，甚至完全放弃正面清单管理模式。对于某些特殊的关系到国计民生和重大公共利益的行业，如果不采取事先监管措施和必要的准入可能会造成难以弥补的负面社会影响（如医疗卫生、食品安全、金融安全领域）。当然，随着社会经济的变迁，有关的正面清单必须及时地加以修正、调整和更新，以更契合社会发展的需要。

2. 负面清单管理模式有利于减少市场主体的创新风险

创新是一个国家和民族永葆活力的关键。而市场创新是促进市场繁荣、发展，促进社会财富增长的基础性环节。创新意味着要超越既有的制度、法律、经营模式上的框架，敢为天下先，从事前人未曾涉及的经营或其他活动。目前我国遍布全球的产品更多是"中国制造"而非"中国创造"，产生这种现象的原因之一就在于正面清单的管理模式对创新的严重约束。正面清单束缚创新的主要原因是，在正面清单管理模式下，对大量的法律"空白地带"，政府享有管理权，甚至可设定审批或者变相审批权，同时可能附带设置很多监管权力；有的执法机关动辄以各种条件不符合为由进行罚款、查封或扣押，从而严重影响市场主体的正常经营，妨碍其经营自由。落实负面清单管理模式，通过规范政府的审批权、自由裁量权等，有利于廓清市场准入的标准，厘清市场和政府的关系。负面清单管理模式是一个以市场机制发挥主导性作用的模式，清单本身就为市场行为和政府职权行为划了一条界线，凡是未明文禁止的"空白地带"，市场主体即享有行为自由和经营自由，而无须政府机构的审批和干预。负面清单的修改，应当遵循严格的法定程序，不得由行政机关事后随意修改，这就有利于减少市场主体的创新风险。

3. 负面清单管理模式有利于降低市场主体在法律空白领域的管制风险

如前所述，即便在法律完备的情况下，也会因社会的发展，产生一些"空白地带"。例如，交易模式往往随着科技的发展而变化，法律不可能及时跟上科技本身的发展速度，因而频繁地产生"空白地带"。近年来我国互联网金融的发展也说明了这一点。市场主体在进入法律空白领域后，如何有效地降低其风险，是法律必须关注的事项。在法律存在"空白地带"时，即便市场主体能够预见到相关的市场风险，但如果行政机关在事后将其界定为禁止进入的领域，进而认定市场主体的行为无效，则将给市场主体带来巨大的风险，这不仅体现为政府对市场主体的处罚和限制的风险，也体现为市场主体相互之间的法律关系不能得到充分保护的风险。在负面清单管理模式下，法律的"空白地带"如果不属于清单列举的禁止领域，则市场主体均可进入，行政机关也不得在事后认定行为无效，从而减少市场主体在法律"空白地带"中受政府不当干预的风险。世贸组织首席经济学家帕特里克·洛在其研究《服务贸易总协定》（GATS）下市场自由化的论文中指出：负面清单最突出的优点，"是能够极大地增强市场开放的透明度，因为哪些行业或者行为被排除在外是'立刻'就一目了然的。而要在正面清单中要求透明度，则需要另加相应条款"①。通过负面清单管理，有效规范政府权力，有助于明确划定政府干预民事活动的边界。可见，负面清单管理模式将从整体上降低市场主体的市场准入风险，市场主体对经营活动的后果和效力就具有更强的可预期性。

4. 负面清单管理模式有利于减少法律行为效力的不确定性风险

在正面清单管理模式下，由于公法规范大量干预私法自治领域，许多合同的效力具有不确定性，随时可能因与政府的审批、许可等不符而无效，这就极大地增加了法律行为效力的风险，影响交易安全和交易效率。在负面清单管理模式下，通过清单明确列举的事项，市场主体才无法进入，政府不得在负面清单事项之外设定强行性规范，这就可以提高市场主体交易的可预期性，降低市场主体法律行为的风险，提高交易安全和交易效率。在我国司法实践中，有的法院也依据负面清单管理模式而确认合同的效力。例如，在"中国银行（香港）有限公司诉于某某保证合同纠纷案"中，法院在判决中就指出："法无明文禁止即许可，故原、被告签订的保证合同不违背我国内地法律和公共利益，依法应认定有效。"②

---

① 陆振华：《"负面清单"简史》，载《21世纪经济报道》，2014-01-01。
② 广州市中级人民法院民事判决书（2005）穗中法民三初字第432号。

还需要指出的是，负面清单本身并不是一个固定不变的规则体系。就像率先实行负面清单制度的上海自贸区一样，负面清单管理模式也具有一定的试验性。更具体地说，到底哪些内容应当进入负面清单，或者不进入负面清单，都需要经过实践的反复检验，在经过试验之后，对于那些被证明不需要进入负面清单的事项，应当及时从负面清单中清除，以进一步扩大私法自治的空间。也就是说，在直接用于调整政府市场规制的负面清单之上，还存在调整、适用、解释负面清单的规则。对于此类规则，也有必要由确定的法律规范加以规制，从而强化负面清单本身的稳定性，增进市场主体的行为预期。而对于那些实践证明存在市场个体难以克服的系统性风险问题，也应当及时以适当的方式纳入负面清单，以降低市场自主运作的风险。

依法治国应强化规则意识

四中全会决定提出："加强公民道德建设，弘扬中华优秀传统文化，增强法治的道德底蕴，强化规则意识，倡导契约精神，弘扬公序良俗。发挥法治在解决道德领域突出问题中的作用，引导人们自觉履行法定义务、社会责任、家庭责任。"在建设法治国家和法治社会过程中，要使人们养成人人守法的意识和习惯，必须按照四中全会决定的要求，强化规则意识。

众所周知，在现实生活中，不讲规则、不守规矩的现象相当普遍。小的如行人违反交通规则的"中国式过马路"，三轮车、电动车在马路上逆向疾驰，从呼啸而过的车内甚至扔出各种垃圾、杂物，随意抢道、任意停车等。这些行为几乎随处可见，此类行为既破坏了交通秩序，也会危及自身的安全。大的如坑蒙拐骗，假冒伪劣，行贿受贿，官商勾结，凡此种种，不胜枚举。

毋庸讳言，这些不良现象损害了社会秩序，影响了社会风气。究其原因有很多，一方面，我国当前正处于一个社会转型时期，社会矛盾凸显，贫富分化加剧，官民对立情绪上升，群体性事件频发。另一方面，受市场经济消极因素影响，拜金主义盛行，腐败加剧，社会价值扭曲，社会成员的规则意识欠缺，公民意识、伦理观念、责任意识匮乏。"撑死胆大的，饿死胆小的"观念盛行。另外，由于法制不健全，整个社会存在着违法成本低、守法成本高的问题，一些不遵守规则者未被及时追究责任，产生"劣币驱逐良币"的效果。特别是在某些领域，不守规则的人获得了巨大的利益，而守规则的人反而吃亏。如不良商人在食品中掺杂使假，其遭受的罚款低于其违法所得，就仍然有动力继续从事违法活动。循规蹈矩者反而由于价格、成本等方面的劣势被淘汰。

其实，中华民族历来是一个讲规矩的民族，我们被称为礼仪之邦、文明古国，就是因为我们有守规矩的传统。19 世纪，美国传教士阿瑟·史密斯曾经游历中国，认为"中国人具备许多令人赞叹的品质，其中之一便是与生俱来的尊重律法"①。钱穆先生曾

---

① ［美］阿瑟·史密斯：《中国人的性情》，晓敏译，187 页，北京，中国法制出版社，2014。

说："现代的一般人，都说中国人不讲法，其实中国政治的传统毛病，就在于太讲法。"① 笔者认为，钱穆先生在此处所讲的法，其实指的是规矩。古人云，无规矩不成方圆。在规矩方面，中国古代习惯可以说是"法繁于秋荼，而网密于凝脂"。传统的儒家文化实际上就是训导人们恪守礼节，就是教导人们要遵守规矩。所以，遵规守矩是中华民族的优秀传统，甚至可以成为引以为豪的民族精神。

市场经济发展到今天，人们的价值观念多元化、利益复杂化，但中华民族守规矩的好传统不能忘、礼仪之邦的美誉不能丢。遵守法律的意识是中华民族的基因，现在再予倡导，并非革新再造，而是"恢复体质"，接续传统。治理一个国家，一个社会，关键是要立规矩、讲规矩、守规矩。有规矩、讲规矩，社会才能有安定秩序，国家才能繁荣强盛，人民生活才能幸福安康。习近平总书记在中央政治局第十八次集体学习时强调要从"礼法合治，德主刑辅"这一中国古代治国理政的精髓要旨寻找治国理政的经验。我们立规矩、讲规矩、守规矩，实质就是要实行礼法合治。这就是说，要以法律治理国家和社会，同时要以道德教化民众，以道德维护社会秩序，以道德弥补法律的不足，保障法律更好地实现其调整社会生活的效果。

——守规矩，首先要守法。规矩不都是法，但法都是规矩，也是最基本、最重要的规矩。"法令行则国治，法令弛则国乱。"法律是社会生活的调节器，法律是社会公正的守护神，是社会

---

① 钱穆：《中国历代政治得失》，126～127 页，北京，三联书店，2001。

秩序的维护者，法律规则体现底线道德的基本要求，也是人们基本的行为规则。法律就是治国理政最大的规矩。从法律和道德的关系来看，法律是最基本的道德，道德的标准常常要高于法律的要求，在社会生活中，不能要求每一个人都成为品德高尚的人，但应要求每一个人都必须是遵纪守法的公民，这也是对个人最基本的规矩要求。所以，法律是最基本的规矩。守法不仅是法律义务，也是重要的道德义务，违法本身也是不道德的。古希腊哲学家认为，守法是人们内在道德自律的要求，也是实现完美人格的必由之路。① 可以说，守法是守规矩的最低标准。在我国，人民是法律实施的主体，人民要运用法律保护自己的权利，同时也应当遵守体现了自己意志的法律。在众多的社会规矩中，法律是对人们行为所作出的最低限度的强制要求，是底线也是红线。如果连法律都不守，都敢触碰，很难要求违法者遵守道德。所以，守规矩的核心是守法。立规矩首先要立法，讲规矩首先要倡导守法。为此，需要培养社会成员的守法意识，严格依法办事，以守法为荣，以违法可耻；需要公正司法，只要是合理合法的诉求，通过法律程序就应该得到合理合法的结果。需要坚守法律面前人人平等原则，通过法治的良好实践培育人们的法治观念。

——守规矩，要崇德向善。树立规则意识必须要遵守道德规则。"国无德不兴，人无德不立。"道德教化就是教人求真，劝人向善，促人尚美。法律和道德是不同范畴的规则，其外在表现、

---

① 参见高鸿钧等：《法治：理念与制度》，92 页，北京，中国政法大学出版社，2002。

地位和作用机制有很大差异，遵守法律和遵守道德因而也有不同的意义，但这不意味着，倡导守法的意识与倡导遵守道德的意识存有矛盾，实际上两者是相互保障、和谐并存的。法律是最基本的道德底线，遵守法律也因此就是守住基本的道德底线，许多道德规则也会转化为法律规则，故而，倡导守法的意识实际上就是倡导遵守最基本的道德意识。"不知耻者，无所不为。"无道德意识者也很难有守法意识。道德可以使法律更善，可以增强法律的德性，还可以教化民众，提升人的内在素质和外在品行，遵守道德因此能促使人们自觉遵守法律，保障法律的有效实施。

不仅如此，道德重在对个人行为进行事先的教化，而法律主要是对违法行为进行事后的制裁，道德因此有弥补法律不足的作用。正如司马迁在《史记·太史公自序》中所言，"夫礼禁未然之前"而"法施已然之后"。冯友兰先生也曾指出："礼所规定，多为积极的。法所规定，多为消极的。"① 还应当看到，对一些违反公德的行为，如夏天袒胸露背上街，在家中制造噪声严重影响邻里生活安宁等，此类行为难以追究法律责任，更多地需要通过道德的谴责等在此方面发挥积极作用。故而，倡导遵守道德的意识对培育守法意识十分必要。

——守规矩，要信守诺言。契约是行为人基于相互信赖而自创的规则，它在当事人之间有相当于法律的效力，就此而言，契约也是规则，且是建立在信任基础上的规则。既然如此，树立规

---

① 冯友兰：《中国哲学史》上册，414 页，北京，中华书局，1961。

则意识，就还包含了树立遵守契约的意识。柏拉图认为，守法践约是合法的、正义的，甚至是正义的本质和起源。① 在我国，"民有私约如律令"，"言必信，行必果"，"君子一言，驷马难追"，都是中华民族的优良传统。契约精神把法律和道德有机融合起来，它既是具体化的守法意识，也是具体化的生活道德或商业道德，恪守契约，是古老的自然法则的要求，也是经商、为人的基本道德。在此意义上说，不遵守契约、不信守承诺，实际上就是不守法、不守商业道德。在市场经济社会，人人都讲诚实、重信用、守合同，才能使人们相互信赖、建立良好的商业秩序。

——守规矩，要遵守善良风俗。善良风俗是人们长期形成的规矩，对人们的行为有潜移默化的作用。其中许多内容蕴含着深刻的社会道理，它大量地内化于人们的内心之中，有利于形成良好的社会秩序。例如，公共场所不得大声喧哗，待人要彬彬有礼，人与人之间要相互谦让，交谈尽量寻求相互理解等。孔子所说的"己所不欲，勿施于人"等，都属于此类规矩。与法律和契约相比，善良风俗一般由人们口耳相传，经由社会交往而内化成无形的规矩，无须国家强制力作为实施的后盾。有些善良风俗也在乡规民约中得到体现，已成为"软法"。与道德相比，遵守善良风俗并不都要个人积极地为一定行为，只要行为人知悉并尊重通常习惯和规矩，其行为就不会违反善良风俗的基本要求。善良风俗不仅在社会生活中发挥着重要作用，在法律规制中也有相当重要

---

① 参见［古希腊］柏拉图：《理想国》，郭斌和、张竹明译，46页，北京，商务印书馆，1986。

的地位。如民事主体所为的行为通常不得违背善良风俗，否则，合同行为就有可能无效，实施加害行为就有可能构成侵权行为。

树立规则意识，需要每个人从小事做起，从身边的事做起，从日常行为做起。"合抱之木，生于毫末；九层之台，起于累土"（《老子·六十四章》）。如果人们在日常生活中没有规则意识，在重大利益的选择面前，就遑论遵法崇德。我国因几千年的封建传统影响，官本位、特权思想根深蒂固，而法治文化特别是私法文化不发达，导致一些必要的规则意识缺乏。我国仍是人情社会，人们在进行交往时，往往注重相互间的各种感情交往，对应有的交往规则看得不重，结果导致一些必要的规则不明晰，必要的规则意识也因此缺失。为此，我们一定要花大气力培养出遵守规则的文化，使规则意识内化于内心，约束人们的行为。

历史的经验告诉我们，讲究秩序的生活能够使我们更加安定和幸福，同时也会使我们变得更为文明和进步。而要形成这样的生活状态，离不开规则意识的树立，离不开人人讲规矩、守规矩。

我们要建设一个富强、法治、民主的社会，首先应当要建立一个民众普遍遵守规矩的社会。中国人的灵活聪明是世人所称赞的，但如何将这一素质与"规则意识"结合起来，这是中华民族在21世纪所面临的新挑战。

法治与德治

四中全会决定提出，要坚持依法治国和以德治国相结合。在全面推进依法治国的方略中，要充分发挥道德教化的作用。必须坚持一手抓法治、一手抓德治，大力弘扬社会主义核心价值观，弘扬中华传统美德，培育社会公德、职业道德、家庭美德、个人品德。法律和道德都具有规范社会行为、维护社会秩序的功能，在现代社会治理体系中，二者都属于重要的社会调整方式。但二者具有不同的调整方式和规范领域，应当注重发挥二者在社会调整中的互补作用。

应当承认，中国古代曾以道德作为国家及社会治理的主导模式，这在很多历史时期被证明是成功的。中国古代法家、儒家对究竟应该以法治国还是以德治国，曾经形成了两种不同的主张。法家主张，人性恶才生法度，生而有奢望，才有声色犬马以致贼盗，必以律法而后正，以法治防范恶欲，疏导人性向善。因为国之所以治，端在赏罚，一以劝善，一以止奸，有功必赏。而儒家则主张仁政德治，认为道德是个人行为规范的基础，个人一切行为都应当通过道德自省来约束自己。所谓修身、齐家、治国、平天下，修身是国家治理的基础。社会可以借助道德的力量来维持，如果由具备高尚德行的君子来治理国家，普通人就会自然跟随君子的言行来行为，这样就可以达到治理国家的目的。孔子说，"为政以德，譬如北辰，居其所而众星共之"（《论语·为政》）。在道德与法律的关系上，儒家也并不完全否认法律的作用，相反，其历来主张"德主刑辅"、"礼法合治"的思想，为政治国应当"以德以法"（《孔子家语·执辔》）。可见儒家并没有片面强调完全依靠道德或者完全依靠法律来治理社会。只不过法家将法律当做一种达到政治目的的强制工具，儒家则把法律当做实现道德的工具，且德治应为主导，法律只能辅助。如孔子曰："道之以政，齐之以刑，民免而无耻；道之以德，齐之以礼，有耻且格。"

无论是儒家还是法家，都注意到了法律和道德的相互作用，可以说，礼法合治是中国古代丰富的文化遗产，也是我国历史总结出的治国理政的经验。司马迁提出"礼乐刑政，综合为治"，其实讲的也是这个道理。时移世易，古代法的一些内容已不完全适用于当下，但儒家德治思想仍闪烁着智慧的光芒，也是治国理政的重要经验。传统文化中讲仁爱、重礼仪、守诚信、崇正义、敬业乐群、以和为贵、己所不欲勿施于人、兼收并蓄、有容乃大、推己及人、反求诸己等道德理念，都对人们的行为和道德观念产生了潜移默化的影响。讲究礼节、主张礼数、注重礼让，是中华民族优良的文化传统，从根本上引导着人们遵纪守法。

尽管道德治理有其优越性，也在历史上发挥了重要的作用，但在现代社会，道德本身不能作为社会治理的主要方式，其原因主要在于：一是道德的非规范性，其没有明确的行为模式和具体后果，对人们的行为缺乏明确的指引。二是道德的非强制性，道德不是国家制定或者认可，不具有立法机关通过的法律的强制力。三是社会生活中大量的行为规则无法用道德来评判。例如，北京采用的"交通限行"规则、高速公路的限速规则、公司注册资本制度等技术性规则。我们很难用道德标准来评价这些规则的合理性和正当性，因为这些规则本身具有技术性的中性色彩，并不存在道德上的可评价性。四是道德要求的高标准性。通常来看，法律是一种最低限度的道德，而道德准则的要求则相对较高，我们不能用法律强制的手段要求每一个都舍己救人、无私为他，也无法因为其没有做到这一点而要求其承担责任。从这个意义上说，现代社会更应实行"法主德辅"。

从哲学层面看，道德治理的前提是所有的人性都为善的，但现实并非所有人都向善或性善，即便人心向善，也需要靠具体的行为规则而不是抽象的道德标准来规范和引导。所以道德教化不可能作为一种主要的社会治理方式。尤其应当看到，传统农业社会是熟人社会，所以道德可以起到重要作用。但是在现代社会，由于市场经济造成社会结构的多元化和利益群体的分化，人口的大规模自由流动，经济全球化导致的民族国家的对外开放，以及互联网和高科技带来的人们生活方式的转变，这些都增强了个体的独立性与自主性，人们之间的关联日益松散，这些陌生人社会的复杂性都在不同程度上削弱了道德的作用。现代社会治理的复杂性，无法都通过道德进行治理，而只能通过法律规则来调整。还应当看到，在陌生人社会中，人与人之间的关系比较复杂，从财产到人身，各种利益多元化且交织在一起，需要靠缜密的规则来调整人们的行为。例如，居住在小区的高楼大厦中，人们之间互不相识，出现拒绝缴纳物业费、私搭乱建、随意停车、制造噪声等现象，仅仅依靠道德教化是难以发挥作用的，还必须依靠相应的法律规则的约束、法律强制力的惩戒。因此，在全面推进依法治国方略中，通过"法主德辅"，充分发挥法治与道德在综合调整方面的作用。

但是，任何国家治理不能仅依靠法律，还必须依靠道德。全面推进依法治国方略，必须按照十八届四中全会决定的精神，综合发挥法律和道德的作用。依法治国与以德治国应当有机结合，如车之两轮、鸟之两翼，不可偏废。道德治理永远是法治的基础。自然法学派认为法律与道德密不可分，法律必须符合道德的要求，违背道德的法律是恶法，而"恶法非法"。以富勒为代表的新自然法学派认为，道德是法律秩序的内在基础，符合道德的法律才具有正当性，"邪恶"的法律本身就丧失了法律的本质。从富勒与实证主义法学派的代表哈特的争论来看，其核心在于讨论法律与道德的关系，即不符合道德的法律是否是法律，恶法是否为法。其实这场争论更多涉及的是法律正当性的问题，也就是对违反道德的法律，公民是否有义务遵守。立法应当将最低限度的道德准则法律化，赋予其强制力。立法应当尽量吸收道德中的有益因素，从而便于法律的遵守与执行，自然法学派的观点对我们的借鉴之处正在于此。

道德与法律具有互补的关系。我们既要重视发挥法律的规范作用，又要重视发挥道德的教化作用，以法治传播道德理念、强化法律对道德建设的促进作用，以道德滋养法治精神、强化道德对法治文化的支撑作用，实现法律和道德相辅相成，法治和德治相得益彰。

——许多法律规则是道德规范的法律化。法律是最低限度的道德规则，大量的道德上义务无法成为法律上的义务。对于道德中高标准部分则可以通过道德教化来实现，即只适宜采取提倡的方式，而非强制的方式来实现。而基本的人类社会的道德准则应当入法。例如，将诚实信用、公序良俗等道德要求上升为民法的基本原则。中国传统文化是非常注重诚信的，"民有私约如律令"，"君子一言，驷马难追"，这实际上就是强调契约精神。此外，法律也会通过一定的奖励性手段促进社会道德水平的提高，如法律对无因管理中管理人必要费用及损失补偿的规定就会起到奖励乐于助人等义举的作用。正是在这个意义上，可以说法律是成文的道德，道德是内心的法律。当然，必须要看到道德与法律具有各自边界，不能简单地让二者相互替代。例如，根据拉兹的观点，法治的主要功能是惩恶而非扬善，弘扬高标准道德更应该交由道德教化来实现。

——法律需要从道德观中汲取营养，道德精神可以滋养法治精神。道德可以使法律更人性化，更容易被认同，道德中的一些重要准则可以为法律所吸纳乃至成为评价法律正当性的标准。尤其是在民事立法中，应当注重借鉴传统道德中的有益成分。萨维尼认为，诚实生活、不害他人、各得其所作为法律规范的道德规范，或者被称为道德律令。实际上民法中的大量规则都一定程度上反映了道德的要求，像无害他人、诚实信用、欠债还钱、不得从非法行为中获利等也是道德准则。诚信原则是整个民法的最高规则，被称为"帝王规则"、"君临法域"，合同法不但要求在合同订立前、订立过程中应当遵循诚实信用原则，而且要求在合同的履行过程中、履行后也应当遵循诚实信用原则的要求。在法律吸收道德中有益因素的同时，也应当注重道德的教化作用，这就可以实现法律与道德的良性互动。

——法律的执行依赖于道德教化。崇法守法需要依靠道德教化的作用。法治教育和道德教育往往是相辅相成的，进行公民守法教育时，应该包括道德的教化。一个具有良好道德品质的人通常也是一个守法的公民。遵规守矩者必然会自觉遵守法律，而"不知耻者，无所不为"，自然会漠视法律红线，践踏法律底线。道德教化有利于促使人民自觉地遵规守矩，培育法治文化基础。事实上，在法治社会，遵守法律也是符合道德标准的，违法行为本身也是不道德的。我国近期的反腐实践就表明，对公权力约束的缺位是导致贪污腐败之风未能有效遏制、涉案数额不断递增、所涉高官级别越来越高的主要原因，但究其原因，道德失范也是重要的根源。近些年来，食品安全事件、环境污染案件、重大安全生产事故，严重威胁着人民群众的生命健康。产生这些问题的一个重要原因就是有人因诚信缺失、道德堕落而不断突破法律底线，触犯法律。在这一背景下，道德教化可以有效地辅助法律的执行，增强法律执行的效果。

——道德能够弥补法律调整的不足。法律不是万能的，许多社会生活领域都要依靠道德规范来调整。中国是一个礼仪之邦，现实生活中人们的行为举止、人际纠纷很大程度上都能够通过道德来约束和化解。古代一个县官只带一个随从就可以走马上任，治理好一个大县，这其中的原因是多方面的，但道德教化发挥了重要作用。古人说以德服人、以德育人，也正是这个道理。有好的法律，但没有诚实守信的道德，法律仍然难以发挥作用，而如果人们普遍具有较好的道德水准，即便法律有所欠缺，也仍然可以通过道德教化适当弥补。

孟子说："徒善不足以为政，徒法不足以自行"（《孟子·离娄上》）。这句话深刻地说明了依法治国和以德治国的关系，两者不可偏废。社会

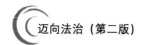

治理无法全部依靠道德教化，尤其是在现代社会，法治应该成为社会治理的基本方式；而法治本身也并非无所不能，道德教化也能够培育法治文化基础。社会治理的过程中，必须将法治和道德教化紧密结合起来，单靠任何一方面，都无法达到社会治理的预期效果。

全民信法是法治的基础

四中全会决定提出，法律的权威源自人民的内心拥护和真诚信仰。人民权益要靠法律保障，法律权威要靠人民维护。这不仅反映了法治发展的规律，而且凸显了全民信法对法治建设的重要性。

当谈到为信仰法律而献身时，人们常常会想到"苏格拉底之死"的故事。在这个故事中，古希腊哲学家苏格拉底因坚持无神论并主张言论自由而被诬陷引诱青年和亵渎神圣。根据当时的雅典法律，如果苏格拉底向法庭认错道歉，便可得到法庭宽恕。但苏格拉底拒绝认错，最后被判服毒自杀。他的弟子们都劝他秘密逃往国外避难，均遭他严正拒绝。苏格拉底认为，对他的审判虽然违背正义，但自己有服从城邦法律的义务。逃避法律制裁将有违正义原则。最后，苏格拉底当着弟子们的面从容服下毒药。

苏格拉底为信仰法律而死，因此被誉为人类历史上为法律殉身的第一人。千百年来，人们传颂着苏格拉底之死的故事，实际上也表达了对苏格拉底信仰法律行为的敬佩。实际上，中国古代也不乏信仰法律、信仰正义、执法如山的形象。人们传颂包拯、海瑞的故事，都源于他们对法律、正义的信仰与坚守。其实，信仰法律就是信仰正义。正如罗马的法谚所云："为实现正义，哪怕天崩地裂（Fiat justitia，ruat caelum）。"

法律能否或应否被信仰，一直存在争议。伯尔曼在《法律与宗教》一书中提出了著名的"法律必须被信仰"的论断。在他看来，宗教之所以对社会生活有重要的规范和引领作用，就在于宗教及其戒律得到了教民发自内心的信仰。法律也面临类似的信仰问题。西方法律传统自罗马法复兴后，经过数百年的发展，法治成为普遍的治理模式，但在20世纪初却遭受了比较严重的信仰危机，法律的社会治理功能也随之衰减。因此，伯尔曼希望努力重新唤起人们对法律的信仰，以充分发挥法律的作用。在伯尔曼看来，如果法律不被信仰，则可能导致普遍违法的现象，难以有效维护法律秩序。

当然，也有观点（如自然法学家）认为，法律规则本身并不能成为信仰的对象，因为法律有善法与恶法之分，并非所有的法律都值得信仰。关于这一点，有一个经典故事：1991年9月，两德统一后，柏林的一家法院审理了举世瞩目的柏林围墙守卫案。被告是4名年轻的东德守卫。在柏林墙倒塌前，他们曾经射杀了一名偷偷攀爬柏林墙企图逃向西德的人。被告的律师辩称，依据东德的法律，被告不仅有权利而且有职责那样做。但法官严厉地斥责被告："东德的法律要你杀人，可是你明明知道这些逃往西德的人是无辜的。明知他无辜而杀他，就是有罪。作为警察，不执行上级命令是有罪的；但作为一个心智健全的人，你可以选择把枪口抬高一厘米。这也是你应当承担的良心义务。"据此，法院最终判处开枪的卫兵三年半徒刑，并不予假释。在自然法学家看来，那些要求东德士兵开枪射击逃兵的法律或其他类似的法律就不能成为信仰的对象。

必须承认，并非所有法律都是良法。有的法律因后来被证明为恶法、违背人民的意志而被修改或废除。甚至在一些特定的时空背景下，一个国家或地区的大量法律是违背人民意志的，不符合自然法学家所称的良法的标准。但这些偶然现象并不能否认法律必须被信仰这一命题。事实上，伯尔曼所提出的"法律必须被信仰"这一著名论断，并不是强调培养民众对每一个具体法条的信仰，而主要强调培养公民对法律的尊重或尊崇，养成守法所必需的法律意识和法律思维。原则上，守法就是正义的，而违法就是非正义的，这就是信仰法律的意义之所在。

具体回到中国的现实环境下，提倡法律必须被信仰对中国建设法治社会具有重要意义。中国几千年并不存在法治传统，几千年的封建思想和传统也成为当前法治建设的一大障碍，正如邓小平同志所指出的：旧中国留给我们的，封建专制传统比较多，民主法制传统很少。在社会生活中，人们的权利意识和民主法治观念依然淡薄。中国经过三十多年来的改革开放，在经济建设和法治建设上取得了巨大成就。但改革开放以来的社会、经济和法治改革实践也表明，由于诚信缺失、道德水平滑坡、法治观念淡薄等原因，有法不依、执法不严、违法不究的现象仍然广泛存在，社会生活中不讲法纪、不讲规矩的现象仍频繁发生。在这样的社会背景下，要实现社会和谐、稳定、有序，就必须树立全民对法律的信仰，培养人们对法治的信仰与尊崇，实现从人治向法治社会的转型。

只有全民信法，才能树立法律的权威，保障法律的实施。亚里士多德指出，邦国虽有良法，要是人民不能全部遵循，仍然不能实现法治。"法律所以能见成效，全靠民众的服从，而遵守法律的习性需经长期培养。"① 在我国，全面推进依法治国的重点应该是保证法律严格实施，做到"法立，有犯而必施；令出，唯行而不返"。人人信法意味着每一个社会成员从内心自愿接受法律约束。守法是公民的基本义务，也是道德良心的基本要求。应以守法为荣，以违法可耻。基于这样一种信仰，人人自觉遵守法律、服从法律，并依据法律规定而行为。只有社会全体成员信仰法律，才能保障法律的有效实施，在这个意义上，卢梭的概括极为精辟："一切法律中最重要的法律，既不是刻在大理石上，也不是刻在铜表上，而是铭刻在公民的内心里。"只有把法律作为一种信仰，才能引导公民树立社会主义法治理念、养成遵纪守法和用法律途径来解决问题的良好习惯，真正使法治精神深入人心，最大限度降低法律实施的成本。

只有全民信法，才能建成法治社会。这就是说，全体社会成员要相信，只有依靠法律才能有效化解社会矛盾和权益纠纷，保障人民的人身和财产安全，维护社会的公平正义。相反，如果"信权不信法"、"信钱不信法"、"信访不信法"，甚至认为出现纠纷时，应通过"大闹大解决，小闹小解决，不闹不解决"的办法来解决纠纷，就不可能真正实现公平正义，真正建成法治国家或

---

① ［古希腊］亚里士多德：《政治学》，吴寿彭译，82 页，北京，商务印书馆，1965。

法治社会。法治是人类社会历史所证明的最为有效的社会治理模式，法治具有权威性、稳定性、可预期性，能够在最大范围内调和人们的各种利益诉求。只有人们信仰法律，使各种社会矛盾纠纷都能够纳入法律的范围内解决，合法的权益应得到保障，纠纷解决的结果都具有可预期性。尤其是当前的改革已经进入"深水区"，处于攻坚战阶段，触及深层次矛盾和重大利益调整，牵一发而动全身。各种社会矛盾纷繁复杂、频发叠加。在这样的背景下，若存在对法律的信仰，则可以在法治框架下解决有关的矛盾冲突，从而最有效地化解矛盾，凝聚共识，推进改革的有序进行，促进社会经济健康发展。

必须强调的是，信仰法律并不是指信仰法律的具体规则。法律规则事无巨细，无法被信仰。信仰法律，主要是对法律权威的信仰。中国不缺具体而有形的法，而是缺乏对法的精神的理解，缺乏对法的敬畏。信仰法律，体现为法律思维和法治精神的形成，体现为对公平、正义的不懈追求。苏格拉底为信仰法律而献身，就彰显了信仰的力量。从苏格拉底身上，我们也看到，信仰法律就是对正义的不懈追求。对正义的追求有两种方式，一种是在法律的框架下完成，一种是在非法律的框架完成，在后一框架下，即便结果正义，也无法通过规范有效地巩固该正义的结果。只有在法律的框架下追求正义，才能真正地、持久地实现正义。法治社会就是一个充满公平正义的社会。只有在树立法律的信仰之后，正义的光辉才能持久闪耀。

信仰法律，就是要真正使法律内化于心，外化于行。需要改善法治环境，培育法治文化。信仰法律意味着人们应当自觉守法、自愿守法而不是被迫守法、被动守法，因为法律是保护每一个社会成员利益的规则，人人守法也就是在维护我们每一个人的自身利益。以交通规则为例，它保护了每一个人的安全，但又需要我们每一个人去遵从，否则就会形同虚设。信仰也是一种理想、一种追求。法治在发展过程中总会遇到一些挫折，而不是一帆风顺的，特别是在社会转型时期，更应当树立全体社会成员对法治的信仰，才能树立法治的理想，支撑人们为追求法治而前行。

如何才能使人们信仰法律？对此，通常的回答是加强普法教育，深入开展法治宣传。毫无疑问，这项工作是必要的。但是，必须认识到，仅仅依靠普法是难以真正树立法治信仰的。事实上，我国从1986年起就开始了普法教育活动，到今年已是"六五普法"，但普法的效果并不显著。公民的法律信仰具有亲历性。法治信仰需要通过良好的法治实践而提升，具体而言，要从科学立法、严格执法和公正司法三方面着手。首先，通过科学立法和民主立法，打造良法，在立法过程中恪守以民为本、立法为民的理念，最大限度地汇聚民智、反映民意、凝聚共识，使每一项立法都符合宪法精神、反映人民意志、得到人民拥护，为提升法律权威性、促使法律被信仰奠定良好的基础。其次，严格执法，树立法律权威。古人说，以吏为师。虽然今天对此有不同的理解，但必须认识到政府机关依法行政、各级党政领导干部带头守法的榜样和示范作用。如果政府都不诚信、不守法，漠视规则，则上行下效，要求民众守法的正当性就不复存在。如果领导干部以言代法、以权压法、徇私枉法，就会破坏法律面前人人平等的原则，降低法律权威，损害人们对法律的信仰。要树立民众崇法、尚法的理念，国家机关及其工作人员应当率先守法。再次，信仰法律，需要保障司法公正，使人民群众从每一个公正的裁判中感受到公平与正义。只要是合理合法的诉求，通过法律程序就能得到合理合法的结果，要完善人权司法保障，切实保障公民的人身权等权利不受侵害，如此才能树立对法治的信仰。正义是从每一个个案中彰显的，法律的权威也是在每一个案件的审理过程和审理结果中体现的。如果个案裁判不公，对社会正义的破坏力和杀伤力是重大的，也会从根本上动摇人们对法律的信仰。正如培根所言，一次不公的（司法）判决比多次不公平的举动为祸尤烈。因为这些不公平的举动不过弄脏了水流，而不公的判决则把水源败坏了。

实现全社会对法治的信仰，必须全民守法。构建法治社会的基础就是人民能够真正遵守法律，使法律成为全社会行动的准则，法律深入人心，成为人们的自觉行动指南。改革开放以来，随着民主法治进程的推进，公民的权利意识在不断苏醒，但是由于受到长期的封建意识和传统，以及计划经济时代"权大于法"的观念影响，法治建设尤其是执法仍然存在很多问题，导致民众对法律的信赖度仍然不高。中国是一个人情社会，无论是发生纠纷后的处理还是行政管理服务过程中，许多人想到的往往不是法律规则，而是如何进入官场、寻找有权有势的人物疏通打理。例如，就交通违章后被罚款、甚至被扣押执照，国外一些发展中国家的公民都能够自愿接受处罚，但在我们国家比较流行的做法是找人疏通、争取免于处罚，这种现象已经较为普遍，这是我们长期缺乏法治环境造成的，但要改变这种现状，不仅仅需要领导干部带头守法，还需要培养广大民众的守法的意识，只有人民群众有了良好的法律意识，才能形成对不遵纪守法现象的制衡。

法律是世俗的，宗教是超世俗的，具有神圣色彩。但法治为什么应当被信仰？这一问题，学界存在不同看法。人们一讲到信仰，似乎总是和宗教联系在一起。而法律不是宗教，所以法律不能成为信仰。确实应当看到法律是世俗的，是我们日常生活的组成部分，不可能远离我们的生活。从这一意义上讲，它和宗教是不同的。法治之所以是值得信仰的，除了上述原因之外，还在于法治作为一种事业，是我们追求的目标，信仰就是我们行动的指南，也是我们努力奋斗的目标。信仰能够给人们提供一种去追求被信仰目标的动力。只有我们有了信仰，我们才不会迷失方向，才能持之以恒地去奋斗，而不仅仅只是把法律当作一种实现目标的工具。依法治国实际上体现的是最广大人民群众的根本利益，尊重法律其实就是尊重民意。信仰是我们的行动指南，能够给我们行为提供明确的指引，信仰也是我们的理想追求，也是我们固守的道德底线，我们坚守信仰，就是要坚守这一道德底线。还要看到，法治是理想的社会治理模式，人类社会在近几个世纪的经验也告诉我们，法治是可以实现的。一些国家和地区的法治历史经验启示我们，法治在中国同样是可以实现的。现在在中国建设法治社会，已经形成了最广泛的共识，法治既是一种实践也是一个伟大的理想，需要我们不断为之而奋斗。

今天我们从苏格拉底之死中得到的启示就是，法治是需要信仰的，法律是维护我们自由和权利的圣经。建设一个人民主权、法治昌明、民富国强的社会，是我们孜孜追求的目标。只有践行法治，才能真正实现中华民族的伟大复兴！

契约精神与法治社会

十八届四中全会提出，推进法治社会建设，需要倡导契约精神，弘扬公序良俗。强化契约精神，有利于强化人们诚实守信、崇法尚德的观念，为法治社会建设奠定良好的社会基础。

"契约必须严守"（Pacta sunt survanda）是来源于罗马法的一项基本原则，它要求当事人双方都要受到其合意的拘束。通常认为，这是私法自治的具体体现。契约自由是近代私法的三大基本原则之一，其基本要求就是严守合同（Pacta sunt servanda）、信守允诺（Solus consensus obligat）。严守合同在西方有悠久的历史。早在罗马法，债即被形象地称为"法锁"，其意在强调合同必须严守。欧洲中世纪的教会法也规定，个人一旦作出允诺，便应当履行。根据教会法，谎言、伪证和虚假的誓言都是"言语上的罪过"，不遵守其话语和承诺者应当受到惩罚，违背誓言的行为构成一种不法状态，应当受到法律的制裁。① 古典自然法学家

———————

① 公元 1234 年，教皇格里高利九世发布了敕令，其中一条敕令写道："和平必须维持，愿协议必得遵守（pax servetur, pacta custodiantur）。"这一原则后来逐渐在世俗的法庭中得到适用。

将严守合同作为自然法的基本规则。例如，格劳秀斯（1583—1645）曾经指出："依自然法，凡允诺做某事者，如果能做则应当去做。"①

虽然严守合同在西方具有深厚的历史传统，但并不能据此将其作为西方的专利，我国同样有这样的传统。我国出土的汉墓发现了刻在砖石上的'买地券'，其中一些表述就反映了严守合同的精神，如《杨绍买地砖》载有"民有私约如律令"，《潘延寿买地砖券》写有"有私约者当律令"②。"民有私约如律令"不仅包含了严守合同、履行允诺的内涵，还将民间私契在当事人之间的效力与官府律令的效力等同起来，反映了契约神圣性的观念。我国古代著名的蒙学课本《增广贤文》也说："官有公法，民有私约"，这与"民有私约如律令"如同一辙，均将当事人之间私约的效力等同于国家的法律。

其实，看看我国古代对合同的表达及其含义，就知道"民有私约如律令"所反映的契约精神如何深入人心的。我国古代把现代意义的合同称为契约，《说文》说："契，大约也"。当事人订立一个"约"，表示他们愿意受其约束。"契"和"约"的基本含义就是"合意"、"约束"。古代最典型的两种契约形式"质剂"和"傅别"，都表达了相同的含义。③ 也就是说，当事人做成契约，中间写一行字，从中间撕开，各执一半，合起来就称为"合同"。契约的"合意"和"拘束"意义反映了诚实守信的观念，

---

① Hugo Grotius, *De Jure Belli ac Pacis*, Translated by W. Kelsey, Oxford: Clarendon Press, 1925, pp. 12 - 13.

② 张晋藩：《论中国古代民法研究中的几个问题》，载《政法论坛》，1985（5）。

③ 参见《周礼·天官·小宰》。

它与"言必行，行必果"。"君子一言，驷马难追"一样，一直是我们做人、做事的基本准则。而在商界，这一点更是如此，比如，单从构字法来说，"儲"由"信"和"者"会意而成，它是说只有诚实守信之人，才最善于积聚财富，在此意义上，严守合同、诚实守信是"万利之本"。这和儒学所倡导的"义利观"也是一致的。

"民有私约如律令"所反映的契约精神之所以深入人心，重要的原因在于儒家思想推崇诚信为本，"民有私约如律令"就是儒家诚信观念的集中体现。孔子认为，"人而无信，不知其可也"（《论语·为政》），诚信是个人安身立命的基础，人缺少了"诚信"品德的支撑是寸步难行的。诚信也是政府取信于民的根本，即所谓"自古皆有死，民无信不立"。孟子在此基础上提出了"五伦说"，"父子有亲，君臣有义，夫妇有别，长幼有序，朋友有信"（《孟子·滕文公上》）；"诚者，天之道也；诚之者，人之道也"（《孟子·离娄上》）。显然，孟子不仅把诚信当做是人们普遍遵守的道德准则和理念，还将其当做天道，当成"天人合一"的产物，这实际上已经与西方的自然法思想不谋而合。西汉董仲舒在总结孔孟思想的基础上，将"信"与"仁、义、礼、智"并列为"五常"，使其成为具有普遍意义的最基本的社会道德规范之一。朱熹也进一步明确提出了以"诚"为本的"天人合一论"的本体论。他说："唯天下至诚，方能经纶天下之大经，立天下之大本，知天地之化育"（《中庸》第三十二章"诚意"）；"天地之道，可一言而尽，不过曰诚而已"（《四书集注·中庸章句》）；"信者，言之有实也"（《论语集注》）；"诚者自然，信是用力，诚是理，信是心，诚是天道，信是人道，诚是以命言，信是以性言，诚是以道言，信是以德言"（《性理大全·诚篇》）。

尽管"民有私约如律令"在汉代已经十分流行，但可惜的是，它未被整理细化成法律规则，因此也没有形成一套关于私约的详细规则。而在同时期的罗马帝国，经过法学家的整理，私权已经形成系统化的私法规则，能更有效地调整社会生活。经中世纪罗马法复兴后，深刻影响了西方法治。但在我国，古代法制重刑国民、以刑为本，究其原因，当然与我国古代商品经济不发达有关，因为私法是商品经济发展的集中体现，而在商品经济不发达的社会，不可能形成发达的私法规则。此外，还与国家层面民刑不分的立法模式有关。我国古代特别强调通过刑事手段解决私人纠纷，这也压制了相应法律规则的形成和完备。正因为缺少纸面上的系统化的法律规则，一些外国人认为，中国古代没有民法，甚至完全缺乏法律传统。著名人类学家葛兰言在 1934 年就宣称："从任何角度来看，中国人的秩序观念中皆不包含法律概念。"因为在西方学者看来，民法是法律的核心，民法的付之阙如就意味着中国缺乏真正的法律体系。① 尽管这种见解不无偏颇，但它提醒我们，在我国社会主义市场经济条件下，为了彰显契约精神，我们应通过制定民法典来全面系统地完善合同法规则。

必须强调的是，尽管历史上我们没有系统化的成文的合同法规范，但尊重契约，并尊重其效力的契约精神却历时千年，经久

---

① See Perry Keller, "Sources of Order in Chinese Law", 42 *Am. J. Comp. L.* 711 (1994).

不衰，一直保持旺盛的生命力。如果把"律例"、民法典等成文法看成形式上的法律，那么，诸如契约精神这样的传统文化观念和习惯就属于民间法，是实质上的法律。若没有后者的支持，前者也不能得到很好的实施，历史上的例子早已证明这一点。比如，一些英国人刚到美洲大陆时，他们对当时美国西部的加利福尼亚的法律深感失望，因为这些法律是墨西哥人制定的，它们虽然也称为民法，但并不利于合同的制定和履行，所以这些英裔美国人就只能精心订立合同，通过合同来规范交易关系，从而选择了另一种民法的发展之路，形成了另外一种商业文化。针对这种现象，戴维·兰格姆说："文化包含着法律。"① 这也意味着，考察一国是否有民法，重点不在于看是否有写在纸面上的法律，而在于民法私法自治的理念是否存在，是否为人们所接受。而契约精神体现的正是私法自治，它在我国古代始终是存在的，这正是我国古代存在实质民法的明证。

既然"民有私约如律令"体现了契约精神，是中国千年来优秀的私法文化传统，还是成文的合同法规范能够得以良好实施的引导，那么，我们就必须大力弘扬这种私法文化，大力提倡诚实守信的观念和精神。具体说来，无论是商事交易，还是日常交往，均要大力倡导契约精神，做人做事要遵守诺言，古时商鞅立木为信，季布一诺千金。今天，践行诺言、遵守承诺应当成为做人做事的基本规则，正所谓"先行其言而后从之"（《为政》）；

---

① David J. Langum, *Law and Community on the Mexican California Frontier: Anglo-American Expatriates and the Clash of Legal Traditions*, 1821—1846, 1987, p. 186.

"名之必可言也，言之必可行也"（《子路》）。在此意义上，弘扬"民有私约如律令"，把遵守诺言、遵守契约作为个人修身养性的准则，不仅牵涉个人的修养问题，也有助于在市场经济社会中再塑诚信观念，促进社会经济的发展。特别是在大数据时代，社会的交易结构日益复杂，交易呈现出规模化、大宗化特点，社会信用的发生和维系机制呈现出系统性特点，单个人的失信行为有可能引发系统性信用风险。在这样的背景下，强调契约精神就显得更加重要。

之所以要树立"民有私约如律令"的契约观，是为了真正树立契约神圣的观念。就历史因素而言，与信守承诺、诚实守信的观念相对应，机会主义思想在我国也有深刻的历史传统。"看菜吃饭、见山唱歌"，"识时务者为俊杰"，"活人不能让尿憋死"，"打一枪换一个地方"，"见机行事"，"良禽择木而栖"，"贤臣择主而事"等，虽然有随机应变的积极意义，但也有不信守契约、不信守诺言之嫌，属于机会主义思想的形象表达。

之所以要树立"民有私约如律令"的契约观，也是要建立明确的诚信判断标准。"私约"只要是在合法范围，就应当成为我们的行为规则，是否遵守"私约"应当成为判断一个人是否诚信的重要标准。19世纪，美国传教士阿瑟·史密斯曾经游历中国，认为中国人缺乏诚信观念，虽然诚信为"五常"的内容，但其缺乏具体判断标准，例如，什么情况下该守信，什么情况下不守信，没有明确的规则。中国商人之间的活动往往就是"成功的互相欺骗"，许多生意都是和"假秤、假尺、假钱、假货"联系在一起的。① 史密斯的说法有一定道理，他认为，儒家学说倡导的"信"虽然重要，但其缺乏具体的判断标准，理解起来往往也会因人而异，所以，要真正树立契约观，就应当明确诚信的判断标准，从而有效规范人们的行为。

还要看到，在现实生活中，不讲信用的现象屡见不鲜。据统计，截至 2015 年，全国法院审结的民商事案件有 800 多万件，其中 400 多万件是合同纠纷，在这些合同纠纷中，当事人故意违约引发的纠纷又占了很大的比例。究其原因，不难看出，我国在建立和完善市场经济的过程中，在某种程度上忽略了培养人们的诚信观念，在法律层面虽然有鼓励人们诚信守信的具体原则和规则，但在私人生活领域，则忽略了培养人们的诚信观念，在市场浪潮的影响下，拜金主义、金钱至上观念盛行，人们的诚信观念受到较大冲击，其结果就出现了急功近利、道德沦丧、见利忘义、投机造假、掺杂使假、缺斤少两、使用有毒有害原料生产食品，工作中偷奸耍滑、投机取巧，签完合同就这山望着那山高，想方设法跳槽走人，为追求利润而视合同如废纸等不良现象。在这种现实面前，提倡"民有私约如律令"的契约观，就是要求在商业活动中，要奉行"民有私约如律令"的商业道德，要做到文明经商、礼貌待客、遵纪守法、货真价实、买卖公平、诚实无欺。其实，言必行、行必果及诚实守信是我国传统道德的重要组成部分，在我国商业习惯中，也历来将诚实守信、童叟无欺作为重要的商业道德，我们要秉持这些优秀道德和良好习惯，并把自

---

① 参见 [美] 阿瑟·史密斯：《中国人的性情》，晓敏译，221 页，北京，中国法制出版社，2014。

己的一念之诚扩展到天地万物之中。当然，在商业交往、经济活动中，提倡"民有私约如律令"的契约观，离不开法律的支持和保障，主要是要依靠法律规则来保障市场交易主体恪守诚实守信的理念，通过保障当事人的合法权益来促进诚实守信观念的贯彻。

不仅商事活动领域存在诚信缺失的现象，普通的私人交往也有类似情形，一项在上海市民中的调研显示，90.2%的人认为，诚实守信会吃亏，这也在一定程度上反映了我们诚信观念的缺乏①，也说明人们的契约精神仍然相当淡薄。要知道，法律规则对社会生活的调整程度毕竟有限，大量的私人活动领域无法通过法律规则调整，主要受到人们的道德观念和规则调整。因此，在私人活动中，如何实现"民有私约如律令"，保障人们信守承诺，将是我们法治建设中所面临的艰巨任务。树立"民有私约如律令"的契约观，就是要求在社会生活中，人与人之间应当言而有信，遵守诺言，做到言必行，行必果。要做到这一点，成年人要身体力行，把诚实不欺作为自己必备的道德品质，成为自己道德修养的重要方面，还要从小教育孩子做一个诚实守信的人，不欺罔他人，要言而有信，并让他们从小知道，在人与人之间的相处中，那些诚恳老实、重诺守信的人，最终会受到世人的敬重和爱戴，而轻诺寡信的人，虽然可能取得一时的成功，但最终将难以得到人们的认可。

古人所信守的"民有私约如律令"的观念，不仅是一种道德

---

① 参见张学新：《遵守契约，一生受益》，载《生命时报》，2015-08-04。

观念，也是一种法治理念，今天仍然是警世恒言，它时刻提醒我们，要树立良好的人生态度，为人要诚，做事要实，言行一致，表里如一，信守诺言，做到"君子一言，驷马难追"，并把它推广和普及到社会中，让整个社会形成一种诚信的风气，形成符合市场经济发展的契约精神。

九、法学教育

法治与法律人

　　法治和人治虽然有着本质的区别，但是它们都有一个共性的特点就是社会治理过程中需要重视贤能治理。亚里士多德说过，法律执业者处于法治的核心地带。没有这个群体对于法律相关价值的效忠，法治是很难运作的。亚里士多德的观点在今天看来仍不过时，荀子也曾经说过："徒法不足以自行"。我国古代思想家历来强调执法者的素质对保证法律的正确执行的重要性。如白居易指出："虽有贞观之法，苟无贞观之吏，欲其刑善，无乃难乎"（《长庆集》卷48）。王安石提出："理天下之财者法，守天下之法者吏也，吏不良则有法而莫守，法不善则有财而莫理"（《临川先生文集》卷八十三）。执法者必须精通法律才能正确地适用法律，而只有熟悉法律才可能信仰法律，并严格地依法办事，公正执法。可见，法治的实践也离不开人的作用。

　　然而，中国古代确实缺少独立的法律职业，也不存在真正意义上的法律科学和法学家群体。日本著名的中国法专家滋贺秀三曾经指出：中国古代几乎找不到与国家权力相分立的法律精英从事法学研究。这一看法未免绝对，但是说中国缺乏独立的法律人阶层，确是一个客观事实。我国古代恰恰只有法吏而无职业法学家阶层。根据史料记载，春秋末期的邓析可以说是我国最早的"律师"，他因为公开传授法律知识，并助人诉讼，使郑国执政者子产惧怕法律无法施行，"子产患之，于是杀邓析而戮之，民心乃服，是非乃定，法律乃行"（《吕氏春秋》）。子产的做法实际上也反映了我国古代统治者的普遍看法，即担心法律职业者会曲解法律，影响法律准确适用。在我国几千年的历史中，因为古代行政和司法不分，行政官员主导了整个司法，虽然历史上曾经有过讼师职业，但其并未形成真正的法律人群体。

在今天推进社会主义法治进程中，我们需要培养一个独立的、庞大的法律人群体，这是法治建设的基础和主要推动力量。法治是一项系统工程。这项工程要在党的领导下精心设计、全面部署。如果说政治家是决策者，由其来决定工程是否启动、何时启动，而具体操作，则必须由具备高度专业化知识和技能的法律人群体来完成，他们是这项工程的工程师和实践者。

法律人应该是立法的积极参与者，是科学立法的献言献策者。知行合一，学以致用。法学理论工作者为社会所应作出的最大贡献就是为立法的科学化、体系化作出理论上的贡献。艾伦·沃森曾言："在法典化的前夜，民法法系里的英雄人物是法学家，而非法官。"在罗马法时代，法学家的学说构成了罗马法的重要内容，例如，《学说汇纂》和《法学阶梯》几乎都是由法学家的著述所构成的。在中世纪，罗马法复兴之后，法学家对罗马法的解释在许多国家成为对法院具有拘束力的渊源。在近代民法典编纂阶段，由于没有既有的法典作为蓝本进行借鉴，《法国民法典》等法典的制定，大量地参考和借鉴了法学家们的学说和理论成果。各国学者对罗马法进行注释、整理，将散乱的、矛盾的规则体系化，这一过程实际上极大地推动了民法制度的研究和构建。例如，《法国民法典》三编制立法体例的形成，首先经历了多玛、波蒂埃、布琼尼、波塔利斯等人的理论发展。《德国民法典》的五编制模式，也是从注释法学派开始，经过萨维尼、海瑟、温德沙伊德等人的发展，是德国数代民法学者智慧的结晶。《瑞士民法典》草案第一稿实际上就出自于欧根·胡贝尔之手，甚至被认为是胡贝尔的一部个人作品。今天仍有人认为，1992年的《荷兰民法典》在某种程度上说是荷兰学者梅杰斯（Meijiers）的学术作品。在我国，虽然我们不主张完全实行专家立法，但法学家参与立法应当是民主立法、科学立法的重要体现，因为现代社会纷繁复杂，法律规则也日益精细化、专业化，每一部法律都应当有理论的支撑，学理的论证，才能保证其科学性，而如果缺乏法学家的参与，将很难做到这一点。

法律人应当是公正司法的参与者，是法律的捍卫者和实践者。在现代社会，法律形成和运用本身就是一个日益专业化的过程。社会关系的日益复杂化决定了法律制度和法律适用方法的复杂性。而法律本身的科学性和复杂性决定了司法的专业性。在社会分工体系中，司法不仅应当成为专门化的职业，而且应当具有特殊的职业要求，也就是法治社会所必须具备的法律职业化要求。在现代社会，法官不仅实际操作法律机器，而且保障着社会机制的有效运作，而整个社会的法治状态在很大程度上要依赖于他们的工作和努力。法院依法裁判体现了司法的规范性特征。柯克曾经说过："法律是一门艺术，它需要经过长期的学习和实践才能掌握。"这主要是因为，法律成为现代社会规范人们生活的行为规则，法律部门越来越细化，法律知识越来越庞杂，对此种知识和规则的掌握需要经过长时间的专业学习，这也是社会分工产生的必然结果。法律人应当形成一个共同体，这个共同体是由法官、检察官、律师等构成的，他们常常被称为推动法治建设的"三驾马车"，这些人应当具有相同的理念，接受相同的训练，掌握相同的技巧，才能在此基础上形成一个法律人的共同体，护佑法治之舟的平稳航行。正是因为法律人接受了共同的训练，具有共同的思维，他们才能够在审判的过程中对法律规则形成共同的理解，并且能够以法律思维而不是以普通的经验思维来看待每一个具体的争议个案，从而真正保证法律的确定性和可预期性。所以，现代社会法律日益复杂多元化，人民群众的需求也在不断增长，没有一支精良的、专业化的司法队伍，是无法满足人民群众的需求的。如果司法者缺乏必要的执法素质，再好的法律也难以得到严格遵守。而司法者如能具备良好的执法素质，即使法律存在漏洞，也能够由司法者作出恰当的填补，从而保证法律的公平正义价值充分实现。没有专业化的法律职业队伍，司法公正高效权威的要求就难以实现。

法律人应当是依法行政的实施者、法治政府的建设者。在行政权行使的过程中，法律人应当始终秉承法律的理念，运用法治的方法来从事各项工作，化解各种矛盾和纠纷。运用法治的思维和方法，就是要严格讲规则、讲程序，按制度办事，将公权力的运行置于法律的规范之下。公权力的运行都应当在法律的规则下进行，"法无授权不可为"，公权力法定，没有国家法律的明确授权，公权力机关就不得任意从事行为，公权力机关对于自己作出的决定必须进行说明。行政机关从事任何行政行为，都应当严格按照法律规定进行，实践中的行政执法出现了行政不作为、选择执法、行政权力寻租甚至滥用公权力侵害公民和法人的合法权益等现象，都表明依法行政任重道远，为此需要一大批具有良好品行和道德，具有坚定的法律信仰，知法、懂法的执法队伍。只有依靠他们的严格执法行为，才能保障公权力依法行使，保障公民的合法权益免受公权力的侵害。

法律人应当是民众遵守法律规定的表率。法律人对法律的坚守与信仰，必将弘扬法律精神，构建全民守法的良好氛围。从这个意义上说，中国推进法治，必须有一大批道德品行优良、专业技术精湛的法律人。首先，一个法律人应当具有法治的理想和信念，从内心深处崇尚民主和法治，维护社会公平正义。法治是理想的社会治理模式，人类社会在近几个世纪的发展轨迹也告诉我们，法治是可以实现的。而法治只有被信仰，才能树立法律的尊严和权威，人民从心底崇拜法律而不是崇拜权力，从而实现法治社会。要全社会信仰并追求法治，法律人首先必须要有法律至上的信念，形成法律人的职业理念和操守。法律人共同体应该知法懂法并信仰法律，心存正义并公正廉洁，既有良好的分析和判断能力，又具有正确的法律思维，能够在法治社会中不屈不挠地为实现法律的目的而献身。其次，法律人要以自己廉洁奉公、忠于法律、严格执法、维护正义的行为，来真正践行法治的理想，法律人必须要有为法治事业而献身的精神和举动，这样才能够为民众信仰法律作出表率，才能坚定人们对法律的信仰，树立对法治的信心。

中国法治建设呼唤一大批法律人。法律人是社会主义法治事业的践行者和建设者。法律人队伍越强大，法治建设的进程就越快，中国的法治事业也就会变得兴旺发达。

何为法治思维

党的十八届四中全会决定指出，党员干部"要自觉提高运用法治思维和法治方式深化改革、推动发展、化解矛盾、维护稳定能力"。这实际上是将法治思维作为党员干部基本素养的重要内容。法治思维是人们围绕法律现象和法律问题展开的一切思维活动，是人们用法律的眼光去观察社会现象、认识社会规律所具有的一种独特的思维方式，是指办事依法、遇事找法、解决问题用法、化解矛盾靠法的思维习惯。也是依循法律规范、法律精神、秉持公平正义等价值观念去思考问题，解决问题，化解矛盾的思维方法。

庞德指出："法律体系最重要的组成部分是关于法律适用和

发展中的思维模式和思维习惯。"① 法治思维的培养和运用是全面推进依法治国的必然要求。要建立法治思维，一方面，必须要牢固树立崇尚法治、尊崇法治、严格依法办事的理念和习惯。要养成这样的观念，就必须培养法治思维。思想决定行动，思维本身具有强烈的导向功能，只有树立法治思维，才能使党员领导干部准确地认识法律，严格执法，实现立法所表达的公平正义。另一方面，法治思维具有规范作用。② 只有养成了法治思维，人们在行为时才能有底线意识，自觉按照法律行为，严格守法，远离法律所设置的"红线"和"禁区"。因此，法治思维对人们的行为具有一定的规范和指引作用。还要看到，具备法治思维也是一种严格依法办事、有效化解矛盾和纠纷的素质和能力。只有树立了法治思维，才能在新时期具备深化改革、推动发展、化解矛盾、维护稳定的能力，从这一意义上说，法治思维的养成是治国理政水平提升的表现。

法治思维的特点主要在于：第一，它是一种依据法律观察和认识社会现象的思维方法，属于思想、观念的范畴。第二，它是对法律至上观念的认同，要将法治内化于心，外化于行，体现了对法治的尊重与崇尚。只有具备法治思维，才能形成知法守法、严格依法办事的良好法治基础。法治思维体现的是对法治的理想追求，真正把法治当做一种信仰，形成护法、捍卫法治的精神，即使是在法治状态不理想的情况下，法治也应当作为一种理想追

---

① Pound Roscoe, "Law and Morals: The Historical View", *Journal of Social Forces*, Vol. 1, pp. 350 - 351.

② 参见夏锦文主编：《法治思维》，3 页，南京，江苏人民出版社，2015。

求。如果只是将法律作为一种治理工具，就无法形成法治思维；而只有把法治作为一种目的，才能真正养成法治思维。第三，它是一种价值追求，是对法治精神的把握。法治思维是一种权利义务思维，是一种平等思维，它与等级观念、特权观念是相对立的。培育法治思维有利于培育法律面前人人平等的法治观念，这也有利于净化政治生态。因此，依法治国、建设法治国家必须要首先形成良好的法治思维。

从内容上看，法治思维主要包括规则思维、程序思维、权义思维和价值取向思维。

（一）规则思维

法治思维首先是规则思维。法律规则是明确的、普遍的公开规范，是人们行为的指引，也是行政执法和司法裁判的依据。法律规则是指经过国家制定或认可的关于人们行为或活动的命令、允许和禁止的规范，通常分为授权性、命令性和禁止性等规则。马克思曾说过，"法律是肯定的、明确的、普遍的规范"[①]，在这个意义上，法律规范不同于道德规范，前者具有充分的明确性、公开性、可预见性和普遍性，而后者则具有非公开性和非明确性，往往是一事一议，就事论事。法律规则调整具有如下几个特点：一是明确性，即法律规则的内涵具有确定性，对当事人权利义务的界定较为清晰，能够为人们的行为提供明确的指引。二是可预期性，即特定的行为将发生何种法律效果具有相对确定性，

---

① 《马克思恩格斯全集》，2版，第1卷，176页，北京，人民出版社，1995。

这有利于保障人们对自己行为后果的合理预期，从而可以根据法律规则安排自己的生活。三是公开性，即法律规则是向社会公众公开的规则，法律规则的公开性有利于为人们行为提供明确的指引。法律首先是通过规则表现出来的，从这个意义上说，法治其实就是规则之治。

规则思维就是强调通过法律规则来分析问题和解决问题，这是法治思维与道德思维等的核心区别。规则思维的特点体现为：

第一，合法性思维。合法性思维要求，在判断任何行为或事件的属性时，应首先判断其是否有规则依据，从法律规则中寻找合法性判断的基准，并以法律规则作为政策设计、决策和纠纷解决的依据。法律的制定，并不是一个随机或任意的过程，而是一个全面考察各方利益，围绕法律目标进行制度设计的过程，其所包含的价值判断能够反映当前最广泛一致的意见，能够提供充分的合法性判断依据。对于行政执法人员而言，就要严格遵循"法无授权不可为"、"法定职责必须为"的原则。司法审判人员要坚持罪刑法定、法无规定不处罚等原则。公民也要按"法无禁止皆可为"的原则行为，在行为依据、行为尺度、行为方式等方面要符合法律规定。

第二，理性思维。规则思维是一种理性思维。法律规则不是法律条文本身，其背后体现着人类的一般理性，是一种理性思维，不受个人好恶的影响。个人的主观思维是一种直觉思维，具有一定的不确定性，而规则思维是一种理性思维，讲求逻辑，任何人适用法律规则，都应当遵守相应的逻辑规则。所以，亚里士多德指出，按规则办事，可以防止个人情感的不当影响，"法律恰正是没有感情的；人类的本性（灵魂）便谁都难免有感情"①。

第三，非人格性思维。规则思维是一种非人格性的思维，因为规则不针对特定的人，而只是评价特定的行为，即法律规则只是就特定的行为方式规定特定的法律效果，是对事不对人的。②我们传统上重视人的作用，而轻视规则的作用，例如，不少人认为，制度固然重要，但制度的执行完全依靠人，因此，人比规则重要。某个领导重视规则，则规则就重要，反之，规则就不重要。这显然不是一种规则思维，而仍然还是人治思维。虽然规则是靠人来执行的，但规则思维要求遵守规则，不因个人意志的改变而改变，也不因领导人的改变而改变，更不因个人主观好恶的改变而改变。"有权衡者，不可欺以轻重；有尺寸者，不可差以长短；有法度者，不可巧以诈伪"（《慎子》）。规则思维可以秉公而不偏私，它具有普遍性，是非人格性的，无差别地适用于所有人，在规则面前人人平等。无论个人是否重视，规则都应当成为客观的行为准则。

第四，行为规则思维。规则思维要求按照规则来从事行为，我国传统思维主要是一种道德思维，而缺乏体系性的规则思维。梁漱溟说，儒家"似乎彻底不承认有外在准则可循。所以，孟子总要争辩义在内而不在外。在他看，遵循外面的标准，只是义的袭取，只是'行仁义'而非'由仁义行'"③。"儒家并没有什么教条给人，有之便是教人反省自求一条而已。除了信赖人自己的理

---

① ［古希腊］亚里士多德：《政治学》，吴寿彭译，166 页，北京，商务印书馆，1965。
② 参见汪永清：《法治思维及其养成》，载《求是》，2014（12）。
③ 梁漱溟：《中国文化的命运》，45～48 页，北京，中信出版社，2010。

性，不再信赖其他。"① 中国人一向是遵循礼法的，礼法也设定了一些规矩，但是古代的礼法往往是原则与例外并存，相对模糊，更多的提倡道德自律，缺乏对人的行为具体的规则指引。所以，清末时美国传教士史密斯考察中国时曾指出，"很难根据中国的法治确定什么合法什么不合法，因为许多违法的事情却为地方风俗所支持和认可"。这也是导致中国难以与世界接轨，完成现代化转型的重要原因。② 当前，我国社会生活中的规则思维已有所提高，如我国商事活动越来越强调交易规则，人们在社会中也渐渐具有了规则行为意识，但我们几千年来的道德思维仍根深蒂固，强调规则思维，仍有其必要。行为规则思维，就是要求在实施具体的行为时，遵守具体的行为规则，有些行为是合理的，也是合法的，但有些看起来是合理的，符合道德的，但不一定是合法的。

注重规则思维，首先就要养成合法性思维的习惯。凡是有规则的，必须按规则办事。古人说"以吏为师"，因此对领导干部这些"关键少数"而言，按规矩办事才能带动全体社会成员遵法守法。习近平指出：一些党员、干部仍然存在人治思想和长官意识，认为依法办事条条框框多、束缚手脚，凡事都要自己说了算，根本不知道有法律存在，大搞以言代法、以权压法。这种现象必须改变，否则中国不可能真正建立起法治。注重规则思维，要求社会成员的行为方式要改变，要真正讲规矩、守规矩，培育

① 梁漱溟：《中国文化的命运》，95 页，北京，中信出版社，2010。
② 参见［美］阿瑟·史密斯：《中国人的性情》，晓敏译，168 页，北京，中国法制出版社，2014。

人们在法律规则框架内思维的习惯，人人以守规则为荣，以违反规则为耻，这样才能培育良好的法治文化。还要看到，注重规则思维，就是要恪守法律底线，不得逾越"红线"。尤其对领导干部来说，应当带头遵纪守法，任何人都不享有超越宪法与法律的特权。任何人违反宪法、法律都要受到追究，绝不允许任何人以任何借口、任何形式以言代法、以权压法、徇私枉法。

注重规则思维，应严格区分违法和违纪，将法律问题和道德问题区分开。法治思维是一种规则思维，其以法律规则作为思考问题的前提和基础，而不能简单地以道德观念替代法律规则。不能把一般的违反道德的问题等同于违法问题。但必须注意的是，道德是法律的基础，法律是道德的保障，法律规则也可以鼓励善行，惩罚违法行为来引领道德风尚。通过把一些基本道德规范转化为法律规范，使法律法规更多地体现道德理念和人文关怀，通过法律的强制力来强化道德的作用、确保道德底线，推动全社会道德素质的提升。

注重规则思维，要求执法者、司法者注重从法律关系的角度分析问题，尤其是要注重遵循法律文本的规定。执法者、司法者不应撇开法律文本，随意解释法律，更不能翻手为云，覆手为雨。法治思维活动不是无底盘的棋局，相反，其总是在某一个共同平台基础之上展开的法律对话。就行政执法和司法活动而言，法治思维的共同平台就是法律规范，法治思维要围绕法律文本及其背后所承载的规范内容来思考法律问题。有人认为，守规则会束缚手脚，确实，有些不合理的、过时的规则会束缚我们的手脚，规则也要不断改革、完善、与时俱进，规则应当是良法。但改规则要经过修改程序，不能说改就改，说变就变，更不能因某个人的好恶而随意改变，这就是规则思维的要求。

（二）程序思维

法治也称为程序之治，因此必然包括程序思维。所谓程序思维，是指在适用实体规范时，要遵循特定的法定程序。法治不同于人治，一个重要方面就体现在是否存在合法有效的公正程序并按照程序办事。"法治的程度，可以主要用国家和人民共同服从程序的状态作为标尺来衡量。"[①] 法治要求无论是在行政决策还是在司法活动中，都应当遵守相应的法律程序。程序思维实际上是法治的核心要素。

中国传统上重实体而轻程序。虽然强调依法治国，但基本上并未认识到实体与程序的区分，并未建立起基于程序的治理。中国古代法制虽然也有关于法律程序的规则，但并没有形成完备的程序以及程序正义的理念，因此，一谈到中国古代法制，通常指的都是实体法。在封建社会，不讲程序导致冤假错案层出不穷，鲁迅先生曾愤怒地指出："自有历史以来，中国人是一向被同族和异族屠戮、奴隶、敲掠、刑辱、压迫下来的，非人类所能忍受的楚痛，也都身受过，每一考查，真教人觉得不像活在人间。"由于传统的中国法律文化注重结果、注重纠纷解决所最后达到的社会效果，甚至在有必要时会从最后的社会效果出发来修正对行为的评价。这与传统文化中缺乏程序思维不无关联。例如，中国

---

① 季卫东：《法律程序的意义》，载《中国社会科学》，1993（1）。

古代历来存在击鼓鸣冤、拦轿喊冤的传统，只要实体是公正的，可以不考虑程序是否妥当。这种传统思想至今仍影响着人们的行为。许多人认为，法律如同战场，要的仅仅是最终成功地攻城略地，至于如何攻占城池，无关紧要。这种重实体、轻程序的观念显然与法治精神不符。

法律思维必须包括程序思维，首先是因为程序正义是一种看得见的正义。"正义不仅要实现，而且要以看得见的方式实现。"公正的程序都体现了正义的价值。例如独立第三者裁判、回避制度、程序救济、平等程序等都蕴含了正义的价值。法律设定的权利，如果没有程序的保障，最终都不可能实现。所以无公正的程序，往往导致"法律存而法治亡"。不可否认，在许多情况下，程序公正不一定等同于结果的公正，因为结果公正的产生涉及诸多的因素。即使裁判者依循了公正的程序，但裁判者在裁判时的偏见、私心、错误乃至于腐败等都可能导致在公正程序下发生错误的结果。然而，如果公正的程序被忽视，诉讼当事人依法享有的程序权利如上诉权、获得辩护的权利、要求公开审判的权利等被剥夺，那么如何保证其实体权利能够获得充分的保障呢？在某些情况下，严重违反程序的行为，如刑事侦查过程中采用刑讯逼供、非法取证等非法手段，即使其最终获得的裁判结果是正确的，也损害了整个制度的公正，因此从根本上说是不公正的。

程序公正是实体公正的重要保障。因为一方面，公正的程序要求整个决策的过程是公开的、透明的，裁判者应当独立、公正、不偏不倚，与案件没有直接的利益纠葛。决策或裁判的程序是民主的，各方当事人能够平等对话，充分表达自己的诉求，决策的结果即便有误，也可以通过程序救济予以保障。这样的一个过程就保证了实体公正。正如美国学者马修所说，程序理性是公认的按照实质标准作成决定的最可靠方法。因为人性是容易犯错的，常常因为偏见或者特别利益等不可捉摸的心理因素而影响判断，所以，为了追求客观、理性、公正的决定，必须有程序法的规制。^①另一方面，正当的程序有利于实现权力的相互制衡。立法程序有助于各方充分表达立法诉求，裁判程序则要求保障当事人在诉讼过程中的自由陈述、辩论、主张、举证、质证等机会。法官应该认真听取当事人的陈述和辩论，对证据进行认定。这也有利于保障结果的公正。尤其是，程序具有公开性，这有利于避免暗箱操作，而且程序把人和事分解在时空的不同阶段，所有人都能了解其进程和结果，再辅之以完善的证据规则，这也使得裁判结果具有可验证性的特点，也为结果的公正提供了保障。正如依循规则进行比赛才能称为真正的竞赛一样，依据法定的程序，有助于使诉讼过程井然有序地进行，保证诉讼程序的有序性、进程的连续性、事件的可预测性。裁判者只有依循法定的程序才能向公众昭示其行为不是恣意的产物，其裁判活动具有合法性和权威性。

程序都是公开的、严谨的、透明的，依据程序办事有利于避免暗箱操作行为，保障权力在阳光下运行。程序思维本质上也是一种规则思维，其有利于消除特权，防范腐败。这就是说，按照法定程序办事，有利于防止以权代法、以言代法的现象。程序也

---

① 参见陈瑞华：《程序正义的理论基础——评马修的"尊严价值理论"》，载《中国法学》，2000（3）。

是凝聚共识的平台。公正的程序具有平等参与和理性对话的价值，可以为人们提供讨论、辩论、充分说理和沟通的基础和平台，这有利于人们充分表达自己的观点和诉求，理性地讨论，从而在最广泛地范围内形成共识。从这一意义上说，程序也是人们凝聚共识的重要平台。

注重程序思维，首先强调决策应当公开透明，严格依循法定程序。习近平指出，"权力不论大小，只要不受制约和监督，都可能被滥用"。而防止权力滥用的重要手段与方式，就是要完善决策程序，并严格按程序决策。十八届四中全会决定指出："健全依法决策机制。把公众参与、专家论证、风险评估、合法性审查、集体讨论决定确定为重大行政决策法定程序……建立行政机关内部重大决策合法性审查机制。"任何一项决策都必须要经过特定的程序，不能够轻率地"拍脑袋"，以个人的意志代替法定程序。

注重程序思维，要求行政执法者都必须严格依据法定程序办事。在行政执法过程中，遵守各种行政程序，包括受理制度、告知制度、表明身份制度、说明理由制度、调查制度、证据制度、禁止单方接触制度、回避制度、听证制度、合议制度、时效制度等。行政程序的法律意义，主要表现于它与行政机关的实体行政活动的关系上。建立规范的工作程序，是减少失误、消除人为不当操作的重要措施。要坚持以公开为常态、不公开为例外原则，推进决策公开、执行公开、管理公开、服务公开、结果公开，从而规范和制约行政权合法行使，防止其失职、越权和滥用职权，维护行政相对人的合法权益，并有利于促进行政权合理行使，提高行政效率。

注重程序思维，要求司法者在裁判过程中充分维护纠纷参与人申请回避、声明管辖异议、质证、辩论、调解等方面的程序权利。程序是司法的生命。程序是诉讼的游戏规则，依据程序进行的诉讼才是法律意义上的诉讼。尤其需要指出，公正的程序是保障裁判公正的基本措施。程序是诉讼活动规律的总结，依循渐进的程序进行，才最有可能获得公正的裁判。因为公正的程序充分尊重了诉讼各方对诉讼的平等参与权利，保障了裁判者的独立和中立，公正的程序要求保障诉讼参与人的人格尊严和自主意志，裁判者要充分听取诉讼当事人的意见，裁判活动要公开和民主，裁判权要受到必要的监督和制约，公正的程序强调各个诉讼参与者的程序参与，保障当事人的理性和平等对话，法官也可以通过程序的进行全面了解和发现案件的真实，并在此基础上作出公正的裁判。这些都表明程序具有保障裁判结果公正的重要功能。相反，那些违反程序的做法，如先定后审、与一方当事人串通、非法取证甚至在刑事案件中刑讯逼供，只能导致错案的发生。公正的程序严格限制了法官的恣意，能够有效地防止法官滥用自由裁量权。正如罗森贝克所言，"通向法庭裁判正义的道路是由多种正当的程序所铺就的（The road to court-made justice is paved with good procedures)"①。

注重程序思维还要求公民也应当养成按照程序办事的习惯和意识。在实践中，普遍存在"信访不信法"的观念，有人甚至认

---

① Maurice Rosenberg, "Devising Procedures that are Civil to Promote Justice that is Civilized", 69 *Mich. L. Rev.* 797（1971）.

为出现纠纷时，应通过"大闹大解决，小闹小解决，不闹不解决"的办法来化解纠纷，这就不可能真正实现公平正义、真正建成法治国家或法治社会。所以，注重程序思维还要求社会成员在发生纠纷之后通过公正的程序来寻求救济，遇事找法，解决问题靠法，发生纠纷后都能够依法合理地表达诉求，才能真正建成法治社会。通过这种方式，也有利于将社会矛盾转化为中性的技术问题，通过法律程序来予以化解。

（三）权义思维

法治思维是权义思维。法律是通过设定权利义务对当事人的行为加以指引与规制的规范体系。因此，法治思维也必然包括权利义务的思维，也就是说，从权利与义务这个特定的角度来观察问题、分析问题和解决问题。①

从广义上说，权利义务思维本质上是一种规则思维。但法律思维不仅是实体规则，还包括程序规则等。因此权义思维可以作为一种独立的法律思维。权义思维的特点主要体现在以下几个方面。一是自主性，即权利人应当在充分了解其自身权利的基础上进行行为。法定的权利实质上是赋予行为人在法律规定基础上的行为自由，只要在权利行使的正当范围内，都享有充分的自由，而不受他人的干涉。二是他律性，即行使权利要顾及他人的利益，关照他人具有怎样的权利。"自由止于权利"。权利的设定本身就是要划定一种行为边界，确定人与人之间的行为界限，某个

---

① 参见郑成良：《论法治理念与法律思维》，载《吉林大学社会科学学报》，2000（4）。

人行使权利时要考虑这种行为是否妨碍到他人的权利。同时，这种权利也可以形成一种对公权力的制衡，公权力的行使不得以妨碍权利人的权利为代价。三是权义一体性思维，即没有无权利的义务，也没有无义务的权利，权利与义务是密切联系在一起的。某人所享有的权利就是他人负担的义务。四是平等性思维。法律面前人人平等的重要内容就体现在权利义务的平等性上，即对任何人的权利义务实行无差别的对待。在这一点上，法治思维的权义思维特点也使其不同于道德思维和宗教思维。例如，道德思维通常是一种由己推人、由内而外的思维模式，这样就会形成一种差序结构，正如费孝通先生所说："我们社会中最重要的亲属关系就是这种丢石头形成的同心圆波的性质……以'己'为中心，像石子一般投入水中，和别人所联系成的社会关系，不像团体中的分子一般大家立在一个平面上的，而是像水的波纹一般，一圈圈推出去，愈推愈远，也愈推愈薄。"① 而法治思维则不存在道德思维中的差序结构，权利义务具有平等性，法律的调整具有普遍性和无差别性。

从内容上看，权义思维包括权利思维和义务思维两个方面，其具体指向两种不同的行为模式：

一是权利思维。权利是法律规定并受法律所保障的利益和自由。公民依法享有各种公权（如选举权、被选举权）和私权（如财产权、人身权），各种权利赋予个人可做可不做、可这样做也可那样做的可能性，从而对个人的行为进行引导。权利不同于权

① 费孝通：《乡土中国》，26 页，北京，北京大学出版社，1998。

力，权利的主体是人格化的，其与特定的人和利益相联系。而权力则由公权力机关享有，它是非人格化的，不应当将其与特定的个人和利益相联系。中国传统上重义务而轻权利，即强调个人负担多项义务，而忽略了个人所享有的权利，因此，我国古代虽然有民本思想，但并没有形成民权思想，这也延缓了我国进入市场经济和实现现代化的进程。现代社会充分重视对个人权利的确认和保障。事实上，法律与权利密不可分。立法就是合理地配置权利、确认权利、构建权利体系。行政执法就是通过行使公权力来保障公民的合法权利。司法就是要在公民的权利受到侵害时给予充分的救济和保护。社会主义的根本目的还是保障人民的物质文化的需要，赋予并保障公民的权利，是实现个人人格成长和发展的重要内容，是社会主义事业的基本目标，也是社会主义法治的核心内容。正如有学者所指出的："权利文化是法治社会得以形成的人文条件。在人格不独立、身份不平等、行为不自由的地方，法治便是遥远的梦乡。"①

二是义务思维。义务是法律所设定的个人必须要履行的负担，义务要求个人积极地行为或者消极地不作为。与权利思维相同，义务思维同样能够对个人进行引导，即指引个人应当如何作为以及不作为。人类是一个生活共同体，每个人的权利都意味着对其他人的约束，每个人在享有权利的同时，不仅需要深刻地意识到其他社会同伴所承受的义务约束，而且需要认识到这种义务约束的相互性。与义务思维相关联的是责任思维，二者是一个问

① 徐显明：《论"法治"构成要件——兼及法治的某些原则及观念》，载《法学研究》，1996（3）。

题的两面。私法自治就包括了责任自负，因此，法治思维在强调权义思维的同时，也需要强调公民个人的责任思维。

注重权义思维首先要求尊重个体的权利，这是构建法治社会的基础，一个社会只有充分尊重个人权利，才能够形成和谐的秩序。法治的功能首先在于形成一种社会安全，这种安全不仅体现在个人的人身财产安全，还体现在集体的安全。就我国而言，在解决了公民的温饱问题之后，就应当努力维护社会的安全和秩序，使每一个公民不仅衣食温饱，而且要有安全的环境、清洁的空气、和谐的秩序，使每个人都有尊严地生活，免于一切恐惧和非法的强制。这就需要充分地保障个人的财产权、人身权等基本权利。

注重权义思维就是要保障个人在法律规定下的自由和权利。推行负面清单管理模式，确认"法无禁止即自由"的原则，这实际上就是一种推定，即只要是法律规定禁止之外的事项，个人都应当有行为自由。这实际上极大地扩张了个人行为自由的空间，扩张了个人权利的行使空间，有利于权利意识的培育。因此，个人从事法律禁止之外的行为，便不应该招致法律的惩罚和追究。也只有充分保障这样一种自由，才能充分调动个人的积极性，形成全社会共同创新、创业、投资的活力。

注重权义思维也要用维护权利的观念化解社会矛盾，解决社会纠纷。尤其对政府来说，在行使权力的过程中，必须要充分尊重人民群众的人身权、财产权。不能够因行使权力而损害公民的权利。习近平同志指出：要处理好维稳和维权的关系，要把群众合理合法的利益诉求解决好，完善对维护群众切身利益具有重大作用的制度，强化法律在化解矛盾中的权威地位，使群众由衷感到权益受到了公平对待、利益得到了有效维护。在维稳的过程中忽略对当事人权利的保护，这种做法实际上是将维稳与维权对立起来，难以真正实现维稳的目标，必然造成"越维越不稳"的结果。

注重权义思维首先要尊重公民的权利意识，耶林指出，"为法律而奋斗就是为权利而奋斗"。但尊重公民行使权利，同时也要求公民树立义务观念和责任观念，不能只讲权利，不讲义务和责任。培育权义思维有利于养成良好的公民意识，真正形成私法自治、责任自负的观念，形成一种自主自律的价值取向，在此基础上才能形成市民社会。私权越发达，越有利于有效规范公权力，从而更好地实现"规范公权，保障私权"的现代法治理念。

（四）价值取向思维

法治思维是价值取向思维。所谓价值取向思维，是指在思考问题、作出判断时，要以公平、正义、平等、人权等理念进行思考，以一定的价值取向作为思考的依据或者取舍的准则。世事无限，而立法者的预见性是有限的，所以法律的理性也是极其有限的。以有限的法律来应对无限的世事，面对许多新情况、新问题，有限的法律常常会面临"捉襟见肘"的境地。在这种情况下，必须通过树立正确的价值理念来化解矛盾和解决争议。

价值取向思维关键是要实现法律所包含的价值，法律本身是公平正义之术，它体现的是公平正义、平等等价值，实现价值取向思维，其实就是要实现立法的目的和宗旨。"不管是在实践的领域，还是在理论的领域，法学涉及的主要是价值导向的思考方式。"① 任何法的概念和规则都应当体现一定的价值，法律本身就是立法者作出价值判断的产物，由此也决定了法律人应当秉持价值取向的思维来观察法律现象，从而努力实现立法者希望通过法律文本追求的价值。

法治思维是价值导向的思考方法，应当以一定的价值共识为基础。② 一方面，价值取向思维其实就是倡导准确把握法律规则的精神，法治不是简单的条文之治，不是抽象地背诵条文，而是要准确地理解法律规则的精神和理念，从而保障法律的准确适用。另一方面，价值取向思维可以弥补规则思维、程序思维和权义思维的不足，因为在某些情形下，依据规则、程序等解决相关纠纷，可能导致机械适用法律的后果，而不能真正体现法律公平正义的理念。法谚云："死啃条文，其毒如蛇（Viperina est exposition quae corrodit viscera textus）。"在此情形下，有必要通过相关的价值理念来判断相关的裁判是否真正实现了法律的目的。价值取向思维主要包括如下几个方面：

第一，公平正义的理念。良法首先是体现了公平正义的法律。这就是法律追求的目标，也是善治的前提和基础。约翰·罗尔斯在《正义论》中指出："正义是社会制度的首要价值，正像真理是思想体系的首要价值一样。"③ 正义是法的实质和宗旨，法只能在正义中发现其适当的和具体的内容。在这点上，东西方的

---

① ［德］拉伦茨：《法学方法论》，陈爱娥译，101 页，北京，商务印书馆，2003。
② 参见王泽鉴：《民法思维》，163 页，北京，北京大学出版社，2009。
③ ［美］约翰·罗尔斯：《正义论》，何怀宏等译，3 页，北京，中国社会科学出版社，2005。

看法是一致的。中国古代"法平如水""法不阿贵"等说法，都表达了同样的思想，即法律应当以公平、正义的价值基础为其正当性的来源。所以，以公平正义的价值理念去具体分析问题、解决纠纷，其实也就实践了法治的核心理念。任何一项行政执法，任何一件司法裁判是不是能够真正使人民群众感受到公平正义，就是判断是否依法行政、是否依法裁判的标准。当然，法治思维只是要求在解释、适用法律规则时应当遵循公平正义的价值理念，而不是忽略具体的法律规则和程序，完全凭借公平正义的价值理念去分析和解决问题。

第二，平等的理念。平等的理念包括平等对待、反特权、禁止歧视、平等保障权利等观念。平等是社会主义法律的基本属性，是社会主义法治的基本要求。坚持法律面前人人平等体现在立法、执法、司法、守法等各个方面。它要求任何公民都应当在法律面前受到平等对待，任何人都不得享有超越法律的特权。要求任何人的相同行为应受到法律的相同评价。在主体的权利受到侵害后，法律应当进行平等的保护。要求任何组织和个人都必须尊重宪法与法律权威，都必须在宪法与法律的范围内活动，都必须依照宪法与法律行使权力或权利、履行职责或义务，不得有超越宪法、法律的特权。平等的理念是价值取向思维的重要内容，在具体分析法律问题时，应当秉持平等的价值理念，对类似的行为进行类似的法律判断。

第三，人权保障与规范公权理念。人权是每个人在社会中应当享有的须臾不可分离的权利，是个人在一切社会关系和社会领域中的地位和权利的总和，包括了社会、经济、文化、政治权利以及人身和财产权利等。人权是人之所以作为人所应有的权利，尊重和保障人权就体现在以人为本，尊重个人的人格尊严，实现个人的全面发展。我国宪法将依法保障人权作为宪法的基本原则，人权保障是现代法治的核心价值理念，因此，法治思维也应当体现人权保障的理念，如强化受害人的救济，强化对社会弱势群体的保护，强化社会保障等，这些都是人权保障思维的体现。除人权保障外，价值取向思维中还应当包含规范公权的理念，公权天然地具有扩张的本性，容易侵害私权利，因此，在价值取向上，应当强化对公权的规范。

注重价值取向思维有助于准确把握法的精神和宗旨。法治思维并不仅仅是对法律条文本身如何理解，更重要的在于如何通过养成法治思维，准确地适用法律条文。在法律规范不清晰、不明确或者缺失时，价值取向思维可以提供价值判断一致的裁判或行为规则。我们在思考问题和解决纠纷时，能够有一种正确的价值指导和指引，不会偏离法治的方向。"世易时移，变法宜矣"，价值取向思维可以使某些法的价值能够应对社会生活的变化。社会生活的演化也会使法律的价值发生变化，所以法律也要通过不断修改，以及法律解释等方法，使法律的价值与时俱进。无论法律如何变化，其终极目的仍是实现社会的正义，这也是人类千百年来的理想。裁判者应当始终秉持公平正义的价值理念，尤其是在法律没有明确表达价值取向，或者价值取向不明确的情况下，法官也应当以公平正义的价值理念作为裁判的依据。

需要指出的是，虽然价值取向的形成和产生具有主观性和随意性，往往具有个人化和主观性的特点，但这并不影响我们最大限度地寻求价值共识。例如，公平正义本身都有客观的评价标准，能够为人们所承认，法谚有云："正义是从裁判中发声的。"如果一个判决不能够充分说理，展示公正性，甚至黑白颠倒，是非不分，无论法官援引多少法条，都不能说是真正的依法裁判，其所作出的判决也不是公正的判决。

法治思维是法治文化的组成部分，其形成是一个渐进的过程，不能一蹴而就。在现代社会中，法治思维已经成为法学教育的重要内容，日益受到重视。法治思维的养成既需要国家和社会由外而内地推动，更需要我们树立法治至上的理念，崇法、尚法、知法、懂法，从内心深处认同法治，遵守法律，在此基础上才能逐步培育法治思维，为法治建设奠定良好的社会基础。

大力培养法治创新人才

在全面推进依法治国方略、全面建设法治社会的今天，现代法学教育在推进国家制度创新方面承担着重要的历史使命。因为法学教育的质量直接决定了未来法治人才的创新能力，并对国家的制度创新能力产生深刻的影响。

法学教育与法治人才的培养是法治工作队伍建设的基础性、先导性工作。"徒法不足以自行"，法治中国建设的关键在于培养大量的法治创新人才。十八届四中全会决定提出推进法治专门队伍正规化、专业化、职业化，完善法律职业准入制度，健全从政法专业毕业生中招录人才的规范便捷机制，并提出了"创新法治人才培养机制"的任务。十八届四中全会绘就了培养法治创新人才的蓝图,为今后一个时期的法学教育指明了方向,提供了良好的历史机遇。我国法学教育应该以十八届四中全会决定为指引,进一步明确改革目标,深化人才培养模式的改革,提高人才培养质量,培养更多实施依法治国方略所需要的法治创新人才,为依法治国作出应有的贡献。

十八届四中全会绘就的蓝图关键在于实施。中国几千年的文明史并没有给我们提供必要的法治文化储备,也没有打下这样的思想基础。自改革开放以来,中国法学教育经历了重建、恢复发展的过程。三十多年来,中国法学教育发生了翻天覆地的变化。目前,高等法律院系达六百多所,各类在校法科学生近百万。然而,我国法学教育系统的人才培养质量仍有待提高,法治创新人才严重缺乏,这是当前法学教育改革必须解决的重大问题。

什么是法治创新人才?笔者认为,这些人才是指能够立足中国实际,具有世界眼光,洞察世事人情,具有担纲意识,职业道德优良,法律素养深厚,能够完成建设中国特色社会主义法治体系和法治中国任务的人。因此,培养法治创新人才就是要培养具有良好的职业道德和修养、掌握扎实的专业知识、娴熟运用法律解决实际问题、具有国际视野的优秀法律人才。具体来说,法治创新人才应当具备如下几个方面的素质:

一是要具有良好的职业道德。法学教育具有现代高等教育的一般特征,其首先应当培养一个优秀公民应当具有的素质,或者说具备国民表率的素质。法学教育除培养学生热爱祖国、关爱他人、服务社会等基本公民素质外,还要培养学生强烈的正义感和人文关怀理念。对法治创新人才而言，其应当有严格的道德自律，其人性应当达到一种更高的境界。正如陶行知先生所言，"千学万学，学做真人"，这也是教育的基本目的。另一方面，法学教育是现代高等教育中的一门职业教育。职业教育首先需要注重职业道德问题。懂法但无职业道德，便会规避法律、玩弄法律。在实践中，一些法律人纯粹受经济利益驱使，徇私枉法、违背良心和道德，非但没有促进法治，反而破坏了法治。所以，只有形成良好的职业道德体系，才能够保证所学能为所用。

二是要有深厚的法律素养。法治创新人才要信仰法律、心存正义、忠于职守、不畏艰苦、廉洁公正、铁面无私。法治创新人才需要知法、懂法。不仅要做法律的"专家"，而且要做法律的"通才"。只有知法懂法，才能信仰法律，严格遵循法律。现代法律正朝着专业化方向发展，与医学等科学一样，要求操练者具有职业思维、职业方法，掌握良好的依法化解纠纷的职业技能。这就要培养法治创新人才的法治理念和法律思维，使其具有扎实的法学功底，具备解决纠纷、化解矛盾的技能。这些技能既包括法学技能，也包括社会技能。法学技能如理解各类法律规范的含义，法学逻辑推导能力，法律事实的判断能力和法律思维能力。社会技能如掌握心理学知识、经济学知识、谈判能力等。法学教育还需要培养法治创新人才浓厚的法律意识和法律思维，以及敏锐观察、分析和反思各种社会现象的能力。法律思维要求依循法律规范，运用法律逻辑，秉持公平正义等价值观念，去思考问题、处理问题、解决矛盾。法律思维不仅需要符合法律，更需要符合法治，即符合现代法治理念。法律思维需要从规则、程序、权利与义务等角度来认识和处理各种社会关系。

三是要具备服务于国家和社会的担纲意识。法治创新人才应当立足中国实际，解决中国问题。法学院培养精英人才与法学教育大众化并不矛盾。法治创新人才要能够熟练掌握法律知识、掌握处理各种社会和法律问题的能力，这本身就是社会需要的精英人才。但法治创新人才培养必须要坚持以大众教育为主、兼顾精英教育的改革理念。从我国当前的法治建设进程来看，我们现在需要的仍然是大量的面向大众、扎根基层的法治创新人才。法治创新人才应当和社会公众保持密切联系，而不能以一种精英人才的心态高高在上，阻断和社会大众的接触和联系。法治创新人才既要有精英意识，又需要接地气，需要具备服务国家和社会的担纲意识。

四是具有良好的法律技能，熟练解决法律纠纷。这就不能仅仅局限于课堂教育，还需要法治创新人才从实践中吸取经验，具备良好的法律实践操作能力。一个合格的法律人才，无论是从事立法、执法和司法工作，还是要成为律师、仲裁、公证、专利、商标以及企业法律业务等领域的实务人才，都必须能够熟练掌握法律知识以及实务操作技巧，具有良好的思维能力和分析问题的能力，熟练运用法律分析的方法去分析问题、化解纠纷，这样的人才不是仅仅在课堂听课、图书馆看书就能培养出来的，也不是仅仅依赖网上获取的知识和信息就能培养出来的，更重要的是要通过各种实践教学，培养实务能力。正因如此，法治创新人才的法学素养，不在于其能够背诵或记忆了多少法条和经典，而在于其掌握了多少实际应用的本领，在于能否把法律当做活的知识加以理解和运用，能够准确地分析事实、寻找法条并解决纠纷。这仅仅靠掌握概念、理论、学说是不够的。法治创新人才需要了解社会、精通事理，具有对事理的综合、分析与判断的能力，事理明晰，法理透彻，逻辑严谨。

五是具有国际视野。在全球化的时代，我们需要一大批具有国际视野、通晓国际规则、能够参与国际竞争的法治创新人才。在经济全球化时代，经济交往日益频繁，法律事务日益增多，我国正在积极推进"走出去"和"一路一带"战略，但企业走出去后遇到的一个最大的困难就是法律障碍，出现了纠纷以后，往往不知道如何从法律层面应对，许多企业为此蒙受重大损失。尤其是，我国虽然是联合国常任理事国，但无论是在联合国还是在有关的国际组织中，所派驻的相关法律人才都远落后于韩国等国家，这与我国的大国地位是不相称的。再如，在 WTO 争端解决机制中，我国在加入 WTO 之后，已成为大量案件的当事方。但是，不仅中国籍的 WTO 上诉机构的法官数量非常有限，而且，当前代理我国开展诉讼活动的主要还是欧美的律师，这与我国法学教育的知识供给不足有关。因此，法学院需要培养一大批具有国际视野、面向世界的国际型的高素质法治创新人才。法学院培养出来的法治创新人才，不应当仅仅了解国内的法律，而且要熟谙域外法律。法学教育要培养一大批具有国际视野，通晓国际规则，能够参与国际竞争的国际化人才。

法治创新人才的范围是很宽泛的，包括政界、商界等各领域的人才。未来社会的发展方向是法治社会，因此，无论是国家管理还是社会管理，都需要一大批具有法律知识的专门人才。也就是说，必然有一批法治创新人才要走上国家和社会管理岗位，成为社会的领导者。法学教育也应当将培养法律学生的组织和领导能力作为学生培养的重要内容。但是，这里说的领导能力应当包括在各个行业从事各类管理活动的领导能力，而不仅仅限于某一个领域的组织协调能力。在现代法治社会，法治创新人才所需要具备的不仅是法律专业知识和法律操作技能，还需要具备社会组织和领导能力。他们要参与国家政治、外交、经济、文化和社会管理的各方面事务，能够妥善应对各种事务管理中所涉及的各种法律问题。但这些人才首先应该是从一名平凡的律师做起，从一个普通的基层法官做起，而不能以为自己是精英而自命不凡，把自己封闭在象牙塔之中。只有在实践中不断增长经验，才能够成为真正的精英。真正有水平的法官、律师都是长期扎根基层，通过不断磨炼、不断探索而逐步成长起来的。

那么，如何培养法治创新人才？一是要立德树人。习近平同志指出，办好中国特色社会主义大学，要坚持立德树人，把培育和践行社会主义核心价值观融入教书育人全过程。法学教育应当坚持育人为本、立德为先的正确方向，将立德树人的理念贯穿法学教育的各个环节。引导学生树立正确的世界观、人生观、价值观，把学生培养成为合格的法治中国践行者和建设者。二是要接中国地气。培养法治创新人才就是培养治国理政的后备军，必须要扎根在中国的土地上。法治创新人才需要了解国情、人情、民情和社情，实现国际化与本土化的结合，理论与实践的结合。三是要深化法学教育的改革。按照十八届四中全会所提出的要求，应当进一步推进法学教育改革，努力提高人才培养质量。改革、创新现有的法学教育模式，需要在改善教育管理体制、师资知识结构、评价机制等方面作出积极的努力。在这方面，美国法学院的苏格拉底教学法①、法律诊所②、模拟法庭和模拟谈判等实践课程都为培养未来的优秀律师提供了有效方法，这些经验也是值得我们高度重视的。四是注重因材施教、分类培养，尊重学生的个性化发展和自主选择，体现中国传统教育因材施教的理念，即根据学生的个人特点、职业兴趣和未来规划，对学生实施分类培养，同时根据学生的素养和意愿把他们培养成为合格的法律人才。为此，需要对学生进行专业化、精细化的指导，培养学生的法律专业技能，帮助他们树立自己的职业发展目标。五是为适应国际化和经济全球化的需要，应当培养法科学生的国际化视野。提高学生把握学科前沿的能力和跨文化沟通的能力。这就要求，中国的法学教育需要坚持"引进来"和"走出去"并重的战略，加强和国际前沿法学教育机构的交流与合作。

21世纪国家之间的竞争在一定程度上是法治力量的竞争，而法治力量的竞争又体现在法治创新人才的竞争。十八届四中全会

---

① 苏格拉底教学法是一种问答式、论辩式的教学法，这种方法出自于柏拉图所述的苏格拉底对话录上，苏格拉底将此种方法运用于探讨如神和正义等许多重要的道德议题上。在美国的法律教育中，广泛地采用了这一方法。

② 法律诊所也即诊所式的法律教育（Clinical legal education），系指仿效医学院学生在医疗诊所临床实习的做法，由教师指导，将法学专业学生置于"法律诊所"中，为处于生活困境而又迫切需要法律援助的人提供法律咨询，"诊断"其法律问题，开出"处方"，以此促进学生对法律理论的深入理解。参见章武生主编：《模拟法律诊所实验教程》，2～3页，北京，法律出版社，2013。

提出的一系列措施为法治创新人才的培养提供了更为广阔的空间。作为高校法学教育工作者，我们深受鼓舞，也深感责任重大，使命光荣。我们要坚持走中国特色社会主义法治道路，为培养造就社会主义法治人才，发展和繁荣社会主义法学理论体系，作出应有的贡献。

后 记

　　本书是作者学习《中共中央关于全面推进依法治国若干重大问题的决定》的点滴体会，应中国人民大学出版社之邀，将其汇编成书。"嘤其鸣矣，求其友声"。十八届四中全会决定内容博大精深，作为一个长期从事法学教学和研究的工作者，本人只是从自己的视角提出了一些不成熟的想法，难免存在诸多疏漏和不当之处，敬请广大读者批评指正。在本书写作过程中，中国人民大学吴付来、郑水泉、冯玉军、张翔、熊丙万等同志提出了许多宝贵意见，对外经贸大学马特同志、北京大学许德风同志、中央民族大学王叶刚同志对本书提出了不少修改意见，在此一并表示衷心的感谢。

第二版后记

本书为国家社科基金重大项目"法学方法论与中国民商法研究"（项目批准号 13&ZD150）的阶段性成果。本书在第一版出版后，读者提出了许多宝贵的意见，作者也围绕这些问题进行了进一步思考，同时应出版社之邀，对第一版进行了修订，增加了相关内容。在本书修订过程中，得到了北京大学法学院许德风副教授、中南大学法学院许中缘教授、中国人民大学法学院熊丙万博士、中央民族大学法学院王叶刚博士的帮助，在此谨致谢意。

图书在版编目（CIP）数据

迈向法治：从法律体系到法治体系/王利明著．—2版．—北京：中国人民大学
出版社，2016.10
　　ISBN 978-7-300-23333-8

Ⅰ.①迈…　Ⅱ.①王…　Ⅲ.①社会主义法制-研究-中国　Ⅳ.①D920.0

中国版本图书馆 CIP 数据核字（2016）第 212974 号

迈向法治
——从法律体系到法治体系（第二版）
王利明　著
Maixiang Fazhi

出版发行	中国人民大学出版社			
社　　址	北京中关村大街 31 号		邮政编码	100080
电　　话	010 - 62511242（总编室）		010 - 62511770（质管部）	
	010 - 82501766（邮购部）		010 - 62514148（门市部）	
	010 - 62515195（发行公司）		010 - 62515275（盗版举报）	
网　　址	http://www.crup.com.cn			
	http://www.ttrnet.com（人大教研网）			
经　　销	新华书店			
印　　刷	北京易丰印捷科技股份有限公司		版　次	2015 年 2 月第 1 版
规　　格	160 mm×235 mm　16 开本			2016 年 10 月第 2 版
印　　张	26 插页 1		印　次	2016 年 10 月第 1 次印刷
字　　数	272 000		定　价	49.80 元